『十四五』安徽省重点出版物规划项目

萬繩楠全集

莊葦峰 敬題

中国娼妓史话

万绳楠◎著

安徽师范大学出版社
ANHUI NORMAL UNIVERSITY PRESS

·芜湖·

图书在版编目(CIP)数据

中国娼妓史话 / 万绳楠著. —芜湖:安徽师范大学出版社,2023.10（2024.6重印）
（万绳楠全集）
ISBN 978-7-5676-6282-7

Ⅰ.①中… Ⅱ.①万… Ⅲ.①娼妓—历史—中国Ⅳ.①D691.98

中国国家版本馆CIP数据核字(2023)第178391号

安徽省高峰学科安徽师范大学中国史建设项目

中国娼妓史话

万绳楠◎著

ZHONGGUO CHANGJI SHIHUA

封面题字:庄华峰　　　　　　策划编辑:孙新文
责任编辑:李慧芳　　　　　　责任校对:王　贤
装帧设计:王晴晴　姚　远　　责任印制:桑国磊
出版发行:安徽师范大学出版社
　　　　芜湖市北京中路2号安徽师范大学赭山校区　　邮政编码:241000
网　　址:http://www.ahnupress.com/
发 行 部:0553-3883578　　　5910327　　　5910310(传真)
印　　刷:江苏凤凰数码印务有限公司
版　　次:2023年10月第1版
印　　次:2024年6月第2次印刷
规　　格:700 mm × 1000 mm　1/16
印　　张:16.5　　　　插页:4
字　　数:263千字
书　　号:ISBN 978-7-5676-6282-7
定　　价:136.00元

凡发现图书有质量问题,请与我社联系(联系电话:0553-5910315)

万绳楠先生

（1923—1996）

序 言

曹操诗，古往今来，没有人为之编年。说实在的话，难度较大。然而，如果不知道曹操写的二十首诗的写作年代，就会对曹操的思想看不清楚。人们常说曹操"性不信天命之事"，在济南禁断淫祀，是一个唯物主义的思想家，可是却为他的游仙诗与诗中所表现追求仙道与神药的思想所困惑。人们常说曹操的游仙诗，是我国古典诗歌中游仙诗之祖，可是却为他不信天命的思想与禁断淫祀的行为所困惑。人们常说曹操的诗歌是现实主义的，但是诠释起来，又变为理想主义的了。因此亟待为曹操诗作出笺证，进行编年。

20×15＝300

安徽师范大学教务处编印

万绳楠先生手迹之一

　　大家都承认建安文学所表现出来的"建安风力"或风骨，标志着我国"文艺复兴"时代的到临，而曹操是建安风力的开创者，或如鲁迅先生所说，是"改造文章的祖师"。但是如果分开来，认为曹操诗是：理想的诗写理想，现实的诗写现实，游仙的诗写游仙，那就大大地降低了曹操诗的价值，这样的诗，无论如何也不能开创建安一代文学的风力；这样的诗人，无论如何也不能成为改造文章的祖师。

　　曹操诗的价值之高，就在于能把理想主义、浪漫主义与现实主义作高度的结合。有些诗，看起来是理想主义的，其实那种理想完全建立在现实的基础之上。如《对酒》写的，看来是纯理想主义的东西，其实却是当时的政局在陈蕃、窦武上台后，突现清明的反映。他心目中

万绳楠先生手迹之二

的"太平时"，是当时千家万姓心目中的太平时。非他一人闭门造车，突发奇想。有些诗看来神仙思想很浓，其实是浪漫主义的，而这种浪漫主义往往又与现实主义结合在一起。他一直都没有被仙道思想所俘虏，且叹惜过"痛哉世人"，见欺神仙。他的游仙诗都不是坐在家里想出，而是到过、看过被称为有仙迹之地，生出连想，才临笔赋诗，诗中必有他当时的感情与志趣。如《陟君山》、《华阴山》以及"歌以言志"的《愿登泰华山》、《晨上散关山》，都是这样的作品。还有一些诗，在历史上便是一个谜，没有人解释清楚，如《短歌行·对酒当歌》。

　　陈寅恪先生常说文与史应当结合起来考察，才能把文章的内容、历史的事实弄清楚。本稿即是采用以史证文和以文证史的方法，阐述曹

安徽师范大学教务处稿纸

万绳楠先生手迹之三

《万绳楠全集》整理工作委员会

治学贵在求真创新
——写在《万绳楠全集》出版之际

卜宪群

2023年是我的老师万绳楠先生诞辰一百周年，母校安徽师范大学历史学院组织整理的《万绳楠全集》（简称《全集》）也即将由安徽师范大学出版社出版。《全集》十卷，近300万字，比较系统地收录了万绳楠先生一生的学术论著。2023年初，负责这项工作的刘道胜院长给我打电话，约我给《全集》写个序。论在先生门下的资历、年龄和学问，我都深感不足以承担这个重任。后与同届师姐陈力通电话，她也认为我应该来写写万先生，因为师兄师姐们大都已经退休，寻找资料不方便，有的则联系不上，而我尚在科研岗位上，对各方面的情况熟悉一些。鉴于此，我也不再推脱了。当然也有另外一层因素，我从安徽师范大学硕士毕业后，学术研究的范围大体不出秦汉魏晋南北朝，随着年龄和阅历的增长，我对先生学问的敬仰之情益发浓厚，对先生在人生理想信念上的追求、在学术上的追求也理解得更通透一些。因此，我便不揣浅陋，以"治学贵在求真创新"为题，谈一点对先生史学研究思想与成就的粗浅看法。

一、治学信奉马克思主义

万绳楠先生是当代著名的魏晋南北朝史学家，在20世纪后半期的魏晋南北朝史学界和中国古代史学界有较大影响。但由于种种原因，关于他的生平事迹、学术经历，大家知道的很有限，对他的学术思想研究得也很不够。我认为，他是一位信奉马克思主义的史学家，这里谈几点看法。

万绳楠先生是一位坚定不移跟党走的史学家。先生1923年11月22日出生于江西南昌县。1929年9月至1935年7月在南昌市滕王阁小学学习，1935年9月至1939年在南昌第二中学学习，1940年至1942年7月在吉安市第十三中学学习，1942年9月至1946年7月在昆明西南联合大学历史系学习，1946年9月至1949年3月在北平清华大学历史研究所学习。在那个风雨如晦的时代，先生不仅饱受社会动荡、外族入侵的苦难，也历经了从小丧失双亲的痛苦。艰苦岁月培育了先生坚强的品格，也培养了他勤奋刻苦、依靠自己努力改变命运的顽强毅力，这是他能够考取西南联大历史系（同时还考取了交通大学电机系和浙江大学土木工程系），后又考取清华大学历史研究所的原因所在。随着解放战争的节节胜利，先生投笔从戎，加入解放军，先是在位于河北正定的华北大学学习（1949年3月至1949年6月），后在解放军南下工作团二分团十四中队（1949年6月至1949年8月）、第十五兵团政治部民运工作队（1949年8月至1950年）、第四十一军政治部宣传部（1950年至1953年）、中南军区文化速成学校与文化师范学校（1953年至1956年）、解放军军委文化师范学校（1956年至1958年）、北京市第五中学（1958年至1960年）工作。1960年，先生从北京来到安徽，先后在安徽大学历史系（1960年至1964年）、合肥师范学院历史系（1964年至1973年）、安徽师范大学历史系（1973年至1996年）工作。[①]从20世纪40年代末到60年代，先生转换这么多的工作岗位，在当时的环境下，岗位转换显然不完全是出自他自己的挑选，而是服从组织需要的结果。作为一名知识分子，万先生的一生是比较坎坷的，特别是"文革"期间，几乎九死一生。由于他在西南联大时是吴晗教过的学生，后又参加过吴晗主编的《中国历史小丛书》的写作，"文革"初期被作为"三家村"在安徽的代表进行批判，下放基层接受教育改造，直到"文革"结束后，先生才彻底平反回到教学科研岗位。虽然经历了常人难以忍受的痛苦，但丝毫没

[①] 以上先生的学习工作经历均根据安徽师范大学档案馆提供的1988年由其本人填写的"干部履历表"编写。

有动摇先生对党的信念、对教育工作的热爱。在1988年保存的"干部履历表"中，有一份先生亲笔书写的"本人总结"，其中写道："自党的十一届三中全会以来，国家生机蓬勃，四化速度加快，人的精神振奋。我决心把'文革'中失去的时间补上来，为四化多做一些工作，因此不辞教学任务重，科研项目多。当党要我同时担任低年级基础课、高年级选修课并招收指导研究生的时候，我愉快地接受下来。在教学和科研上，我永远是年轻的。任务多且重，是党对我的信任，是我有生之年价值之所在。"文中满满的正能量，哪能看得出这是出自一位曾经饱受文革之苦的人之手呢！对党的热爱是万先生的真诚信念，加入党组织是他一生的追求。1984年12月，万先生被接受为中国共产党党员，实现了他多年来的梦想。在"本人总结"中他写道："1984.12，我实现了自己多年来的梦想，被接受为光荣的中国共产党党员。当此改革之年、充满希望之年，我愿本着共产党员奋斗不息的精神，为教育改革更好地培养青年一代，为发展马克思主义的史学，分秒必争。"那时我在系里读研究生，也幸运地参加了先生入党的支部大会，我清楚记得会上先生是含着热泪说出这段话的。政治上的执着追求是万先生工作上异常勤奋的重要原因，体现了一位知识分子对党的真诚热爱。1996年10月3日，安徽师范大学在先生逝世的"讣告"中写道："万绳楠同志早年投身革命，拥护中国共产党的领导，热爱社会主义祖国，为革命和党的教育事业献出了毕生精力。"这个评价完全符合先生一生的实际。

万先生是一位善于运用唯物史观观察分析历史的史学家。新中国成立前，先生分别求学于西南联大历史系和清华大学历史研究所，那时的大学，马克思主义理论是进不了课堂的。我猜想，他系统学习并接受马克思主义理论应当是他进入革命队伍以后的事。从那时开始，先生的研究就彰显出以马克思主义唯物史观为指导的鲜明色彩。

一是坚持人民是推动历史前进的群众史观。人民群众是历史的创造者，是推动历史前进的动力，这是唯物史观的一条基本原理。评价历代统治阶级的统治政策是否具有进步意义，主要是看这些政策是否能够顺应时代和人民的要求，先生的研究贯穿着这一指导思想。根据"干部履历表"中的《万绳楠著述编年》（据字迹判断应当是先生自己所写），新中国成立后先生发表的第一篇论文是1956年的《关于曹操在历史上的地位问题》。这篇文章否定了历来将曹操作为"一个反面典型"的历史观，从曹操对中国古代经济文化发展所起的积极作用上，得出了"他对社会发展所起的促进作用比他所起的破坏作用是要大的，他在历史上的地位是应该肯定的"①观点。这篇短短五千多字的文章，有8处提到"人民"二字（不计算注释），强调曹操的政策符合人民的愿望、解放了人民的思想。这是非常有说服力的看法。关于曹操，先生还写了一系列文章，秉持的都是曹操顺应了历史发展潮流的观点。在《论诸葛亮的"治实"精神》一文中，先生充分肯定了诸葛亮治蜀的政策"符合黄巾起义以来客观存在的要求"②，这个"客观存在的要求"当然就是人民的希望与时代的要求，诸葛亮死后"黎庶追思"，就是人民对他的怀念。在《魏晋南北朝史论稿》中，先生认为淝水之战前东晋"镇之以静"的政策"为宽众息役，发展生产，稳定江东社会经济形势，开拓了一条道路"③，这个看法一反过去认为东晋政府只是门阀士族利益代表的观点。需要看到的是，虽然先生充分肯定曹操、诸葛亮、王导等人的历史作用，但他认为他们只是统治阶级的代表，真正发展生产、推动历史前进的还是广大劳动人民群众。这种从历史进步的群众史观出发分析历史的立场，在先生的论著中随处可以看到。

二是坚持阶级分析方法。阶级分析是观察历史非常重要的一种方法，唯物史观与阶级分析相结合，是把握一定时期社会经济关系和政治关系变动的钥匙。万先生的论著中，始终秉持这一原则，《曹魏政治派别的分野及其升降》就是一篇具有代表性的作品。此文不仅首次揭示了曹操手下存在着汝颍、谯沛两大政治集团的事实，而且揭示了这两大集团的历史渊源

---

① 万绳楠：《关于曹操在历史上的地位问题》，《新史学通讯》1956年第6期。

② 万绳楠：《论诸葛亮的"治实"精神》，《安徽师大学报（哲学社会科学版）》1978年第3期。

③ 万绳楠：《魏晋南北朝史论稿》，安徽教育出版社，1983年，第162页。

和经济基础的不同，指出汝颍集团可溯源于后汉的党锢之祸，而"党锢人物都是后汉形成起来的大田庄主或田庄主的子弟"[①]，他们是世族地主势力的代表，谯沛集团则代表了庶族地主的利益，他们在镇压黄巾起义的过程中联合起来，但政治集团上的分野又使他们最终分道扬镳。经济关系是阶级关系的基础，汝颍集团在斗争中战胜谯沛集团，是"封建大土地所有制的胜利，屯田制的失败。这是当时历史发展的必然结果"[②]，先生将两大集团的政治升降和汉魏政治权力的转移最终归结为经济关系的变动，并视为历史发展的必然，是阶级阶层分析方法的科学运用，有很强的说服力。阶级往往是由等级构成的，等级研究是阶级研究的重要内容。在《南朝的阶级分化问题》一文中，先生对南朝士族和寒门中出现的等级分化做了精辟的分析，认为士族的衰落与寒门的兴起体现的是历史进步[③]，这使我们对南朝出现的诸多关于士族贫富升降的历史现象有了科学认识。经济基础决定上层建筑是唯物史观的基本观点，也是阶级分析方法的基本出发点。在《从南北朝社会经济与政治的差异看南北门阀》一文中，先生提出北方重农、南方重商，经济基础不同，政治形态也不同。"南方士族既然立脚于家庭与商业之上，聚居于都邑，其社会经济基础自然不及北方士族雄厚。这种士族及由此而形成的士族制度，容易腐朽，经不起风浪。"[④]这就使我们对为什么南朝士族较北朝士族分化衰落得要快找到了一个答案。阶级分析方法是一把利器，但万先生并不盲目运用阶级分析，即使在十分重视阶级斗争的年代，也能够坚持实事求是的精神。在《魏末北镇暴动是阶级斗争还是统治阶级内部的斗争》一文中，先生对北镇暴动即六镇起兵的性质提出了不同看法。先生坚持阶级观点与历史主义相统一的原则，认为暴动由豪强这一阶级发动并左右，不是人民起义，只能是统治阶级内部

①　万绳楠：《曹魏政治派别的分野及其升降》，《历史教学》1964年第1期。

②　万绳楠：《曹魏政治派别的分野及其升降》，《历史教学》1964年第1期。

③　万绳楠：《南朝的阶级分化问题》，《安徽师大学报（哲学社会科学版）》1983年第2期。

④　万绳楠：《从南北朝社会经济与政治的差异看南北门阀》，《安徽大学学报》1963年第1期。

的斗争。①在《五斗米道与孙恩起兵》一文中，先生本着这一原则，同样否定其起兵是农民起义的性质。先生还专门写了《什么是农民起义？什么人才可以称为农民起义军的领袖？——评〈简明中国通史〉关于农民起义问题的论述》，借对吕振羽《简明中国通史》中关于农民起义问题的评价，系统阐释了他对历史上农民起义问题的看法。

三是坚持辩证唯物主义的联系观。辩证唯物主义重视事物之间的普遍联系，用辩证的、联系的观点把握事物的前后关系、局部与整体的关系，把一定的历史现象放到一定的历史环境之中去考察。万先生在《研究问题要注意事物之间的联系》一文中指出："对于历史上的任何一个问题，都不能作孤立、静止的研究，必须充分掌握资料，注意事物之间的联系。"②先生例举了陈寅恪将华佗的记载与佛经故事联系起来看的事例，指出"他（指陈寅恪）不只是根据我国的史籍，孤立地研究华佗，而是比较中印记载、语音影响，在一个大系统中进行全面研究"③，先生用此来强调联系的方法在史学研究中的重要性。他又例举了自己用联系的方法对曹操《短歌行·对酒》一诗解读的事例，指出"曹操的《短歌行·对酒》是建安元年在许都接待宾客时，主人与宾客在宴会上的酬唱之辞，并非曹操一人所写"④。纵览先生的研究，辩证联系的方法始终贯穿其中，正是这种辩证联系观，使先生能够在同一事物之间、众多事物之间或不同事物之间找出其中的联系，每每使他的文章能够发前人之所未发，给人耳目一新之感。

除了上述之外，唯物史观的社会形态学说在先生的论著中也十分突出。他注重奴隶社会和封建社会不同社会形态下的政治经济文化制度特点研究，秉持封建地主土地所有制说，肯定魏晋南北朝时期各民族政权封建化的历史进步意义，强调政治集团与阶级关系演变背后的经济因素，都是坚持社会形态学说的典型表现。从以上这些可以看到，先生虽然毕业于新

---

① 万绳楠：《魏末北镇暴动是阶级斗争还是统治阶级内部的斗争》，《史学月刊》1964年第9期。

② 万绳楠：《研究问题要注意事物之间的联系》，《文史哲》1987年第1期。

③ 万绳楠：《研究问题要注意事物之间的联系》，《文史哲》1987年第1期。

④ 万绳楠：《研究问题要注意事物之间的联系》，《文史哲》1987年第1期。

中国成立前的大学，但新中国成立后他学习马克思主义，坚持马克思主义，运用马克思主义，完全可以说他毕生追求马克思主义，是一位新中国培养起来的马克思主义史学家。

二、广博的治学领域与突出成就

万绳楠先生的治学领域很广博，涉及魏晋南北朝史研究、宋史研究和区域经济史研究等，尤以魏晋南北朝史研究见长。

（一）魏晋南北朝史多领域的突出成就

20世纪中国古代史在通史、断代史、专门史等各研究领域都取得了很大成绩，其中在断代史研究上，魏晋南北朝史所取得的成绩尤为突出。从20世纪初开始，人们逐步改变了对中国历史上分裂时期的历史或所谓"乱世"历史的一些不全面认识，运用新的历史理论与方法，开启了魏晋南北朝历史的新探索。曹文柱、李传军在《二十世纪魏晋南北朝史研究》一文中，将20世纪中国魏晋南北朝史研究以1949年为限划分为前后两个时期。前一个时期可分为1901—1929年和1930—1949年两个阶段。后一个时期可分为1949—1966年、1966—1978年和1978—2000年三个阶段。[①]万先生在魏晋南北朝史研究上，基本上完整经历了后一个时期的"三个阶段"。厚实的史学功底，敏锐的洞察力，勤奋的治学精神，长期的不懈探索，使他在魏晋南北朝史多个领域取得了十分突出的成就，他所思考的许多问题，在当时也明显具有学术前沿的性质。这里我选取若干领域做一简要介绍。

政治史领域深耕细耘。万先生继承了中国史学向来重视政治史研究的传统特点，又得20世纪上半叶以来中国实证史学派的方法精华，以唯物史观为指导，在魏晋南北朝政治史研究领域取得了突出成就，这是他一生学

---

① 曹文柱、李传军：《二十世纪魏晋南北朝史研究》，《历史研究》2002年第5期。

术成就的主要代表。首先，关于曹操和曹魏政治派别的研究。历史上对曹操的评判大体不离正统史观，史家、政治家根据各自的需要取舍，毁誉参半，缺乏科学的指导。受宋元以后戏曲小说的影响，在普通民众中曹操更成为一个反面典型。先生在《关于曹操在历史上的地位问题》一文中，从汉末黄河流域经济衰败的客观历史出发，认为曹操的屯田、抑制豪强兼并、减轻田租、提倡节俭等经济措施具有积极进步的意义。①先生又从曹操在思想文化上的贡献，肯定了他破除汉代以来儒家思想束缚的作用和倡导现实主义文风的意义。因此，先生认为"从曹操总的方面来衡量，曹操在历史上的地位是应该肯定的"②。这是新中国成立后率先对曹操历史地位提出肯定的史学家。先生对曹操的研究深入细致，《廓清曹操少年时代的迷雾》一文十分精彩，将曹操少年时代的事迹考证揭示出来，有力说明了曹操少年时品行不好却又能举孝廉入仕的原因，也说明了后来曹操政治思想与政治行为与他少年时的经历有十分紧密的关系。③在《曹魏政治派别的分野及其升降》一文中，先生对曹魏内部政治集团的精湛划分及其阶级基础的深刻揭示，可以说是为解剖曹魏政治演变和门阀政治的形成提供了一把崭新的钥匙。④其次，关于蜀、吴政治和两晋南北朝政治的研究。在《论诸葛亮的"治实"精神》一文中，先生将诸葛亮治蜀的精神归纳为"治实"，并从哲学、政治军事、自然科学三个方面对诸葛亮的治实精神进行了深入阐释。⑤这篇文章发表在"文革"结束后不久，澄清了在诸葛亮问题上被"四人帮"搞乱了的是非，并对诸葛亮这个历史人物，力求作出合乎科学的解释。在《魏晋南北朝史论稿》一书中，先生对孙吴立国江东问题做出了深入考察。先生指出，孙吴政权是靠江东名宗大族的支持建立

---

① 万绳楠：《关于曹操在历史上的地位问题》，《新史学通讯》1956年第6期。

② 万绳楠：《关于曹操在历史上的地位问题》，《新史学通讯》1956年第6期。

③ 万绳楠：《廓清曹操少年时代的迷雾》，《安徽师大学报（哲学社会科学版）》1988年第2期。

④ 万绳楠：《曹魏政治派别的分野及其升降》，《历史教学》1964年第1期。

⑤ 万绳楠：《论诸葛亮的"治实"精神》，《安徽师大学报（哲学社会科学版）》1978年第3期。

起来的，论孙吴的治国之道，必须先明江东经济的发展与大族的产生。孙吴的"限江自保""施德缓刑"以及"外仗顾、陆、朱、张，内近胡综、薛综"等治国方针与政策，是孙吴复客制、世袭领兵制、屯田制等重大政策形成的阶级基础和社会基础。①这是史学界较早全面对孙吴政权立国基础的政治考察，对我们理解孙吴政治与魏、蜀政治的区别有重要启示。在《东晋的镇之以静政策和淝水之战的胜利》一文中，先生将东晋前期的政治总结为"镇之以静"，并在王导、桓温、谢安时期一以贯之，认为这是东晋之所以取得淝水之战胜利的原因。②这个观点一改东晋政权只是偏安江南的旧识，推进了东晋政治史研究的深化。历史的必然性与人的主观能动性是相辅相成的。在《从陈、齐、周三方关系的演变看隋的统一》一文中，先生对为什么由继承北周的隋朝来统一，而不由北齐或者陈朝来统一做了细密周到的分析，指出"可知统一之所以由北不由南，而北又不由北齐而由北周及其继承者隋朝，是因为本来要与北齐结好的南朝，却偏偏走上了联周反齐之路"③。这一观点较以往只重视隋文帝在统一中的作用的观点更加全面。先生的政治史研究不限于魏晋南北朝，如《论隋炀帝》《武则天与进士新阶层》等文章，在隋唐政治史研究上都有新见解。

经济史领域开拓创新。20世纪魏晋南北朝经济史研究主要集中在社会性质问题、土地制度问题、赋税制度问题、户籍制度问题、部门经济与区域经济等问题上。万先生在上述领域中大都有创新性的研究。关于土地制度问题，先生在《魏晋南北朝史论稿》中对曹魏小块土地所有制、屯田制、田庄制三种土地所有制形式进行了比较，认为曹魏以保护自由农为主体的小块土地所有制为主体，但又能使三种土地所有制在一定时期内并存，发挥各自的作用，使汉末受到严重破坏的生产力，得以复苏。④这是曹操在经济政策上强于其他军阀之处所在。田庄经济是魏晋南北朝经济的

① 万绳楠：《魏晋南北朝史论稿》，安徽教育出版社，1983年，第62—71页。

② 万绳楠：《东晋的镇之以静政策和淝水之战的胜利》，《江淮论坛》1980年第4期。

③ 万绳楠：《从陈、齐、周三方关系的演变看隋的统一》，《安徽师大学报(哲学社会科学版)》1985年第4期。

④ 万绳楠：《魏晋南北朝史论稿》，安徽教育出版社，1983年，第26—35页。

重要组成部分，先生在很多论著中都谈到这个问题，比如上述曹魏三种土地所有制比较中，就谈到了曹魏时期的田庄"无疑起着组织生产的作用，有一定的活力，不失为当时一支重要的、仍占主导地位的生产力量"①。田庄经济不是一成不变的，随着时代变化，田庄经济也在发生变化，先生正是用这种发展变化的观点看待田庄经济，并分别写出了《南朝时代江南的田庄制度》和《南朝田庄制度的变革》二文。在前文中，先生对南朝江南田庄兴起的历史背景和南朝江南田庄的特点进行了仔细分析，得出了南朝时代江南的田庄制度，是随着江南的开发与庶族地主、商人的兴起而发展起来的，是建立在家族而非宗族地主对佃客、奴隶的剥削与压迫的基础之上的重要结论。②在后文中，先生指出，南朝的田庄主土地占有形态，和唐朝是一个类型，和汉、魏已自不同。唐朝的庄园制度源自南朝。南朝田庄制度的变革，是中古土地制度的一个重大变化。先生在文中还对南朝大家族（宗族组织）的破坏、田庄中部曲组织的消亡、剥削方式的变化进行了详细论证。③先生的系列研究将南朝江南田庄与之前及同时代其他政权下的田庄制度清楚地区分开来，使我们看到了田庄经济在不同时期的发展变化和历史影响。魏晋南北朝是一个人口大流动大迁徙的时期，人口流动所带来的行政区划变化以及户籍制度的新形态，是影响魏晋南北朝社会经济发展的重要问题。侨郡县是东晋南朝时期安置迁徙流动人口的一项行政措施，它是一个政治问题，更是一个经济问题。在《晋、宋时期安徽侨郡县考》和《江东侨郡县的建立与经济的开发》二文中，先生分别对安徽境内和江东地区的侨郡县进行了详细考证，前文首次对晋、宋时期安徽境内的侨郡县状况，以及北方流民进入安徽和安徽本部人向南流动的大致情况进行了系统梳理④，后文则对江东侨郡县的分布特点以及江东政权对侨

① 万绳楠：《魏晋南北朝史论稿》，安徽教育出版社，1983年，第35页。
② 万绳楠：《南朝时代江南的田庄制度》，《历史教学》1965年第11期。
③ 万绳楠：《南朝田庄制度的变革》，《安徽师大学报（哲学社会科学版）》1980年第2期。
④ 万绳楠：《晋、宋时期安徽侨郡县考》，《安徽师大学报（哲学社会科学版）》1982年第2期。

民的政策进行了全面分析①。侨郡县的设置不仅在政治上稳定了因战乱而造成的流动人口，更重要的是推动了安徽特别是皖南和江东地区的经济开发与文化发展。江东地区尤其是沿江地区经济的开发，与江东政权对待流人的政策不可分。正如先生所指出的那样："论江南经济开发的文章，我所见到的颇为不少，惜乎语焉不详，且不中肯綮，故立论如上。"②从侨郡县的设置及其政策看安徽和江东地区经济开发是一个新的视角，先生的研究走在了当时经济史研究的前列。户籍向来是经济史研究的重要内容，魏晋南北朝的户籍问题因人口迁徙和侨郡县的设置尤其显得复杂化，文献上出现的"白籍""黄籍"究竟何指，"土断"与黄、白籍究竟什么关系，古今史家莫衷一是。先生在《论黄白籍、土断及其有关问题》《江东侨郡县的建立与经济的开发》等文中，对这些问题做了细密考证。先生指出："黄籍是两晋南朝包括士族和庶民在内的编户齐家的统一的户籍。士族的黄籍，注有位宦高卑，庶民无之。士族可凭黄籍上的爵位证明为士族，免去徭役。庶民已在官役的，可以在黄籍上注明何人。白籍则是在特定时期产生的、有特定含义的户籍。它出现在东晋初，为自拔南奔的侨人所持有。他们大都住在侨郡县中。之所以谓之为白籍，是因为夹注有北方原地的籍贯，好作将来回到北方入籍的凭证。持白籍的不交税，不服役。"③由于人口不断南迁给东晋政府带来严重的社会经济问题，因而有了咸和二年（327）土断。这次土断中整理出来的黄籍，称为《晋籍》。它是南方土著人民和以土著为断的北方侨人的统一的户籍，此籍一直沿用到宋元嘉二十七年（450）。咸康、兴宁、义熙年间的阅实编户与依界土断，是咸和二年（327）土断的整顿与补充。侨人一经土断，白籍即换成黄籍。南齐大力进行土断，罢除侨邦，是白籍行将消亡的反映。其最后消亡，可以梁天监元年（502）罢除最后一个侨邦南徐州为标志。此后所谓土断，是土断杂居

---

① 万绳楠：《江东侨郡县的建立与经济的开发》，《中国史研究》1992年第3期。

② 万绳楠：《江东侨郡县的建立与经济的开发》，《中国史研究》1992年第3期。

③ 万绳楠：《论黄白籍、土断及其有关问题》，载《魏晋南北朝史研究》，四川社会科学院出版社，1986年，第286页。

流寓的人户。①先生的这些观点，厘清了复杂多变的东晋南朝政权下户籍变化的线索，辨清了史书上模糊不清的土断、白籍、黄籍等概念，为经济史研究提供了基本的史实基础，可以说是一个重大贡献。先生在经济史上的研究还有西晋的经济制度、北魏的均田制和地主土地所有制以及江南经济开发等诸多问题，彰显出他在经济史研究上的深厚功力。需要指出的是，先生的经济史研究坚持以唯物史观为指导，将地主土地所有制作为观察分析魏晋南北朝经济史的基本出发点，并将经济变化与政治变化相联系，使他的经济史研究充满了时代感。

思想文化史领域视野宽阔。与两汉相比，魏晋南北朝思想文化突破了经学独尊的束缚，呈现出多元化的趋势，域外文化与华夏文明交往交流，开启了文化交融的新时期。20世纪后半期，特别是改革开放以后，魏晋南北朝思想文化史研究呈现出繁盛局面。其中，万先生以其宽阔的学术视野，在魏晋南北朝思想文化史领域独树一帜，取得了突出成就，其研究涉及政治文化、哲学思想、宗教思想、史学思想、艺术与科技、少数民族文化等诸多领域，特别是《魏晋南北朝文化史》一书，是他关于魏晋南北朝思想文化史研究的系统思考。这里我选取若干角度做一介绍。首先，关于文化史研究的理论思考和魏晋南北朝思想文化的整体史观。早在20世纪90年代初，先生在《对文化史研究的思考》一文中就对文化史的概念与研究对象做过界定，指出："现在文化与文明两个概念常被混淆。按照摩尔根所说人类自野蛮时代进入文明时代，以文字的发明为标志，而文字的发明又是文化的开端。可知文化者，乃用文字写下来的各科知识也。"②但是先生认为，文化史又不仅只是各科知识史、有关制度史，而且要把各科知识所达到的深度及所反映的文明程度揭示出来。易言之，即要揭示出黑格尔所说的"时代精神"。③后来他又指出："因此，凡属文化知识领域中的问

---

① 万绳楠：《论黄白籍、土断及其有关问题》，载《魏晋南北朝史研究》，四川社会科学院出版社，1986年。

② 万绳楠：《对文化史研究的思考》，《文史哲》1993年第3期。

③ 万绳楠：《对文化史研究的思考》，《文史哲》1993年第3期。

题，都应当是文化史所应讨论的问题。如果缺了一个部门或项目，那就不是一部全面的文化史，就无从窥探某个时期或时代文化的全貌、相互作用、发展停滞或萎缩的总原因与具体原因。"①文化史绝不是儒术史，也绝不是哲学史。文学、史学、艺术、自然科学、各派经济思想、政治思想、社会思想、各族文化状况、文化交流……无一不在文化史探讨的范围中。从这个角度出发，先生把职官制度、选举制度、学校制度、哲学思想、政治思想、经济思想、社会组织与社会风俗、文学、艺术、史学、自然科学、道教、佛教以及各族文化状况、中外文化交流等内容，都纳入了他考察的范围，形成了他以制度文化和精神文化为主体的文化史观。关于魏晋南北朝思想文化的历史地位，先生认为，魏晋南北朝时代是各科文化蓬勃发展的时代，把汉朝远远抛在后头。现在已经没有人相信甚么"黑暗时代"的陈旧说法。先生还具体指出了这个时期文化长足发展的原因是专制主义的削弱、儒术独尊地位的跌落、官营王有制度的失败、大家族的解体和个性的解放。其次，深入挖掘时代的思想文化精华。在立足魏晋南北朝思想文化整体史观的基础上，先生对这一时期思想文化及其流派和代表人物等很多问题都有自己深刻独到的见解，是他史学思想极具闪光的一面。在《嵇康新论》一文中，先生将嵇康的思想从所谓"竹林七贤"中其他人的思想分离开来，高度赞扬了嵇康反对封建儒学，富有民主精华的进步思想。②在《略谈玄学的产生、派别与影响》一文和《魏晋南北朝史论稿》第五章第二节，以及《魏晋南北朝文化史》第三章中，先生对魏正始年间何晏、王弼创立的玄学及其意义和派别分野进行了开创性研究。他指出："玄学并非消极的东西。它好比一颗灿烂的明星，进入魏晋时代的思想界天空，放出了奇光异彩。"③但是正始之音并不是只有一种声音，何晏标榜无为，把无和有对立起来，是二元的；王弼标榜无为，把无当本体，把有当派生的东西，是一元的，因此何晏与王弼是玄学内部两种不同的声音。究其原因，

①　万绳楠:《魏晋南北朝文化史·序言》,黄山书社,1989年,第1页。

②　万绳楠:《嵇康新论》,《江淮论坛》1979年第1期。

③　万绳楠:《略谈玄学的产生、派别与影响》,《孔子研究》1994年第3期。

是他们各自代表了不同政治集团的思想，是当时曹魏政治上两大派别斗争的反映。先生将玄学研究与政治派别分野结合起来分析，是一卓识。尽管玄学在这一时期高调登场，但先生认为魏晋南北朝时期的主流思想仍然是儒学而不是玄学①，先生在20世纪50年代得出的这个结论，在后来的魏晋南北朝思想史研究中应该是得到了大多数人的认同。在思想文化史研究中，先生始终高举唯物史观大旗，高扬唯物论思想的积极意义，批判唯心论的消极作用，特别是在对君主专制的批判上毫不留情，是他思想文化史研究上极富战斗性的一面。在宗教思想研究上，先生多有发明。在《"太平道"与"五斗米道"》一文中，先生对《太平经》的性质及其与黄巾起义的关系做了细致辨析，认为它们之间既有联系更有本质区别，不能把《太平经》与作为"异教"的"太平道"混为一谈，而五斗米道从一开始，就是地主阶级的宗教，是地主阶级用来剥削、压迫与愚弄农民的宗教组织，教义上没有任何积极的东西，只有消极的影响。②先生的这个思想产生在20世纪60年代初，那个时期对阶级斗争和农民起义高度重视，能够用这样冷静客观的态度对待太平道和五斗米道，是十分可贵的求真精神。先生对道教的研究并不限于这些局部，而是从整体上对魏晋南北朝时期道教的产生与发展做了系统梳理，新意迭出。③在佛教研究上，先生不仅对佛教传入中国的过程及其地位的确立有细致考证，而且提出了佛教"异端"思想产生的背景与斗争这一重要问题，明确指出"中国的佛教异端，是在南北朝时代，在北方形成的"，其原因乃是北朝佛教的僵化所致。④从思想文化史的视角出发，先生还对魏晋南北朝时期的史学、艺术、文学、风俗、科技以及社会生活与文化交流等诸多内容也有精湛研究，这里不再一一介绍。

① 万绳楠：《魏晋南北朝时代的思想主流是什么》，《史学月刊》1957年第8期。

② 万绳楠：《"太平道"与"五斗米道"》，《历史教学》1964年第6期。

③ 参见万绳楠：《魏晋南北朝文化史》第十二章"我国道教的产生与发展"，黄山书社，1989年，第298—325页。

④ 参见万绳楠：《魏晋南北朝史论稿》第十五章"论佛教在南北朝时期的传播"，安徽教育出版社，1983年，第330—350页；万绳楠：《魏晋南北朝文化史》第十三章"佛教的勃兴与弥勒异端的产生"，黄山书社，1989年，第326—348页。

（二）宋史研究的倾力奉献

万先生是一个学术旨趣十分广泛的学者，他不仅在魏晋南北朝史领域取得了突出成就，在宋史领域也收获不菲，为宋史研究做出了一定的贡献。先生在宋史领域的贡献主要体现在《文天祥传》和《关于南宋初年的抗金斗争》《关于王安石变法的几点商榷》《宋江打方腊是难以否定的》《诗史奇观——文天祥〈集杜诗〉》等系列文章上，这里重点介绍《文天祥传》。文天祥是南宋后期民族矛盾尖锐时期产生的一位民族英雄，他去世后，事迹广为流传，自古就有不少人为他立传。但如同先生所说的那样，所有的文天祥传都有两个基本缺陷，一是从忠君立论，二是但述事实经过，而又偏重起兵勤王以后的经历。新中国成立以后关于宋代民族英雄的研究明显又偏重于岳飞，对文天祥的研究稍显不足。先生的《文天祥传》就是在这样的背景下从史学传记的角度写作而成的。该传用近30万字、十章（另附事迹编年）的篇幅，详述了文天祥的生平事迹、爱国思想、文学成就、事迹流传等重大问题，首次全面揭示了文天祥的一生经历，考证了很多模糊不清的史事，并对与之有关的宋元历史进行了评论，是传、论、考相结合的典范。《文天祥传》发明甚多。首先，廓清了文天祥籍贯和生平事迹问题。通过详细辩证，先生认为文天祥的籍贯应该是吉州庐陵县富川镇，而不是以往所认为的富田，宋时只有富川而无富田，富田替代富川是元朝以后的事。宋代富川是镇，地位与乡相等，不属于淳化乡，亦不属于顺化乡，将富田归属于淳化乡，是清朝以后的事。[①]籍贯问题虽然很具体，但是研究文天祥必不可少的基本问题。先生还对文天祥中状元时的年龄、某些重要作品的写作年代等问题进行了考证，为进一步研究文天祥奠定了扎实基础。其次，深入挖掘了文天祥的爱国思想。先生认为，文天祥不仅是一个爱国者，而且是一个政治家、思想家，他的爱国思想不是古已有之，而有他的特殊点，这个特殊点就是他的哲学思想和政治

---

① 万绳楠:《文天祥传》,河南人民出版社,1985年,第1—7页。

表现。先生指出："七百年来，都以为文天祥爱国是受儒家思想乃至理学熏陶的结果。殊不知他的爱国思想扎根于他的生气勃勃的唯物思想中，具有强烈的反理学意义。"①与宋代死守祖宗之法不同，文天祥的哲学思想根植于《易》学的唯物辩证思想，特别是他强调自强不息精神对个人和国家的重要意义，正是他一生爱国不息、斗争不息、改革不息的哲学基础。②这个看法虽不无可商榷之处，但却在一定程度上揭示了文天祥为什么能够在社会危机和民族危机深重的南宋后期，坚决为国奋斗不息直至献出生命的根源所在。先生认为，文天祥爱国思想在政治上的表现不只是抗元，更重要的方面"是他不仅要求改革，而且要求改革不息；不仅要求改革宋太祖、太宗制定下来的祖宗之法，而且要求一直改下去，直到实现天下为公"③。先生还具体指出了文天祥主张改革不息"三个具体的、带根本性的问题"④，即地方问题、三省六部问题和用人问题。文天祥的改革思想虽然"近于空想"，不可能在当时的南宋实现，但"应当承认它在我国政治思想发展史上所具有的划时代的意义和里程碑的地位"⑤。改革不息论是文天祥政治思想中也是爱国思想中最本质的东西，也是最重要的内容。不改革便不能抗元，爱国首先就应要求改革。这是我们研究他在抗元中所表现出来的爱国思想时，必须理解的东西。文天祥的抗元是与他"法天不息"的唯物主义思想联系在一起，而非与儒家的忠孝仁义相联系，是为了"生民"的利益，而非与地主阶级、赵家王朝的利益相联系。⑥这些看法都极大丰富了我们对文天祥爱国思想内涵的认识。第三，对宋元之际历史变化的深刻洞察。既往研究文天祥较少考虑宋元之际历史变化的必然性和偶

---

① 万绳楠：《文天祥传》，河南人民出版社，1985年，第266页。

② 参见万绳楠：《文天祥传》第八章第一节"文天祥爱国思想的哲学基础"，河南人民出版社，1985年，第266—275页。

③ 万绳楠：《文天祥传》，河南人民出版社，1985年，第275页。

④ 万绳楠：《文天祥传》，河南人民出版社，1985年，第277页。

⑤ 万绳楠：《文天祥传》，河南人民出版社，1985年，第282页。

⑥ 参见万绳楠：《文天祥传》第八章第三节"文天祥爱国思想在抗元方面的表现"，河南人民出版社，1985年，第282—289页。

然性问题。先生指出，文天祥生活在南宋内忧外患十分深重的年代，"但这个时代并非南宋注定要灭亡、元朝必定要统治全中国的时代，而是黑暗中有光明。这光明就是：只要南宋改革导致社会危机和民族危机的守内虚外之法，就不会是元兵南进，而是宋旗北指"①。但南宋政权并不采纳文天祥的主张，一再错过历史给予的机遇，抱住祖宗之法不放，致使拥有军队七十多万，经济力量远胜于蒙古，且有文天祥这样贤才的南宋，不断屈膝投降，根本原因就是以皇帝为首的最高统治集团的守内虚外的国策，"这个国策培育出来的最高统治集团，对外以妥协投降，对内以镇压人民、削弱地方、排斥贤才、反对任何改革为特征。这个国策不变，统治集团也就不会倒；统治集团不倒，这个国策也就不会变"②。南宋不是必然灭亡，元朝不是必然胜利，文天祥不是愚忠献身。先生对宋元之际历史的深刻洞察，使我们对文天祥抗元斗争直至献出生命的历史意义有了比以往更加深入的认识。第四，确立了文天祥在中国文学史上的地位。先生在传中用一章四节的篇幅论述了文天祥在文学上的成就，指出"文天祥在文学上的成就，比之唐、宋各大名家，毫无逊色"③。文天祥一改南宋文体、诗体破碎、卑弱，朱熹以后鬼头神面之论，"不赞成有意为诗""主张动乎情性"，提出了"自鸣与共鸣之说"，先生认为与自鸣相结合的共鸣论，"是文天祥对文学理论尤其是现实主义文学理论的一大贡献"④。先生还对文天祥的诗歌进行了分期，对其不同时期诗歌的内容与特点进行了细致分析，深刻揭示了文天祥作为"现实主义文学巨匠"，其诗歌具有"振起过一代文风""是我国文学宝库中的无上珍品"的历史地位。⑤先生一生的学术重点不是宋史，但从《文天祥传》中可以看到他不仅对文天祥有深入研究，也对宋代政治史、思想史和文化史有独到的见解。

① 万绳楠：《文天祥传》，河南人民出版社，1985年，第18页。

② 万绳楠：《文天祥传》，河南人民出版社，1985年，第97页。

③ 万绳楠：《文天祥传》，河南人民出版社，1985年，第290页。

④ 万绳楠：《文天祥传》，河南人民出版社，1985年，第291—293页。

⑤ 参见万绳楠：《文天祥传》第九章"文天祥在文学上的成就"，河南人民出版社，1985年，第290—336页。

（三）区域经济史研究的开辟

有学者指出："区域经济的研究是80年代以来学者们着意很多的课题，取得的成就相当可观。"[①]但万先生从20世纪60年代开始就十分关注魏晋南北朝区域经济史的研究，从60年代到90年代，他撰写了《六朝时代江南的开发问题》《南朝时代江南的田庄制度》《南朝田庄制度的变革》《江东侨郡县的建立与经济开发》等一系列论文，对长江中下游区域经济史就有了深入研究。在此基础上，1997年，万先生等著的《中国长江流域开发史》一书出版，该书是原国家教委"八五"社会科学重点科研项目的结项成果，也是国家"九五"重点规划图书。全书用八章50万字的篇幅，从历史纵向角度，全面考察了从石器时代到明清时期长江流域开发的整体历程，是我国第一部全面论述长江流域社会经济与文明发展进程的著作。该书首次对长江流域各历史时期的经济开发与文明发展历程做了系统总结。例如关于石器时代的长江流域，该书指出，与黄河流域一样，长江流域也有它自己的石器时代与人类。论文化并不比黄河流域有任何逊色。该书用丰富的考古资料论证了旧石器时代的长江流域是人类起源的重要地区、新石器时代晚期的良渚文化是长江流域跨入文明门槛的前夜。从青铜器的制作和江西清江吴城出土的刻划文字符号看，"炎帝神农氏时期，南方长江流域当已进入文明时代。其文明程度不会下于轩辕氏所代表的北方文明"[②]，甚至"南方长江流域当比北方更早地进入文明时代"[③]。关于列国时期的长江流域，该书认为这是一个经济、文化突飞猛进的发展时期，楚、吴、越、巴、蜀等国农、工、商业综合发展，但秦的征服，则使整个长江流域的开发，遇到了一次大顿挫。关于秦汉时期的长江流域，该书使用了"曲折性"三个字来概括。秦的落后政策，将长江流域的开发拉向后退，开发无闻。汉初政策调整，长江流域的开发也在继续抬头。两汉长江

---

① 曹文柱、李传军：《二十世纪魏晋南北朝史研究》，《历史研究》2002年第5期。

② 万绳楠、庄华峰、陈梁舟：《中国长江流域开发史》，黄山书社，1997年，第25页。

③ 万绳楠、庄华峰、陈梁舟：《中国长江流域开发史》，黄山书社，1997年，第23页。

流域开发虽在继续，但又不断受到"虎狼之政"的破坏，是"曲折性"的反映。关于魏晋南北朝时期的长江流域，该书用"迅速发展与几度猝然跌落"来概括。吴、魏、蜀时期长江流域的交通运输业、城市与商业、农业发展迅速，西晋由于政治原因，长江流域开发陷于停滞状态。东晋"镇之以静"的政策，以及侨郡县的设置与对待流人的政策，促进了江东社会经济的发展，江南腹地及沿海地区得到开发。南北朝末年至隋，由于侯景之乱和隋的政策原因，长江流域开发又陷于停顿。关于唐五代时期的长江流域，该书用"继续发展与经济中心的逐渐南移"来概括。唐继承了南北朝以来的重要经济制度和隋朝留下的大运河，长江流域整体经济结构与发展水平上了新台阶，天宝以后，经济重心南移。五代十国，长江流域有八国，仍可见到长江流域农、工、商业在唐朝开发的基础上进一步深入发展。关于宋元时期的长江流域，该书认为两宋长江流域又获得了进一步的开发，农业、手工业、交通运输业、商业与城市都有了新的发展，经济形态呈现出新变化，四大发明是在长江流域完成的。但由于两宋在政治上都执行"守内虚外"的政策，这种开发仍旧受到限制。到蒙古入主中原，甚至一度逆转。关于明清时期的长江流域，该书用"经济开发的新发展"和"艰难曲折性"来概括。由于统治政策的调整，明清时期长江流域社会经济有了长足发展，生产力水平的提高，资本主义生产关系的萌芽已在明中后期，出现于长江中下游地区商品经济极为发达的苏、杭一带，并逐渐扩展至其他地区。这是一个新现象。清前期，我国资本主义萌芽继续缓慢发展，在整个长江流域显现得更为突出。然而，由于种种历史条件未能具备，中国资本主义的胎儿始终没有冲出孕育了它的封建社会的母体，滋长壮大，这不能不是中国历史发展进程中的一个极大的令人深以为憾的曲折和不幸。纵览该书，其特点非常鲜明：一是十分重视我国历史上统治阶级的政策与经济发展的关系，将经济发展与政治环境相联系，深刻阐明了上层建筑对经济基础的反作用；二是十分重视经济发展与科技文化发展的关系，该书几乎在论述每个时代经济开发之后，都要论述该时期科技文化发展的状况，可以说该书也是一部长江流域科技文化发展史。总之，通过该书，我们不仅可以认识到长江流域文明发展史在中华文明发展史上的重要地位，把握长江流域经济开发的历史经验教训，也能为今天长江流域的开发提供历史借鉴。

以上总结虽远远不能涵盖先生的全部学术成就，但从中也可以窥见先生广博的学术视野、深刻的问题意识和极具前沿性的探索精神。

三、丰厚的治学思想遗产

万绳楠先生用其一生的心血，给我们留下了300余万字的史学论著，这是一笔宝贵的史学遗产。据我目力所及，对先生史学成就评价、总结和研究的文章目前有周一良《评介三部魏晋南北朝史著作》[①]，朱瑞熙《宋人传记的佳作——评〈文天祥传〉》[②]，彦雨《一部反映出时代精神的新文化史——评万绳楠教授的〈魏晋南北朝文化史〉》[③]，汪姝婕《简评〈中国长江流域开发史〉》[④]，卫丛姗《万绳楠史学成就研究》[⑤]等，这些文章从不同侧面对先生的史学成就进行了评述和研究。还有不少学者和先生的学术观点进行商榷。[⑥]无论是评述还是商榷先生的论著，也无论是赞

[①] 周一良：《评介三部魏晋南北朝史著作》，《北京大学学报(哲学社会科学版)》1985年第2期。

[②] 朱瑞熙：《宋人传记的佳作——评〈文天祥传〉》，《中州学刊》1986年第3期。

[③] 彦雨：《一部反映出时代精神的新文化史——评万绳楠教授的〈魏晋南北朝文化史〉》，《安徽史学》1991年第1期。

[④] 汪姝婕：《简评〈中国长江流域开发史〉》，《光明日报》1999年8月13日。

[⑤] 卫丛姗：《万绳楠史学成就研究》，鲁东大学硕士学位论文，见"中国知网"，2021年。

[⑥] 如曹永年、周增义：《论隋炀帝的"功"与"过"——兼与万绳楠先生商榷》，《史学月刊》1959年第12期；魏福昌：《隋炀帝是不折不扣的暴君——与万绳楠同志商榷》，《史学月刊》1959年第12期；孙醒：《试论文天祥的哲学思想——兼与万绳楠同志商榷》，《河南大学学报(哲学社会科学版)》1989年第1期；王琳祥：《赤壁战地辨析——与万绳楠先生商榷》，《安徽师大学报(哲学社会科学版)》1992年第4期；高华平：《也谈陈寅恪先生"以诗证史、以史说诗"的治学方法——兼与万绳楠先生商榷》，《华中师范大学学报(哲社版)》1992年第6期；张旭华：《梁代无中正说辨析——与万绳楠先生商榷》，《许昌师范学院学报》1993年第3期；等等。

同或不赞同先生的观点，都说明先生的论著产生了十分广泛的学术影响。先生取得的这些学术成就与他的治学思想是不可分割的，在前人研究的基础上，我对先生的治学思想谈三点感想。

（一）吸收三种史学的精华

观察万先生治学方法，明显可以看到三种史学思想对他的影响。首先是受我国传统史学求真致用思想的影响。"多闻阙疑，慎言其余"①，"故疑则传疑，盖其慎也"②。我国传统史学倡导严谨求实的治学态度，在追求史实真相上不遗余力，从不随意揣测，历代史学秉笔直书精神和发达的考据学，就是这种求真思想的具体体现。求真是对事物本来面貌的揭示，对史学研究而言，全面掌握史料是求真的基础。先生十分强调在史学研究上要打好基础，在读书上下功夫。先生指出："说基础知识浅，容易学，这表现出对基础知识缺乏了解。一般来说，基础知识包括三个方面，一是基本理论知识，二是基本专业知识，三是基本技能或基本治学能力。三者缺一，都不能说基础好。"③打好基础的关键是读书，先生说："历史上凡是维护真理的人，没有一个不苦功读书。"④读书要有一定的方法，先生总结出古人读书的方法，指出："批点、注释和校补，是古人成功的读书方法。"每一种方法都有其独特的价值和作用，"我们总是说要读几本基础书，同时要多读其他书，但总是苦于不知怎么读，怎么掌握，如果能分别或同时采用以上三法，我觉得不管哪一类的书，都可读深读透"⑤。仅仅读书还不行，还要做卡片，"卡片一万张，学问涨一丈"是先生的一句名言，就是强调知识积累的重要意义。仅仅有卡片也不行，还要思考，先生说："读书最怕思之不深，览之不博，不然，是会出错误的。"⑥刻苦读书

---

① 何晏注，邢昺疏：《论语注疏》卷二《为政》，北京大学出版社，2000年，第22页。

② ［汉］司马迁：《史记》卷十三《三代世表》，中华书局，1982年，第488页。

③ 万绳楠：《基础容易打吗？》，《安徽日报》1962年1月5日。

④ 万绳楠：《"百家争鸣"三题》，《安徽日报》1961年9月27日。

⑤ 万绳楠：《批点、注释和校补》，《安徽日报》1961年11月17日。

⑥ 万绳楠：《白门新考》，《南京史志》1992年第2期。

勤于思考，使先生的论著在很多方面能够发前人之所未发，读过他的论著的人应当感受到，他的许多真知灼见，就是在广博的知识积累和勤奋思考之上而产生的。致用是我国传统史学的又一大特色，是我国传统史家治史的重要追求。我国传统史学的致用思想体现在为现实政治提供借鉴，为社会教化提供是非善恶标准，为文化自信提供精神向导等方面。我国史学的这一优秀传统同样深刻体现在先生身上，他的群众史观思想，就是反映了他的历史研究是为中国共产党领导下的新中国人民服务的。他用唯物史观的基本原理来分析历史人物、历史思潮、历史事件、历史变迁，不仅为史学界，也为社会大众提供了评判历史是非功过的马克思主义观点。他书写的魏晋南北朝政治史、经济史、思想史、文化史、民族史，以及宋史和长江流域开发史等等，为增强文化自信和对中华文明的统一性与多样性认识提供了丰富的精神源泉。其次是受近代实证史学思想的影响。近代实证史学（过去也经常称为近代资产阶级史学）是在吸收传统史学的精华和近代西方史学理论方法基础上产生的，它突破了传统史学方法和视野的局限，开创了中国历史研究的新局面。作为近代实证史学的重要代表人物陈寅恪先生的学生，先生的史学研究明显受到陈寅恪的影响。陈寅恪先生精于史实考证，学术视野宽阔，注重从地域、集团、阶级、文化出发分析历史，"还很重视历史现象的前因后果和历史发展的基本线索，往往能提出一些独到的见解"①。先生还将他于1947年至1949年在清华大学历史研究所听陈寅恪先生的讲课笔记整理出来，出版了《陈寅恪魏晋南北朝史讲演录》一书，极大丰富了陈寅恪先生关于魏晋南北朝史研究的系统理论观点，弥补了陈寅恪先生史学思想研究资料缺乏的重大缺憾，这是先生的又一重大史学贡献。先生在史学研究中，明显使用了地域、集团、文化、阶级等理论方法分析魏晋南北朝史中的许多历史问题，如论曹魏时期的政治派别划分及其阶级基础、正始之音与集团斗争、孙吴立国的阶级基础等，都充分运用了这些方法。以诗证史、以史说诗是陈寅恪扩展史料、开拓史学新领

---

① 林甘泉：《20世纪的中国历史学》，载《林甘泉文集》，上海辞书出版社，2005年，第353页。

域的重要方法，先生受其影响不仅对魏晋南北朝文学研究情有独钟，而且经常将这一时期的政治经济状况与诗歌产生的背景相联系，对相关问题进行研究，如《木兰诗》和《孔雀东南飞》的写作时间及故事发生背景，以及运用诗歌中描写的景色来论证江南的开发等等。先生还撰写了《曹操诗赋编年笺证》一书，是他继承老师诗史互证传统并运用于史学实践的最好说明。第三是全面接受马克思主义唯物史观。我认为，传统史学和近代实证史学对万先生的史学思想影响虽然很大，但也只限于方法论层面，决定先生史学研究的根本指导思想还是唯物史观，唯物史观的社会形态理论、群众史观、阶级分析方法、辩证联系的方法，我在前述"治学信奉马克思主义"一节中已经有过分析，这里再做一点补充。在《陈寅恪魏晋南北朝史讲演录》的"前言"中，万先生认为，阶级分析和集团分析（实际上也是阶级分析）方法"贯穿在陈老师的全部讲述之中"，并提出了"陈老师不仅是我国近代资产阶级史学的开创者和奠基人，而且是从资产阶级史学过渡到马克思主义史学的桥梁"的观点。[①]那么先生的阶级分析方法与陈寅恪的阶级分析方法是什么关系呢？我以为先生秉承的是唯物史观的阶级分析方法，与陈寅恪先生的阶级分析有区别。陈寅恪先生在讲述中确实使用了"社会阶级"这个概念来分析魏晋南朝社会的变化，但是很明显，陈寅恪先生使用的"社会阶级"或指文化（主要指儒家文化）背景不同的"豪族"与"寒族"，或指"高门"与"寒门"（士族与庶族），它与唯物史观以一定生产体系中所处的地位不同、对生产资料的占有关系不同、在社会劳动组织中所起作用的不同来划分阶级的标准是不一样的。纵观万先生的研究，他使用的阶级分析方法显然是唯物史观的阶级分析法而不是前者。我的看法是否符合万先生的原意已不可求证，但我想学术界可以研究。

---

① 参见万绳楠整理：《陈寅恪魏晋南北朝史讲演录·前言》，黄山书社，1987年，第2页。

（二）秉持创新思考的精神

治学贵在创新。万先生学术研究的一个突出特点就是始终秉持创新思考的精神，从不人云亦云。在《魏晋南北朝史论稿》的"前言"中他讲到该书的三个宗旨：一是努力运用马克思主义的立场、观点、方法，研究这段历史，力求得到一个接近科学的解释。二是对这段历史中尚未解决的问题，进行探讨。三是各章各节概以论为主，提出个人的看法，力求言之有理、有据。不重复众所熟知的东西，不作如同教材一类的叙述，并保持一个较为完整的系统，以窥全豹，故也不同于论集。这也可以说是体例上的一个"创新"吧。[1]可见先生的这部书，除了理论上他使用了"运用"一词之外，其他都是在追求"个人的看法""不重复众所熟知的东西"，甚至书稿的体例也试图"创新"。在《魏晋南北朝文化史》的"序言"中他说道："不因袭，重新思考，在科学的基础上，写出一个综合性的、能反映出时代精神的新文化史，是我写这本书时，对自己所作的要求。"[2]创新需要一定的方法，先生一生谈治学方法的文章不多，《史学方法新思考》是其中少有的一篇，此文虽然极短，但却是他总结治学方法的一个缩影："要推动历史学向前发展，我感到历史研究的方法，似亦有重新考虑的必要。我深感我们的史学工作者虽然研究各有重点，但无妨去涉猎中外古今的历史；虽然以研究政治经济史为方向，但无妨去学一点文学史、宗教史、思想史。有时候一个问题的解决，有待于运用经、政、文三结合或文、史两结合的方法，以求互相发明。研究问题，列宁是主张全面占有材料，掌握一切媒介的。这确是一个好方法。"[3]有专攻、通古今、跨学科、求关联、文史结合、相互发明与全面占有材料，正是先生治学的基本方法。读过先生论著的人都可以感受到，他的论著从标题到文风都有自己的特点，从标题上看，每级标题的问题意识都极强，从具体问题入手，抽丝

---

① 参见万绳楠：《魏晋南北朝史论稿·前言》，安徽教育出版社，1983年，第1页。

② 万绳楠：《魏晋南北朝文化史·序言》，黄山书社，1989年，第3页。

③ 万绳楠：《史学方法新思考》，《社会科学家》1989年第4期。

剥茧，层层深入；从文风看，语言洗练干净，抓住问题直奔主题，不绕弯子。这种治学精神，使先生的论著以解决历史问题作为基本出发点，以深厚的史学素养和理论素养洞察历史变化，在众多领域取得了很多创新性认识。限于篇幅，我不再一一例举。

（三）充满时代进步的气息

如何处理历史与现实的关系是古往今来史学家都要面临的问题，往往也要对他们的史学研究产生一定的影响。万先生是一位经历了民国时期、新中国建立直至改革开放后的史学家，长期活跃在新中国的史坛和教坛上。在近50年的革命、教学和研究生涯里，他坚持马克思主义立场，立足现实，以辩证唯物主义和历史唯物主义的观点观察分析历史，使他的研究充满着时代进步的气息。首先，对封建君主专制制度的深刻批判。新中国的建立推翻了压在中国人民头上的帝国主义、封建主义、官僚资本主义三座大山，但影响中国两千多年的封建主义思想在人们的脑海中并不容易消除，对封建主义特别是其总代表君主专制制度的批判，是史学界的重要任务。先生的史学论著中，对封建专制制度的揭示和批判是深刻无情的。在《嵇康新论》一文中，先生指出君主专制制度的最大特点就是"宰割天下，以奉其私"，嵇康主张"以天下为公"，反对"割天下以自私"，抨击君权，把这当作是一切祸害的总根，具有民主进步意义的色彩。[1]君主专制还是一切政治动荡的总根源，先生运用马克思主义观点阐释了中国古代君权产生的政治和经济基础，指出我国君主专制制度是建立在自由农的小块土地所有制和地主的土地所有制基础之上的。这个基础很牢固。但君主专制又表现为个人和"行政权力支配社会"。"当皇帝和封建官僚机构是强有力的时候，或者说个人和行政权力能够真正支配社会的时候，国家尚能保持稳定或苟安；但当皇帝昏庸，官僚机构又转动不灵的时候，那就必然要变乱丛生。"[2]西晋的八王之乱不是分封制度造成的，其内在的或最后的原因，

---

① 参见万绳楠：《嵇康新论》，《江淮论坛》1979年第1期。

② 万绳楠：《魏晋南北朝史论稿》，安徽教育出版社，1983年，第121页。

应当从君主专制制度本身去找。①这一论断改变了过去只从分封角度去看八王之乱的窠臼，令人耳目一新。除了嵇康外，先生还高度肯定了魏晋南北朝时期鲍敬言、陶潜反君主专制的思想。先生指出，产生于两晋之交的鲍敬言的无君无司论，是世界上最早的无政府主义论，鲍敬言看出了"有君"是一切祸害的总根源，看清了"君权神授"的谎言，要求把皇帝连同国家机器一起废掉。君主专制是封建政治制度的骨髓，在我国中古时代，产生这样一种有君有司为害，无君无司为利的思想，无疑是封建长夜中出现的一颗明星。先生认为，陶潜所理想的世界，是一个无君长，无官吏的世界。②"《桃花源诗并记》表现的陶潜思想，可用一言以蔽之——反对君主专制主义及其所维护的封建制度。"③其次，对儒家专制思想的尖锐批判。自汉武帝独尊儒术，以纲常思想为核心的封建儒学与天、神相结合，严重束缚了人们的思想。基于这一认识，先生在其论著中对儒家思想阻碍历史的进步予以深刻揭露，对历史上批判儒家思想、突破儒家思想束缚的种种行为给予高度评价。在评价汉代选举制度中的重"德"因素时，先生指出："而所谓德，是和神学结合在一起的、标榜王道三纲来源于天的儒学。这种儒学，是统治阶级加在人们思想上的桎梏，是图抹在选举制度上的神光。"④君为臣纲是儒学理论的核心，是封建专制主义的灵魂。先生高度赞赏嵇康，也正是从他猛烈地反对儒教、在反对"割天下以自私"的斗争中，形成了他"以天下为公"的带有民主性的政治思想角度出发的。先生在《对文化史研究的思考》一文中认为，魏晋南北朝时代是各科文化蓬勃发展的时代，把汉朝远远抛在后头，其中的重要原因就是这个时期专制主义的削弱和儒学独尊地位的跌落。⑤在《魏晋南北朝文化史》"序言"中

---

① 参见万绳楠：《魏晋南北朝史论稿》第六章第四节"八王之乱"，安徽教育出版社，1983年，第119—123页。

② 参见万绳楠：《魏晋南北朝文化史》第三章第三节"反对封建君主专制主义的思想闪光（嵇康、鲍敬言与陶潜）"，黄山书社，1989年，第81—88页。

③ 万绳楠：《魏晋南北朝文化史》，黄山书社，1989年，第87页。

④ 万绳楠：《魏晋南北朝史论稿》，安徽教育出版社，1983年，第23页。

⑤ 万绳楠：《对文化史研究的思考》，《文史哲》1993年第3期。

先生更明确指出：孔孟之道"并不能代表我国的文化传统。不但不能代表，儒家的三纲五常之教一旦被突破，我国文化便将以澎湃之势向前发展。在文化领域，无疑始终存在着以儒术为代表的封建专制文化与进步的、民主的、科学的文化的斗争"①。先生对儒家思想的批判是要区别古代文化遗产中民主性和革命性的东西，是要剔除其封建性的糟粕，吸收其民主性的精华，是要肃清"四人帮"的流毒，扫除两千多年来地主阶级所散布的封建儒学思想的影响，这正是先生史学思想与时代同呼吸的精神所在。需要看到的是，先生所批判的是儒学中的三纲五常、君权神授等腐朽糟粕，并不是一股脑否定儒学的文化价值。比如先生高度肯定各少数民族政权崇尚儒学、学习传播儒家文化的历史价值，如后秦姚兴大力提倡儒学和佛教"对封建文化和佛教文化的传播，是起了作用的。而这却是一个羌人做出的贡献"②。第三，始终站在人民的立场。万先生批判君主专制和儒学中的封建糟粕，目的都是为了人民，这是他群众史观在历史研究中的具体表现。对一种思想、一种政策、一种制度，一个人物、一个集团的评价，就是要看是否有利于人民，有利于历史的进步。先生指出，东汉的外戚尤其是宦官的统治，给人民带来了巨大的灾难，曹操维护和发展小块土地所有制的政策就是有利于人民的，曹操统一北方是有利于人民的，孙吴对待山越的政策是不利于人民的，是应当否定的，西晋士族地主的腐朽统治和军阀混战是人民大流亡的根本原因，各族人民是推动民族融合的力量，氐族人民对祖国历史发展作出了成绩，《孔雀东南飞》充分体现了我国人民运用文学形式反对封建压迫的优良传统，《吴歌》《西曲歌》形象地反映出劳动人民的情操，孝文帝推行汉化政策使黄河流域的人民生活比较安定，凡此等等，在先生的论著中随处可见，是先生一切皆以人民群众为中心的历史观的生动体现。

先生离开我们近三十年了，今天的魏晋南北朝史研究较三十年前无论在史料的扩展、理论方法的更新、研究视角的转化等方面都发生了很大变

---

① 万绳楠：《魏晋南北朝文化史·序言》，黄山书社，1989年，第2页。

② 万绳楠：《魏晋南北朝史论稿》，安徽教育出版社，1983年，第181页。

化，但是我想，以唯物史观作为历史研究的指导思想没有变，实事求是的史学方法没有变，史学为人民服务的经世致用精神没有变。《全集》是先生给我们留下的丰富史学遗产，它一定会、也能够会为新时代中国史学"三大体系"的构建发挥重要作用，也一定会深深慰藉先生的在天之灵。最后，作为先生的学生，我代表各位师姐师兄师弟，向安徽师范大学历史学院表示深深敬意！向安徽师范大学出版社表示深深谢意！向所有为《全集》出版付出辛勤劳动的各位同志及万先生的亲属、向长期以来关心万绳楠先生的各位同志表示衷心的感谢！

（作者系中国社会科学院古代史研究所所长、研究员）

万绳楠先生的学术成就与治学特色

庄华峰

2023年11月是我国著名历史学家万绳楠先生诞辰一百周年，回忆跟随先生攻读历史学硕士学位、有幸忝列门墙至今已有36个年头，翻阅案头珍藏先生的几部经典著作，顿时百感交集。在感慨先生的论著论证严谨、考述精致、新见迭出之余，也感觉学界对于先生学术成就、治学精神和治学方法的研究尚属滞后，至今鲜见有这方面的成果问世。鉴于此，笔者谨就自己所知，对先生的治学道路、学术成就及其治学特色作一论述，以期对后学有所启迪，同时也借此表达我对先生的崇敬和缅怀之情。

一、风雨兼程：万绳楠先生的治学道路

了解万绳楠先生的人都知道，他的一生充满坎坷，尤其是其前半生苦难总是与他如影相随。先生是江西南昌人，1923年11月出生于一个国文教员家庭，兄弟姐妹4人，4岁时母亲离世，12岁时父亲又撒手人寰。两个哥哥在抗日战争初期当了兵，妹妹也迫于生活压力给人家当了童养媳。先生自己则几乎沦为孤儿。悲凄的家庭命运铸就了先生坚毅的品格，正是这种优良的品格使先生在数十年的风雨历程中踔厉奋发，勇毅前行。

先生天资聪颖，七八岁就开始读《论语》《孟子》《中庸》等书，进入小学、中学后，又广泛阅读其他一些经、史、子、集方面的典籍。还阅读

了包括《诗经》《左传》《庄子》《楚辞》等在内的古典文学作品。先生读书有两个习惯，对于一般图书泛泛浏览即可，而对于重要书籍或文章则反复精读，甚至将其背诵下来，由此锻炼出超强的记忆力。他给学生授课，常常征引大量史料来论证自己的观点，他对史籍十分熟悉，往往达到了信手拈来、如数家珍的程度。他说，这都得益于平时的知识积累。他常跟自己的研究生说，他做学问的一条重要经验是"熟读深思"。他说："旧书不厌百回读，熟读深思子自知。"对于一些重要的书，必须反复阅读，最好能把书中精要的部分背诵下来，使其成为自己的东西，这样，在思考问题时，就能够信手拈来，运用自如。

先生在少年时代所经受的这些训练，为其以后的学术研究奠定了扎实的基础。他不止一次这样谆谆告诫学生说："基础材料如果没有弄清楚，就及早微言大义，肯定不会得出科学的结论。"所以他一直主张做学问要从基础工作做起，要靠日积月累，而积累知识的一种有效途径就是要善于做读书卡片。他曾说："卡片一万张，学问涨一丈。"

由于先生基础扎实，加之学习勤奋，他成为学校的尖子生。读初中时，先生因成绩优异被南昌二中将其姓名刻入石碑；高中时，先生的论文获得过政府奖励，被全班同学传读。1942年，由于成绩优异，先生同时被西南联大历史系、交通大学电机系和浙江大学土木工程系录取。由于家庭经济拮据，先生上了三所学校中助学金较为丰厚的西南联大历史系读书。西南联大，这所"抗战"时由清华大学、北京大学和南开大学合并的集北国学者精英的特殊高校，对先生有着极大的吸引力。先生没有想到，他将在这里与吴晗、陈寅恪这两位著名历史学家相遇、相知，更不会想到他们俩为自己种下一生的因果。在本科学习阶段，先生过人的禀赋和治史才华博得陈寅恪的赏识。四年后，先生如愿考取清华大学历史研究所研究生，师从陈寅恪先生治魏晋南北朝史和隋唐史。陈寅恪被后世称为"教授中的教授"，有幸成为陈寅恪先生的关门弟子，对于当时还是一个青葱小伙的先生而言是一件多么幸运的事情。三年的研究生学习，先生打下了坚实的基础，特别是陈寅恪先生的治学方法和治学精神对先生产生了极大影响。

先生曾在其整理的《陈寅恪魏晋南北朝史讲演录》一书"前言"中说：

> 陈老师（按：指陈寅恪）的学问博大精深，兼解十余种语言文字，为国内外所熟知，无待我来讲。我当年感觉最深的是，陈老师治学，能将文、史、哲、古今、中外结合起来研究，互相发明，因而能不断提出新问题，新见解，新发现。而每一个新见解，新发现，都有众多的史料作根据，科学性、说服力很强。因此，陈老师能不断地把史学推向前进。那时我便想如果能把陈老师这种治学方法学到手上，也是得益不浅的，更不消说学问了。①

在课堂上，先生也曾对研究生如是说："我的老师陈寅恪先生有'三不讲'，就是书上有的不讲，别人讲过的不讲，自己讲过的不讲。我想这里的'三不讲'，是不讲而讲，不重复既有，发前人所未发，成自家独创之言。老师的'三不讲'是我的座右铭，无论是讲课还是搞研究，我都力求有新的东西呈现。"可见，对于老师的治学方法，先生是拳拳服膺，并身体力行的。

1948年12月上旬，东北野战军包围了平津一线国民党的50万大军，12月15日，清华园一带已解放。先生受"学运"思潮影响很深，这时，他和无数要求进步的学生一起，穿上军装参加了东北野战军。一向持"独立自由精神"思想的陈寅恪了解到先生这一举动后，大为恼怒，要不是师母唐筼的再三劝说，险些与先生断绝师生关系。我想，先生并非要忤逆老师的尊严，他的所作所为，实质上是在诠释着"我爱我师，我更爱真理"的深刻内涵。

1960年，先生从北京来到安徽，先后执教于安徽大学、合肥师范学院历史系。自此，先生一边给学生讲课，一边研究魏晋南北朝史，每有心得，写成文章，在报刊上发表。此时，先生已在史学界崭露头角。这段时

---

① 万绳楠整理：《陈寅恪魏晋南北朝史讲演录·前言》，黄山书社，1987年，第1页。

间里，他发表了《关于曹操在历史上的地位问题》（《新史学通讯》1956年第6期）、《关于南宋初年的抗金斗争》（《新史学通讯》1956年第9期）、《魏晋南北朝时代的思想主流是什么》（《史学月刊》1957年第8期）、《论隋炀帝》（《史学月刊》1959年第9期）等文章。这些文章多发前人之所未发，彰显出很高的学术造诣和敏锐的学术眼光。如1959年初，学术界曾经掀起过一场为曹操翻案的运动，郭沫若、翦伯赞等历史学家纷纷撰文替曹操翻案。而先生早在1956年就发表了《关于曹操在历史上的地位问题》一文，对曹操在历史上的地位予以肯定，认为他对我国历史所起的推动作用比破坏作用要大。用今天的眼光看先生的观点几乎是"常识"，但在当时确属"惊世骇俗"的见解。先生的观点在史学界引起很大的反响。从1961年到1965年的几年间，先生发表了《从南北朝社会经济与政治的差异看南北门阀》（《安徽大学学报》1963年第1期）、《六朝时代江南的开发问题》（《历史教学》1963年第3期）、《曹魏政治派别的分野及其升降》（《历史教学》1964年第1期）、《"太平道"与"五斗米道"》（《历史教学》1964年第6期）、《魏末北镇暴动是阶级斗争还是统治阶级内部的斗争》（《史学月刊》1964年第9期）、《南朝时代江南的田庄制度》（《历史教学》1965年第11期）等十多篇文章。这些文章视角新颖，考订精审，为学界所重视。李凭先生充分肯定了万先生对学术研究的贡献，指出："他一直远离学术研究的中心，却独立地作出过大量的深入的研究，是值得我们纪念的。"①诚哉斯言。

先生从北京来到合肥后，吴晗邀请先生为其主编的《中国历史小丛书》写几本小册子，很快，先生撰写的《文成公主》《冼夫人》《隋末农民战争》等相继而成，在安徽，先生与吴晗的师生关系因此被许多人知晓。恰因如此，先生在"文革"中受到牵连，全国批"三家村"，安徽批万绳楠，先生成为安徽"文革"初期第一个被全省批判的"反动学术权威"。1966年6月3日省内一家大报发文批判先生，指责他是"吴晗的忠实门徒，

---

① 李凭：《曹操形象的变化》，《安徽史学》2011年第2期。

'三家村'的黑闯将"。1971年，先生被下放到淮北利辛县农村。在那里，先生经受了精神与肉体上的双重折磨，罚沉重劳役，险些丧生。

面对如此险恶的环境，先生仍不忘初心，一有闲暇时间，就埋头看书、做学问。虽身处逆境，仍心系天下，忧国忧民，并敢于针砭时弊，彰显出一个正直知识分子敢说真话的赤诚之心。

阳光总在风雨后。随着十年"文革"梦魇的终结，先生获得彻底平反，重新回到他魂牵梦绕的大学校园，随合肥师范学院历史系整体搬回位于芜湖市的安徽师范大学历史系任教，找回了一度失落的书桌和讲坛。当时，先生现身说法告诫他的研究生们："人要有一点奋斗精神。对我来说，被耽误的时间实在是太多了，我要用有生之年，为教育事业多做些有意义的工作。"他在实践中践行着自己的诺言。先生重返校园时虽已年近花甲之年，但他仍然牢记使命，壮心不已，一面教书育人，一面笔耕不息，在学术上更臻新境。自20世纪80年代已降，先生先后发表《东晋的镇之以静政策和淝水之战的胜利》（《江淮论坛》1980年第4、5期）、《安徽在先秦历史上的地位》（《安徽史学》1984年第4期）、《廓清曹操少年时代的迷雾》（《安徽师大学报（哲学社会科学版）》1988年第2期）、《江东侨郡县的建立与经济的开发》（《中国史研究》1992年第3期）、《略谈玄学的产生、派别与影响》（《孔子研究》1994年第3期）、《武则天与进士新阶层》（《中国史研究》1994年第3期）等40多篇文章，这些文章或被转载，或被引用，在学界产生很大反响。同时，在这一阶段，先生还出版了5部著作，即《魏晋南北朝史论稿》（安徽教育出版社，1983年）、《文天祥传》（河南人民出版社，1985年）、《陈寅恪魏晋南北朝史讲演录》（黄山书社，1987年）、《魏晋南北朝文化史》（黄山书社，1989年）、《中国长江流域开发史》（黄山书社，1997年）。5部著作总计150余万字，几乎是每两年推出一部专著，而且在大陆和台湾同时出版。先生治学具有不因陈说、锐意创新的特点，因此他的论著阐幽发覆，多有创见，获得一致好评。如对于《魏晋南北朝史论稿》一书，著名历史学家周一良先生指出："本书读起来确实多少给人以清新之感。"①《魏晋南北朝文化史》出版后，有学者指出："万著以扎实的文献材料、考古材料为基础，提出许多创见"，是"一部反映出时代精神的新文化史"②。《陈寅恪魏晋南北朝史讲演录》一书是陈寅恪1947—1948年在清华大学开设"魏晋南北朝史研究"的课程讲义，由先生根据其听课笔记整理而成。陈寅恪著作甚富，但在其已出版的著述中，尚无系统的断代史之作，本书的出版能补陈书之阙，因而被誉为"稀世之珍"。卞僧慧先生评价道：本书"由万教授精心整理，厥功甚伟，至可珍惜"③。先生也因其非凡的学术成就，成为史学界公认的魏晋南北朝史研究大家，被誉为魏晋南北朝研究领域的"四小名旦"之一。④

1995年底，万先生因积劳成疾住进医院，接受治疗。在病床上，他仍为《今注本廿四史》笔耕不辍。在弥留之际，他还念念不忘自己的导师，他用颤抖的手作七律一首《怀念陈寅恪先师》："忆昔幽燕求学时，清华何幸得良师。南天雪影说三国，满耳蝉声听杜诗。庭户为穿情切切，烛花挑尽夜迟迟。依稀梦笑今犹在，独占春风第一枝。"1996年9月30日，先生带着对教育事业的无限眷恋匆匆地告别了人世。已故北京师范大学著名教授黎虎先生在唁电中说："万绳楠先生学术上正达炉火纯青境界，他还可以做出更多更辉煌的成就。先生的学问和道德堪称楷模。他走了，真是太可惜了！"

万先生一生致力于教学和科研工作，取得了丰硕的研究成果，培养了大批优秀人才，他曾于1984年被评为"安徽省劳动模范"，第二年又获全国"五一劳动奖章"和"全国优秀教育工作者"光荣称号。

---

① 周一良：《评介三部魏晋南北朝史著作》，《北京大学学报（哲学社会科学版）》1985年第2期。

② 彦雨：《一部反映出时代精神的新文化史——评万绳楠教授的〈魏晋南北朝文化史〉》，《安徽史学》1991年第1期。

③ 卞僧慧：《陈寅恪先生年谱长编（初稿）》，中华书局，2010年，第245页。

④ 在魏晋南北朝史研究领域，有"四大名旦""四小名旦"之称誉，前者指唐长孺、周一良、王仲荦、何兹全，后者指田余庆、韩国磬、高敏、万绳楠。参见刁培俊、韩能跃：《探索中国古史的深层底蕴——高敏先生访谈录》，《史学月刊》2004年第2期。

二、孤明独发：万绳楠先生的学术成就

万先生从事史学研究近50载，一直致力于中国古代史的教学与研究，发表论文80多篇，出版著作多部，为我国的史学发展做出了突出贡献。先生精于魏晋南北朝史研究，同时在中国古代史其他领域也取得了丰硕的成果。综合起来看，先生的学术成就主要表现在以下几个方面：

（一）魏晋南北朝史研究成就

万先生在魏晋南北朝史研究领域著作等身，成就卓然，限于篇幅，难以悉数呈现，这里仅就其最具代表性的成果略作评述。

1.曹魏政治派别研究。六十多年前，陈寅恪先生在《书世说新语文学类钟会撰四本论始毕条后》一文中说："魏为东汉内廷阉宦阶级之代表，晋则外廷士大夫阶级之代表，故魏、晋之兴亡递嬗乃东汉晚年两统治阶级之竞争胜败问题。"①陈寅恪用他的阶级分析学说，阐述汉晋之际的政治变迁，指出"作为一个阶级来说，儒家豪族是与寒族出身的曹氏对立的"②，具体到曹操本人的作为而言，就是"寒族出身的曹氏"与"儒家豪族人物如袁绍之辈相竞争"。陈寅恪的阶级分析方法很有影响，对后续相关研究具有发凡起例的意义。万先生师承陈寅恪的研究方法，把曹魏政治派别的研究向前推进了一步。他在1964年发表的《魏晋政治派别及其升降》一文中指出，曹操统治集团中有两个以地区相结合的派别，即"汝颍集团"和"谯沛集团"。汝颍集团标榜儒学，主要担任文职。谯沛集团则以武风见称，主要担任武职。在汝颍与谯沛两集团之间，有尖锐矛盾，这种矛盾到曹操晚年就逐步明晰化。高平陵事件成为曹魏政权转移的转折点，最终以

①陈寅恪：《书世说新语文学类钟会撰四本论始毕条后》，《金明馆丛稿初编》，生活·读书·新知三联书店，2001年，第48页。

②万绳楠整理：《陈寅恪魏晋南北朝史讲演录》，黄山书社，1987年，第13页。

司马师为代表的汝颍集团取得了胜利,"亡魏成晋"之势已成。①先生对政治派别研究范式的学术推进,具有重要意义。时至今日,"汝颍集团"和"谯沛集团"的概念仍被学界屡屡援引和强调。

万先生对陈寅恪阶级升降、政治集团学说的拓展主要表现在两个方面。一是在研究的时段上,陈寅恪的研究侧重分析曹魏后期曹、马之争的性质,而对曹魏中前期的政治问题则未涉及,而先生则主要论述曹魏中前期的政治史,通过对汝颍、谯沛这两个政治集团的考述,弥补了陈寅恪东汉末年士大夫和宦官斗争一直持续到西晋初年这一假说在时间链条上所缺失的一环。二是陈寅恪主要以社会阶层、文化熏习来区分曹、马两党,而先生则引入了地域这一分析维度,强调汝颍、谯沛两个政治集团的地域特征,同时揭示了汝颍多任文职、谯沛多为武人这一文武分途的特征。②

2.南朝田庄制度研究。史学界历来把汉、魏、两晋及南北朝时代的田庄主土地占有形态,看作是同一个类型。万先生则认为南朝田庄主的土地占有形态与唐朝是一个类型,和汉、魏已有不同。他认为,南朝田庄主土地占有形态的变化主要表现在以下三个方面:一是汉魏田庄主是聚族而居的,社会经济的基本单位是一个个名宗大族。直到东晋和北朝,北方仍然是"百室合户,千丁共籍"。而南方大家族在南朝已经分崩离析,个体家庭已经成为社会经济的基本单位。二是南朝在个体家庭所有制基础上形成起来的田庄或庄园,没有部曲家兵,只有农奴。凡是南朝史料中所见的部曲,都是国家的兵。南朝部曲家兵随着宗族组织的解散而解散,是一个自然的普遍的现象。三是南朝田庄是地主阶级个体家庭的庄园,它实行农业、手工业和商业等多种经营,雇佣和租佃都已在南朝出现。这是一种进步。③先生指出,南朝田庄制度的变革,是中古土地制度的一个重大变

---

① 万绳楠:《曹魏政治派别的分野及其升降》,《历史教学》1964年第1期;万绳楠:《魏晋南北朝史论稿》,安徽教育出版社,1983年,第78—92页。

② 参见仇鹿鸣:《魏晋之际的政治权力与家族网络》,上海古籍出版社,2015年,第3页。

③ 万绳楠:《魏晋南北朝史论稿》,安徽教育出版社,1983年,第208—217页。

化。①先生的这些观点发人之所未发，得到学界的充分肯定。有学者指出："《论稿》关于南朝田庄制度的变革之说，是近几年来，在土地制度研究上作了一次值得重视的探讨。这可能影响到对南北朝以及隋唐社会历史的认识。"②先生所撰《南朝田庄制度的变革》一文也被1981年版《中国历史学年鉴》作为重点文章予以推介。③

3. 东晋黄白籍研究。一直以来，学界对于东晋土断后黄、白籍的关系问题都存有不同的看法，有的学者认为户籍的黄白之分即士庶之别，更多的学者又认为土断是改黄籍为白籍。万先生不同意这些看法。他认为，黄籍是两晋南朝包括士族和庶民在内的编户齐家的统一的户籍，白籍则是在特定时期产生的、旨在安置侨民的临时户籍。由此可知白籍是"侨籍"。持白籍的不交税，不服役。而咸和二年（327）土断整理出来的"晋籍"是黄籍，是征发税收徭役的依据。持白籍的侨人，一经土断，白籍就变成了黄籍，编入当地闾伍之中，按照规定纳税服役。那么，史学界为何普遍认为土断是改黄籍为白籍呢？先生认为这种颠倒来自胡三省。胡三省在《资治通鉴》中，为成帝咸康七年（341）的令文"实编户，王公已下皆正土断白籍"做注时误解其意，以为此令意为土断后将南迁的王公庶人著之白籍，学者据此便认为土断是将黄籍改为白籍了。先生认为此令的重点在于"实"字，即查验编户的户籍是否皆为黄籍。这说明胡三省对黄、白籍并未研究过。④

万先生关于黄白籍的论说不仅博得国内史学界的首肯，还蜚声海外，受到国外史学界的关注。1980年5月，先生接受了美国华盛顿大学历史学

① 万绳楠：《南朝田庄制度的变革》，《安徽师大学报（哲学社会科学版）》1980年第2期。

② 卞恩才：《一部勇于创新的断代史专著——读〈魏晋南北朝史论稿〉》，《安徽史学》1984年第3期。

③《中国历史学年鉴》，人民出版社，1981年，第30—31页。

④ 万绳楠：《论黄白籍、土断及其有关问题》，载《魏晋南北朝史研究》，四川社会科学院出版社，1986年；万绳楠：《魏晋南北朝史论稿》，安徽教育出版社，1983年，第157—161页。

博士孔为廉的慕名专访，先生如数家珍地解答了孔博士提出的东晋南朝的土断与黄、白籍的关系问题。孔博士指出，日本和中国学者对此问题有不同的意见，日本学者认为黄、白籍为贵贱之别；中国学者认为侨人包括贵族在内，经过土断，纳入白籍。万先生根据自己深入的研究，认为白籍为侨籍，黄籍为土著户籍，土断变侨民为土著，变白籍为黄籍，变不纳税服役户为纳税服役户，并回答了以往中日学者何以出错的原因。孔博士十分信服地接受了先生的学术观点，激动地说："万先生的回答不仅为我本人，而且也为我的美国同行解决了一个历史疑难问题，我不虚此行！"

4. 魏晋南北朝民族问题研究。魏晋南北朝时期的民族大融合给中国历史带来长久而深远的变化，并直接为隋唐大一统和经济文化的高度繁荣奠定了基础。恰因如此，大凡治魏晋南北朝史者，都会关注这一时期的民族问题。万先生也不例外。他在这方面的成果主要体现在其力作《魏晋南北朝史论稿》中。该书凡十六章，涉及民族问题的有五章（第七章、第九章、第十二章、第十三章、第十四章），足见先生对民族问题用力之勤。在论及"五胡十六国"历史时，先生强调，各民族要求和平、友好、融合，是一种历史发展趋势。尽管历史有曲折，不过这种曲折不是倒退，而是历史的更高一级的循环。基于这样的认知，先生考察了五胡各国政权的政策。他一方面阐明早期有像匈奴刘氏、羯胡石氏那样采取依靠"国人"武力，背离民族融合大势的举措，同时又指出前燕鲜卑慕容氏凭借汉人和魏晋旧法，消除民族之间的冲突与隔阂，顺应了民族融合的发展趋势。先生指出，在民族问题上，苻坚一反西晋以来民族压迫的弊政，采取了"魏降和戎之术"，这一政策，是永嘉以来，在民族融合的道路上，迈出的极可贵的一步。苻坚的政治眼光，较西晋以来各族统治者为远。在论及淝水战后后秦等政权时，先生也多从它们在民族融合方面所发挥的作用这个角度讨论。在论及"淝水战后北方各族的斗争、进步与融合"问题时，先生这样写道："淝水战后，是北方分裂得最细但也是各少数民族与汉族接触最频繁的时代。透过这一时期各族斗争纷纭复杂的现象，我们可以看到，在北魏统一北方之前，进入中原的各族，都在这一时期与汉族融合。"因此可以说："这一百三十六年（指304年到439年）是北方各个少数民族获得进步之年，与汉族自然同化之年，各族大融合之年，我国这个多民族的国家获得发展之年。"①著名历史学家周一良先生对万先生的这一看法予以肯定，指出："作者这样的估计是不为过分的。"②

5.魏晋南北朝南方经济发展研究。万先生充分肯定魏晋南北朝四百年历史的进步性，其中包括充分认识到这一时期生产力的发展，特别是南方经济的开发和社会的进步，这一认识集中体现在其代表作《魏晋南北朝史论稿》和相关论文中，并在学界产生了很大的反响。

万先生对于此时期南方经济开发的研究，有一个鲜明的特色，即注意揭示政治、经济政策对于经济发展的影响。如先生在论述江左政权对待侨民的政策时指出："建置在丹阳江乘县与毗陵丹徒、武进二县即建置在自今南京东至无锡沿江一线所有的侨郡县中的侨民，在咸和二年第一次土断前，凭所持白籍与政策规定，都曾免除税役多则十一年，少则以太宁元年（323）计算也有五年。这对江东自建康以东至无锡一线侨郡县的开发，无疑是有益的。"③在讨论南朝经济政策的变化与江南的开发问题时，先生坚持"促进江南普遍获得开发的重大因素，是南朝田庄制度的变革，经济政策的变化，生产关系的改造"④的基本判断，指出"占山格"的颁布，第一次以法律的形式肯定了山林川泽的私人占有，是汉末以来南方大土地所有制的一个重大发展；以"三调"为形式的财产税（赀税）的出现，对无财产或少财产的人来说，减轻了负担，提高了他们从事生产的积极性；而营造工人"皆资雇借"，不再是征发而来，是役法上的一个重大进步，这对农业和民间手工业的发展，大有好处。⑤先生同时指出，江东政治的发展，与六朝江南经济开发次第，是相适应的。这表明一点，那就是政治与

---

① 万绳楠：《魏晋南北朝史论稿》，安徽教育出版社，1983年，第188页。

② 周一良：《评介三部魏晋南北朝史著作》，《北京大学学报（哲学社会科学版）》1985年第2期。

③ 万绳楠：《江东侨郡县的建立与经济的开发》，《中国史研究》1992年第3期。

④ 万绳楠：《魏晋南北朝史论稿》，安徽教育出版社，1983年，第223页。

⑤ 万绳楠：《魏晋南北朝史论稿》，安徽教育出版社，1983年，第218—227页。

经济是不可分割的关系。①

6.对于魏晋南北朝文化若干问题的思考。万先生对于魏晋南北朝文化的研究，用力甚勤，除了出版《魏晋南北朝文化史》一书外，还发表了系列论文，直接推动了此时期文化史的研究。"不因袭，重新思考"是先生研究魏晋南北朝文化的立足点，因而他在许多地方都提出了不少持之有据、言之成理的新论点，这是十分难得的，仅举几例说明。

先生认为孔孟之道并不能代表中国的传统文化。指出"儒家的三纲五常之教一旦被突破，我国文化便将以澎湃之势向前发展"。"在文化领域，无疑始终存在着以儒术为代表的封建专制文化与进步的、民主的、科学的文化的斗争。进步思想家嵇康以反对儒家纲常的罪名被杀；科学家祖冲之将岁差应用于历法，被指责为'违天背经'。"所以他认为研究文化史的重要任务之一，便是揭露这两种文化之间的斗争，阐发进步文化所蕴藏的生命力与发展的曲折性。②这样的论点对于我们深入研究魏晋南北朝文化史无疑具有启发意义。

先生提出了"正始之音"不同一性之说。对于魏晋玄学的分派问题，学界往往将曹魏时期何晏、王弼这两个玄学创始者的言论不加区别地都称之为"正始之音"。而先生则认为何晏和王弼虽然都祖述《老》《庄》，都标榜"无""无为"，但他们所论有本质上的区别。何晏讲圣人无情，认为无和有是相互排斥的，无和有是二元；而王弼则讲圣人有情，认为无和有不是对立的关系，无和有是一元（无生有）。因此，"正始之音应当说是两种声音，不是一种"。先生同时指出，何晏在政治上属于谯沛集团，而王弼的言论所反映的则是以司马氏为首的汝颖集团的要求。值得一提的是，先生不是孤立的研究何、王二人的玄学思想，而是把他们思想的重大差异同"九品中正制"和"四本论"联系起来加以考察，从而说明汝颖和谯沛两大集团在正始时期进入决斗之时，玄学的产生绝不是偶然的。先生把玄

---

① 万绳楠：《六朝时代江南的开发问题》，《历史教学》1963年第3期。
② 万绳楠：《魏晋南北朝文化史·序言》，黄山书社，1989年，第3页。

学思想与当时的政治风云结合起来考察，使研究得到了深化。①

先生还提出了佛教异端之说。认为"中国的佛教异端是在南北朝时代，在北方出现的。高举'新佛出世，除去旧魔'旗帜的法庆起义，揆其实质，即佛教异端的起义"。唐长孺先生在《魏晋南北朝史论拾遗》一书中，也曾提出弥勒信仰为佛教异端的看法。②在佛教异端上，万先生与唐先生同时提出同一个结论，不过万先生讨论的问题更多，他分析了佛教异端产生的佛经依据，又论述了佛教异端产生在北方而不是南方的原因。③这是研究佛教史的一项重要成果。

他如，曹魏时期的外朝台阁制度与选举制度、五斗米道与太平道的关系、"苍天已死，黄天当立，岁在甲子，天下大吉"口号的含义等问题，先生都进行了探讨，提出了颇具洞见的观点。

（二）宋史研究成就

万先生对宋史研究倾心倾力，除了发表《关于南宋初年的抗金斗争》（《新史学通讯》1956年第9期）、《关于王安石变法的几点商榷》（《安徽日报》1962年1月6日）、《宋江打方腊是难以否定的》（《光明日报》1978年12月5日）、《诗史奇观——文天祥〈集杜诗〉》（《中华魂》1996年第5期）等多篇论文外，还于1985年推出了他的精心之作《文天祥传》。本书是作为史学传记来写的，通过文天祥的一生活动，把历史上一个兼具哲学家、政治家、文学家的民族英雄的形象，呈现在读者眼前，并借此对南宋晚期的历史，作些必要的清理工作。综观全书，有这样几个特色：一是叙述全面，内容丰赡。此前有关文天祥的著作，其篇幅都相对较小，最多的也不过13万字。而先生的著作则洋洋洒洒，有近30万字的篇幅。该书对文天祥的生平事迹，尤其是对他的政治、哲学思想和文学成就，作了富有创见的论述，不仅是文天祥传中最为丰富详实之一种，也是宋元之交的一

---

① 万绳楠：《魏晋南北朝史论稿》，安徽教育出版社，1983年，第88—89页。

② 唐长孺：《魏晋南北朝史论拾遗》，中华书局，1983年，第203页。

③ 万绳楠：《魏晋南北朝文化史》，黄山书社，1989年，第346页。

部信史或实录。二是做到传、论、考相结合。书中对以往被忽略的问题，如文天祥的哲学思想、政治思想、文学成就以及具体事迹的思想基础等，进行了论述。对以往记载有出入的问题，如文天祥究竟是哪里人，多少岁中状元，某些作品写于何时等，作了考证。对以往记载较为混乱的问题，如南宋太皇太后谢氏投降的经过，利用各种史料，进行了梳理。对事迹本身，则力求言之有据。凡此，都做到史论结合。三是提出了一些新看法。如先生认为，文天祥是在南宋内忧既迫、外患又深的年代里成长起来的。但这个时代并非南宋注定要灭亡、元朝必定要统治全中国的时代，而是黑暗中有光明。只要南宋政府改革导致社会危机和民族危机的守内虚外之法，就不会是元兵南进，而是宋旗北指。先生进一步指出，如果只看到蒙古兵南犯时所取得的局部胜利及其不可一世的嚣张气焰，那就会得出元朝必胜，南宋必亡的错误结论。而如果既能看到蒙古胜利中也有困难，也看到南宋只要"一念振刷，犹能转弱为强"，那就不仅可以理解南宋本来不会灭亡的道理，而且还可以理解文天祥所进行的斗争其意义之重大。①又如在论及文天祥的诗歌成就时，先生指出，文天祥的诗文，尽洗南宋卑弱、破碎、凡陋、装腔作势的文体与诗体，揭开了我国文学史的新的一页。②先生还强调，不应当忘记"他在南宋文坛上，振起过一代文风；不应当忘记他是我国古典作家中，现实主义文学巨匠之一"③。这样的新见解，都发前人所未发，言前人所未言，颇有学术价值。书中类似的新观点还能举出许多。著名宋史研究专家朱瑞熙先生对该书给予了高度评价，指出"与同类著作相比，万绳楠同志的著作别开生面，具有一些新的特色"，是"宋人传记的佳作"。④

---

① 万绳楠：《文天祥传》，河南人民出版社，1985年，第18页。

② 万绳楠：《文天祥传》，河南人民出版社，1985年，第346页。

③ 万绳楠：《文天祥传》，河南人民出版社，1985年，第336页。

④ 朱瑞熙：《宋人传记的佳作——评〈文天祥传〉》，《中州学刊》1986年第3期。

（三）长江流域经济开发研究

万先生的《中国长江流域开发史》一书于1997年出版，该书是原国家教委"八五"社会科学重点科研项目的结项成果，也是国家"九五"重点规划图书。全书按朝代对荆、扬、益三州的农业、工业、商业、科学技术、城市经济以及户口、赋税、生态环境等方面进行了有益探索，是我国第一部全面系统阐述长江流域开发的开创性力作，具有很高的理论意义和学术价值。该书体大思精，屡有创获。例如，对于秦始皇修驰道，学界认为其有利于商业往来，万先生在查阅《史记》后认为这与始皇封禅书"尚农除末"不符，指出"商人都被赶到南方戍守五岭去了，秦朝根本无商业（除末）。从裴骃《集解》中，我们又发现秦驰道为'天子道'，封闭式，只有始皇封禅的车子才能通行"[①]。它如关于唐朝雇佃、雇借、和市、赀税与南朝的关系的论述、关于五代时期长江流域诸国的政策与开发的关系的论述、关于宋代长江下游圩田开发与生态环境关系的论述，以及关于明清长江流域赋役制度的论述等，也都不囿于传统的观点，提出了具有较高学术价值的新见解。还值得一提的是，先生还着力揭示经济开发与文化兴盛之间的互动关系，如老庄哲学及楚辞的出现之于战国经济的发展，南方文人的涌现之于唐宋经济的开发，明清长江流域的开发与科学技术的兴盛等，都有独到分析，给人耳目一新的感觉与启迪。该书出版后，学界给予了高度评价。有学者指出，该书"是国内外第一部全面、系统研究长江流域经济开发的学术力作"，其特点有四：一、史论结合，析理深邃；二、不囿陈说，推陈出新；三、充分利用考古资料；四、注意经济开发与文化发展之间的相互关系。[②]

---

① 万绳楠、庄华峰、陈梁舟：《中国长江流域开发史·序言》，黄山书社，1997年，第2页。

② 汪姝婕：《简评〈中国长江流域开发史〉》，《光明日报》1999年8月13日。

（四）学术普及工作

让学术走向大众，用通俗易懂的方式向人民传播优秀的历史文化，这是当代哲学社会科学界专家学者的神圣使命。在这方面，万先生为我们树立了榜样。先生不是一位象牙塔里的专业研究者，只会写高头讲章和专业论文，而是在从事学术研究的同时，十分关注学术普及工作，写了许多深入浅出、通俗易懂的图书与文章，为历史学走向大众做出了较大贡献。这也彰显了先生"经世致用"的治学理念。

20世纪五六十年代，由于当时以青少年为主要阅读对象的历史知识普及性优秀读物很少，于是以吴晗为首的一批学者组织编写了《中国历史小丛书》，万先生受邀为小丛书撰写了《文天祥》《文成公主》《隋末农民战争》几本小册子；20世纪80年代初，吴晗主编的"中国历史小丛书"恢复出版时，先生又为丛书撰写了《冼夫人》。1981年先生又出版《安徽史话》（合著）一书。先生撰写的这几册书虽是"史话"体例，具有普及推广的性质，却不乏学术性和思想性，加上文风活泼，内容生动，所以备受读者青睐。时至今日，几十年过去了，这几本小书并未过时，仍是值得一读的优秀通俗读物。

我们注意到，万先生撰写的通俗性文章，大多是其学术研究的拓展和延伸，并用通俗化的方式将其呈现出来。比如，《鲍敬言：横迈时空的预言家》一文，先生写了东晋时期鲍敬言与葛洪在栖霞山上的几次争论，其中的一次论辩先生是这样描述的："鲍、葛二人攀上了栖霞山巅。山巅风光吸引了鲍敬言，他游目四望，发出了一声慨叹：'江山谁作主，花鸟自迎春。'葛洪眼光一闪，似乎抓到了机会，应声道：'江山君为主，临民有百官。'鲍敬言也不看葛洪，只是一连摇头道：'不行，不行，不行。有君不如无君，有司不如无司……''无君无臣，天下岂不是要大乱？''不会的，先生。'鲍敬言眼里出现了异彩。'上古之世，无君无臣，民自为主，穿井而饮，耕田而食，日出而作，日入而息……势利不萌，祸乱不作，干戈不用，城池不设……但闻天下大治，不闻天下大乱。'葛洪闻言含笑道：

'老弟才高八斗，出口成章。上古之世，无君无臣，民自为主，祸乱不作，诚如弟言。但当今之世，却不可无君无臣，道理何在？老弟自明。'鲍敬言笑道：'晚生并未说现在就要把君臣废掉，但君臣必废，时间或迟或早而已。'葛洪正色道：'天不变，道亦不变。君臣之道，现在不会废，将来也不会废。'鲍敬言哂道：'先生又说天道了。晚生读百家之言，察阴阳之变，以为天地之间，但有阴阳二气。二气化生万物，决定万物的属性。万物各依其性，各附所安，乐阳则云飞，好阴则川处，无尊无卑。若论天道明阳，反足可证天地之间，本无君臣上下。君臣现在虽然存在，可以预言，将来必归于无有。一旦君臣都被取消，太平世界立可出现。''老弟思路何至于此！这是叛逆思想，太危险了！'葛洪叹惜道。'哈！哈！哈！哈！哈！'鲍敬言站在山头，向着苍穹大笑。"①又如，在《萧墙祸——侯景之乱》一文中，先生这样描写江南的繁荣景象："秦淮河的北边有大市场一百多个。连接秦淮河南北两岸的浮桥——朱雀桁，每天天明通桁，过桥的人熙熙攘攘。商人挑着与推着商品，付了过桥税，也就可以把他们的商品运到秦淮河北岸的大小市场中去卖掉。市场里有官员，对每个商人的商品进行估价与征税。商税是梁朝朝廷的大宗收入。江南腹地经济也有起色。永嘉（今浙江温州市）成了闽中与会稽郡（今浙江绍兴市）海上交通的要埠与货物集散的中心。抚河流域的临川（今江西抚州市）成了一个新的粮仓，家家有剩余……江南变得很美。文学家写道：'暮春三月，江南草长，杂花生树，群莺乱飞。'年轻的姑娘们唱道：'朝日照北林，春花锦绣色。谁能不春思，独在机中织？'照这样下去，经济还会有发展，江南还会变得更美。可是，梁武帝老了，八十五岁了，活在世上的日子不多了，他的儿孙正在酝酿着一场争夺皇位的斗争。侯景之乱，成了这场斗争的导火索。自侯景乱起，在南方，历史的车轮突然逆转。"②在这里，先生

---

① 万绳楠：《鲍敬言：横迈时空的预言家》，载范炯主编：《伟人的困惑：古中国思想者卷》，辽宁人民出版社，1992年，第145—146页。

② 万绳楠：《萧墙祸——侯景之乱》，载范振国等撰：《历史的顿挫：古中国的悲剧·事变卷》，中州古籍出版社，1989年，第81—82页。

用准确简洁、引人入胜的文字，把从来是枯燥难读、只为业内人士独自享用的"史学"，变成通俗的"讲历史"，将点滴菁华烩成众多人可以分享的精神食粮，其意义自不待言。

值得一提的是，万先生在安徽区域历史的普及方面也做出了不俗的成绩。从20世纪80年代以降，先生先后发表了《"江左第一"的音乐家桓伊》（《艺谭》1981年第3期）、《睢、涣之间出文章》（《安徽日报通讯》1981年8月）、《夏朝的建立与安徽》（《安徽师大报》1981年12月16日）、《安徽是商朝的发祥地》（《安徽师大报》1982年2月22日）、《淮夷——安徽古代的重要民族》（《安徽师大报》1982年4月8日）、《安徽是相对论的故乡》（《安徽师大报》1982年6月3日）、《秦末起义与安徽》（《安徽师大报》1982年9月6日）等二十多篇文章。先生的这些文章深入浅出，兼具趣味性和叙事性，既具有深厚的学术底蕴，又充实丰富了相关问题，同时也为宣传安徽，增强安徽文化软实力做出了贡献。

三、沾溉学林：万绳楠先生的治学特色

万先生近50载甘之如饴地奉献着自己的学术智慧，积累了丰厚的治史思想和治学方法，沾被后学良多，厥功甚伟。其治学特色，概而言之，约有五端。

（一）注重运用阶级分析方法

万先生在魏晋南北朝史研究中十分注重阶级的分析，如对于孙恩起兵，先生引用《晋书》卷六十四《会稽文孝王道子传附子元显传》所记，指出司马元显"又发东土诸郡免奴为客者，号曰'乐属'，移置京师，以充兵役"，结果"东土嚣然，人不堪命，天下苦之矣，既而孙恩乘衅作乱"。对照《晋书》卷七十七《何充传》所记庾翼曾"悉发江、荆二州编户奴以充兵役，士、庶嗷然"，先生认为，司马元显征发东土诸郡免奴为"客"者当兵，这样便大大地影响到了士庶地主的利益。"所谓'东土嚣

然'与骚动，十分明白，是士庶地主的不满，与庾翼发奴为兵，引起'士、庶嗷然'正同。"所以，先生得出结论说：(孙恩起兵)"不是农民起义，而是一次五斗米道上层士族地主利用宗教发动的、维护本身利益的反晋暴动。就阶级属性来说，是东晋淝水战后，统治阶级内部斗争的继续与扩大。"①

在讨论六镇起兵的性质时，先生也从对领导人的阶级分析出发，提出自己新的看法。他指出，"分析六镇起兵性质时，必须分析镇人中的阶级性"。他认为破六韩拔陵的起兵，"应看到它是由地位降低了的镇民发动的，且有铁勒部人参加，有起义的意义"。而后期葛荣的斗争，性质有了变化，"葛荣部下将领概非镇兵，而全是北镇上层人物"。先生认为，"六镇降户自转到葛荣手上，斗争性质便转化成为统治阶级内部的斗争，转化成为北镇鲜卑化军人集团反对洛阳汉化集团的斗争，转化成为鲜卑化和汉化乃至鲜卑人和汉人的斗争"②。先生的这些论点是值得肯定的。

（二）娴熟运用文史互证的方法

陈寅恪先生在治学方法上，为世人所称道的，是他考察问题时，从文、史、哲多种视角，博综古今、触类旁通的思考，和由此而总结的"以史证诗、以诗证史"的方法。万先生继承了陈先生的治学方法，文史结合，文史兼擅。这在当代史学工作者中是不多见的。他的许多论文，以及《曹操诗赋编年笺证》等专著，都是文史结合的产物。如曹操的《短歌行·对酒》自问世以来，仁者见仁，智者见智，褒贬不一，先生经过研究提出了此诗并非曹操一人所作的新见解，其理由有三：一是诗中"对酒当歌，人生几何，譬如朝露，去日苦多"诸句，与"老骥伏枥，志在千里，烈士暮年，壮心不已"等语相比，情调极不协调，并非一人所写；二是有些诗句如"越陌度阡，枉用相存"，令人费解。曹操在这里是在对谁讲话呢？是承蒙谁的错爱（"枉用相存"）呢？三是全诗连贯不起来，如"何

---

① 万绳楠：《魏晋南北朝史论稿》，安徽教育出版社，1983年，第204—207页。
② 万绳楠：《魏晋南北朝史论稿》，安徽教育出版社，1983年，第294页。

以解忧，惟有杜康"，一下子转到"青青子衿，悠悠我心"，显得很突兀。带着这些问题，先生查阅《后汉书》《三国志》发现，曹操底下的众多名人（共28人）都是在建安初年来到许都的，再联系春秋战国以来，接待宾客要唱诗的事实，先生得出结论：曹操的《短歌行·对酒》是建安元年（196）在许都接待宾客时，主人与宾客在宴会上的酬唱之辞，并非曹操一人所写。①经先生如此一解读，此诗便豁然贯通了。而这种解读却是从文史结合中得来，即把此诗放到一个更大的系统中考察得来。

万先生在考证《木兰诗》《孔雀东南飞》的写作时间以及故事发生背景时，同样使用了文史互证的方法，他从社会经济发展状况入手，研究出《孔雀东南飞》创作于建安五年（200）到建安十三年（208）的九年中②，《木兰诗》则创作于太和二十年（496）到正始四年（507）的十二年中③。这样的结论是颇具说服力的。

（三）坚持用联系的观点研究问题

万先生认为，研究历史上的任何一个问题，都不能作孤立、静止的研究，因为任何事物都不能孤立存在，都与其他事物存在或多或少的联系，因此，必须充分掌握资料，注意事物之间的联系。④正是基于这样的认识，先生一直坚持用联系的观点探讨问题。如南北朝晚期，为什么由继承北周的隋朝来统一，而不由北齐或者陈朝来完成统一任务，先生对此进行了有益的探讨。先生认为，以往学界研究隋时南北的统一问题，强调的仅仅是隋文帝个人的作用，而忽视了对陈、齐、周三方复杂的外交、军事等关系及其演变过程的分析。为此先生从当时陈、齐、周三方力量的对比入手进行探讨，指出："吕梁覆车后的南北形势是：陈朝只占有长江以南的土地，军队主力被全部歼灭；北周占有的土地则北抵突厥，南抵长江，实力远远

---

① 万绳楠：《研究问题要注意事物之间的联系》，《文史哲》1987年第1期。
② 万绳楠：《魏晋南北朝文化史》，黄山书社，1989年，第152—154页。
③ 万绳楠：《魏晋南北朝文化史》，黄山书社，1989年，第187—189页。
④ 万绳楠：《研究问题要注意事物之间的联系》，《文史哲》1987年第1期。

超过陈朝……北周只要再作一两次重大攻击，就完全可以灭掉陈朝，统一无须等待隋朝。"然而为何北周没有统一呢？先生指出："这是由于北方突厥的兴起，从周武帝起，便采取了先安定北疆而后灭陈的政策。……隋文帝在突厥问题基本得到解决，北疆基本稳定之后，出兵很容易地便灭掉了陈朝，实现了南北统一。可隋的统一，基础却是在北周时期奠定的。"①这样的分析与联系，颇具启发意义。

对于"八王之乱"，人们都说是西晋的分封制造成的。先生不同意此说法，认为西晋的分封是"以郡为国"，与东汉、东晋、南朝的封国制度，实质上并无区别，与西周、西汉的分封，则大不相同。他引用干宝在《晋纪总论》中所记及梁武帝的说法指出，"八王之乱，原因在于西晋的封建专制机器转动不灵，在于晋惠帝是'庸主'"。"如果仅仅从'分封'二字立论，我们就必然要犯片面性的错误"②。先生这种对事物进行具体分析，辩证地加以考察，发现其间的内在联系的研究方法，是值得肯定的。

（四）注重开展调查研究

我们知道，社会调查在史料学上占着十分重要的地位，从事社会调查，可以使文献的史料得到进一步的补充和印证。在史学研究中，万先生很注意开展调查研究工作。如20世纪六七十年代，学界在研究农民战争过程中，有学者开展了对方腊研究的学术争鸣，引起了学术界的关注。为了进一步弄清楚方腊起义的真实情况，先生等受北京文物出版社委托，于1975年初带领4名学生深入到皖南、浙西一带考察与方腊有关的历史资料。此时，先生已年过半百，他与几位二十几岁的小伙子一道跋山涉水，在歙县、绩溪、祁门、齐云山、屯溪以及浙江的淳安一带民间四处寻找方氏族谱。"纸上得来终觉浅，绝知此事要躬行。"经过近一年的不懈努力，三下徽州，历尽千辛万苦，终于找到了不少散落在各地的方氏谱牒以及碑刻材

---

① 万绳楠：《从陈、齐、周三方关系的演变看隋的统一》，《安徽师大学报（哲学社会科学版）》1985年第4期。

② 万绳楠：《研究历史要尽量避免片面性》，《光明日报》1984年5月9日。

料，这些资料大多是第一次面世，是学术界未曾注意或利用的，弥足珍贵。先生通过对这些第一手资料的研究，最后得出"方腊是安徽歙县人"的结论，推翻了历史上认为"方腊是浙江人"一说，具有重要的史料价值。这一成果很快便在当时的《红旗》杂志上发表，后又出版了《方腊起义研究》一书（安徽人民出版社，1980年），同时还发表了《关于方腊的出身和早期革命活动》[《安徽师大学报（哲学社会科学版）》1975年第3期]、《方腊是雇工出身的农民起义领袖》（《光明日报》1975年12月4日）等文章，对于深入研究方腊起义，促进学术争鸣，是有裨益的。

（五）强调开展跨学科研究

近年来，跨学科研究成为学术界关注的热点。实际上任何一项学术研究单靠本学科的知识都是无法完成的，研究者一定程度上都要借助于其他学科的知识和方法，历史研究自然不能例外。对此，万先生早在20世纪80年代就提出了开展跨学科研究的主张：

> 研究历史，知识要广一点才好，中外历史、文史哲都应当去涉猎，去掌握。研究东方文明，不联系农业与家族社会是不行的。研究孙恩、卢循起兵，不了解道教是不行的。研究玄学中的派别斗争，不分析曹魏末年政治上的派别之争是不行的，如此等等。只有纵横相连，才能左右逢源，得心应手。[①]

他又指出："我深感我们的史学工作者虽然研究各有重点，但无妨去涉猎中外古今的历史；虽然以研究政治经济史为方向，但无妨去学一点文学史、宗教史、思想史。有时候一个问题的解决，有待于运用经、政、文三结合或文、史两结合的方法，以求互相发明。"[②]作为一个历史学家，先生闳博淹通，能娴熟地将哲学、文学、政治学、经济学等学科的研究方法

---

① 万绳楠：《研究问题要注意事物之间的联系》，《文史哲》1987年第1期。

② 万绳楠：《史学方法新思考》，《社会科学家》1989年第4期。

运用于历史研究当中，从而在跨学科研究方面为我们树立了典范。

先生之风，山高水长。万先生作为当代著名的历史学家，其在史学研究领域的卓越成就，绝非本文所能尽述。我们回顾先生近50年走过的治学道路不难发现，先生非凡的学术成就固然缘于其过人的禀赋，但最主要的还是得益于其心无旁骛、奋发进取的品格，得益于其独立思考、勇于创新的精神。他留下的数百万言学术论著，以及他的治学精神和治学方法，对后学而言是一笔宝贵的精神财富，我们应继承好先生躬耕一生不舍昼夜的学人精神，专心致志，踔厉奋发，努力多出成果，出好成果，这应是今天纪念先生应有的题中之义。

（作者系安徽师范大学历史学院二级教授、博士生导师）

整理说明

一、为保存和反映万绳楠先生的学术研究成果及其对中国古代史研究的重要贡献，兹整理编辑出版《万绳楠全集》。

二、全集分卷收录万绳楠先生所撰写的专著、论文、科普文章、小说等文字。由于作者写作时间近50年，中经战乱及运动影响，部分早期文章未能查到原文，只好暂付阙如，待将来查考后再作补遗。

三、全集编排原则为：专著、整本小说，仍作整体收入，不打乱原书；论文及科普文章，大体依所撰内容时代编排，并经编委会讨论后命名为《中国古代史论集（一）》《中国古代史论集（二）》；至于其他书信、诗歌、序跋等文字今后将另编补遗之卷以彰学术成就。

四、全集整理编辑已发表过的著作、论文等，正文部分以保存作者著述原貌为原则，即有关撰著形式、行文风格及用词习惯等均尽量尊重原作，仅对错讹之处进行修改。

五、全集注释体例在遵循著述原貌的基础上，分作夹注与页下注两类。在核查文献史料原文后，尽量写明版本、卷帙、页码等信息，以便读者阅读、查考。所核文献均取用万绳楠先生去世以前版本，以存其真。

六、为尽可能准确反映万绳楠先生的学术思想，全集整理编辑过程中，尽量对所收论著与可见到的作者原稿相核校，或与已出版、发表后作者亲笔修改之处相修正，凡此改动之处，限于体例，不再逐一作出校改说明。

七、尽管编者已尽力核校全集文字，但囿于学识、水平及条件所限，其中仍难免出现讹误之处，责任理应由编者承担，并欢迎各位读者来信指正，以便将来修订重版。

编 者

2023 年 10 月

目　录

第一章 女巫、女冠与女尼

寂寞空门内，情性何曾灭？

世界各国职业娼妓尚未产生的时候，都是先有"巫娼"，被称作"宗教卖淫"。古代的女巫及神殿，就是妓女与妓院的滥觞。

屈原的《九歌》所描写的"灵"，"或偃蹇以像神，或婆娑以乐神"，便是女巫。

《楚辞·九歌·云中君》云："浴兰汤兮沐芳，华采衣兮若英。灵（王逸注：'灵，巫也。楚人名巫为灵。'）连蜷兮既留，烂昭昭兮未央。"

《楚辞·九歌·东皇太一》云："疏缓节兮安歌，陈竽瑟兮浩倡。灵（王逸注：'灵，谓巫也。'）偃蹇兮姣服，芳菲菲兮满堂。"

《楚辞·九歌·少司命》云："入不言兮出不辞，乘回风兮载云旗，悲莫悲兮生别离，乐莫乐兮新相知（王逸注：'言天下之乐莫大于男女始相知之时也。'）。"

王国维《宋元戏曲史》对此三则有个解释。他说："至于浴兰沐芳，华衣若英，衣服之丽也。缓节安歌，竽瑟浩倡，歌舞之盛也。乘风载云之词，生别新知之语，荒淫之意也。"这便是"灵"的职业，亦即女巫的职业。这种女巫，才、情、色、艺四字无一不备。竽瑟浩倡，不就是倡优女乐吗？生别新知，不就是送客接客吗？女巫之为巫娼，在屈原笔下，呼之欲出。

推早一点，《尚书·伊训》曾将巫风与淫风对举，亦可见女巫之为娼女。《尚书·伊训》云：

> 汤制官刑，儆于有位。曰敢有恒舞于宫，酣歌于室，时谓巫风；敢有殉于色货，恒于游畋，时谓淫风。

"恒舞""酣歌""殉于色货"，明指百僚狎昵"巫娼"。巫风即淫风，狎昵巫娼成为一种风气，可知商汤时巫娼事业即已发达，官吏沉迷其中，不知凡几。故汤制"官刑"，以警告百僚。

巫而为娼。我国娼妓的起源，与世界各国实出一途。王书奴《中国娼妓史》对此已有论述。东汉顺帝的时候，张道陵在蜀郡创立五斗米道，教义中有所谓"男女合气之术"，为成仙的途径之一。北周甄鸾《笑道论》引《真人内朝律》记此术甚详：

> 真人日礼，男女至朔望日，先斋三日，入私房，诣师所，立功德，阴阳并进，日夜六时。此诸猥杂，不可闻说。

释玄光以"男女媒合，尊卑无别"释之。其实尊卑是有别的。五斗米道上层人物根据此教义，公然畜养妓妾。《晋书·孙恩传》写到孙恩以五斗米道起兵，失败后穷蹙投海，"妖党及妓妾谓之水仙，投水从死者百数"。他的妓妾等于他的家妓而又带一种宗教色彩。

巫术中有降神驱鬼之术，道教法术中也有降神驱鬼之法。女巫为娼，在五斗米道中处于妓妾地位的女道士、女道姑，也是娼妓。道教研究男女合气，提出天地交泰、水火相济、阴阳相调之说，主张"御女多多益善"，并谓"黄帝以千二百女升天"[1]。

上面说的是五斗米道内部女道士之为妓妾的问题。实际上不仅在五斗

---

[1] ［晋］葛洪：《抱朴子》内篇《微旨第六》，清嘉庆间兰陵孙氏刻平津馆丛书本。

米道内部，连宫廷内院等，五斗米道的道姑也打进去了。中国的皇帝自秦皇、汉武以来，便在求长生之术，而"御女"为长生术之一。皇帝后宫佳丽少则三千，多则一万。六朝世家家妓亦不下千人，研究合气升天，条件比皇帝优越。女道姑进入宫廷内院，一在卖淫，二在施教。《晋书·王恭传》记载了一个女冠进入宰相坐：

> 淮陵内史虞珧子妻裴氏有服食之术，常衣黄衣，状如天师，道子甚悦之，令与宾客谈论，时人皆为降节。恭抗言曰："未闻宰相之坐有失行妇人。"坐宾莫不反侧，道子甚愧之。

道子即会稽王司马道子，时为宰相。虞珧子妻裴氏为五斗米道女道士，之所以成为宰相宾客，便在她深知服食与御女之道。

《宋书·二凶传·刘劭》记有严道育者，"通灵有异术"，东阳公主及其弟刘劭并信惑之。由东阳公主向宋文帝推荐，得入宫廷。严道育入宫后，被刘劭等人敬为"天师"，"后遂为巫蛊"，以玉人为宋文帝形象，埋于含章殿前，企图克死宋文帝，好让太子刘劭早日登上皇帝宝座。不料事情败露，严道育"变服为尼，逃匿东宫"。始兴王刘浚往京口，"又载以自随"。严道育与东宫太子刘劭、始兴王刘浚的关系可以知矣。

严道育为五斗米道女道士且会巫术，巫与宗教之间的关系以及女巫之为女娼，在严道育身上，得到了一个很好的证明。

五斗米道在唐以后称道教。

唐女冠李季兰，吴兴人，或云峡中人，有才名，刘长卿等人皆与之往还。李季兰有《恩命追入留别广陵故人》诗一道，诗云：

> 无才多病分龙钟，不料虚名达九重。仰愧弹冠上华发，多惭拂镜理衰容。驰心北阙随芳草，极目南山望旧峰。桂树不能留野客，沙鸥出浦谩相逢。

她以女道士的身份进宫了，奉的是玄宗之命。当时她已经到了花信年纪，玄宗追她入宫，何所为哉？

唐长安咸宜观女道士鱼玄机，本长安里家女。据《三水小牍》载，其"色既倾国，思乃入神。喜读书属文，尤致意于一吟一咏。破瓜之岁，志慕清虚"，于懿宗咸通初，入咸宜观为女道士。而风月佳句，播于士林。不能自持，为豪侠所调，遂从游处。这样一来，"风流之士，争修饰以求狎"。载酒赴观，"鸣琴赋诗，间以谑浪"。俨然成了方外名妓。

西域番僧，像道教一样，也在研究阴阳合气，谓之为"欢喜禅"。某些尼庵，简直成了勾栏。

《洛阳伽蓝记》"城内瑶光寺"条谓，此寺有尼房五百余间，"绮疏连亘，户牖相通，珍木香草，不可胜言"，环境很美。椒房嫔御、掖庭美人、名族处女性爱道场者，并在其中。尔朱兆入洛阳，曾纵胡骑入瑶光寺淫秽。自此以后，颇获讥讪。民谣云："洛阳男儿急作髻，瑶光寺尼夺作婿。"瑶光寺遭劫，向妓院转化了。

有的尼寺公然设女乐。如《洛阳伽蓝记》"城内景乐寺"条载，每值大斋，"常设女乐，歌声绕梁，舞袖徐转，丝管寥亮，谐妙入神"。得往观的，"以为至天堂"。女乐即妓乐，尼寺设妓乐，与教坊、乐营何异？

到了宋、元、明时期，有更吓人的事发生。

《癸辛杂识》别集卷上《尼站》记南宋临平明因寺为尼寺，"往来僧官每至必呼尼之少艾者供寝，寺中苦之，于是专作一寮，贮尼之尝有违滥者以供不时之需，名曰尼站。"此尼站也就是妓寨，不过作妓的是尼姑，嫖客为僧官而已。

元朝，欢喜佛侵入宫廷内部。皇帝大婚，都要参观欢喜佛，以为见习。明时，此风未衰。《明史·武宗纪》记武宗（正德天子）设"豹房"，豹房中除了"御女"，还有"番僧"。少林寺僧也被卷入。豹房是武宗的合气之术的试验场。

浸染至于清朝，女尼卖淫之风大炽，尼庵就是妓院。当然，不是所有尼庵都如此，但以江南为盛，《梵门绮语录》记载甚详。作此书的人，简直要堕阿鼻地狱，因此不敢署名。但以无名氏称之。例如：

洞庭山湘公庵阿巧：

> 是处尼庵之规则，与他处绝不同。他处女尼，……不守清规者，虽容或有，究未有公然卖笑，如洞庭东山之尼。既曰尼矣，何尝祝发，雾鬓云鬟如故也；何尝弛足，莲钩罗袜如故也。浓妆淡抹，各擅胜场。微歌而侑酒也，缠头掷到，姗姗其来，亦听客之所为耳。比之平康里中，殆有过而无不及也。

无锡真如庵理贞：

> 无锡灯舫尤为著名，而弦管喧呶，多尘俗气。……曩闻无锡多尼庵，庵舍精雅，类依山麓而居，足为名山点缀。庵中多艳尼，讲究妆饰，蛾眉蝉鬓，一似俗家装束。清歌侑酒，送客留髡，勾栏不啻焉。

无锡净绿山庄胜荷：

> 无锡山明水秀，惠泉山风景绝佳，山麓多尼庵，门墙光泽，尘粉髹漆，焕然常新。或有门榜，或无门榜，或门榜之上以山庄名。游人涉足其间，疑为名流别墅。故虽惠泉尼僧艳名传遐迩……无人先容，鲜有得其门而入者也。然若得门而入，则无所谓佛门之规训，禅参欢喜，一似青楼耳。

这些建于湖山胜境的尼庵，比之于"屋宇精洁，花木萧疏，迥非尘境"[①]的白门妓女所居的旧院要高级多了。可是，它不就是白门旧院吗？那些居住于庵中的艳尼，又不祝发，清歌侑酒留客，不就是"白门

---

① [清]余怀：《板桥杂记》上卷《雅游·旧院》，上海中央书店，1936年，第1页。

柳"吗？

《梵门绮语录》叙述女尼四五十人的艳迹，几与清朝相始终。之所以会有这种情况出现，显然与清朝废除官妓有关。妓女转到尼庵中去了。中国的宗教虽然也有清规戒律，但并未走上西方宗教禁欲主义之途。天地交泰，阴阳相燮，仍是宗教上层研究的问题，特别是道徒与番僧，而这又为皇帝大僚所看中，故而一到盛行一世的官妓被废止，湖山胜地的"尼妓"遂代之而起。后来私妓有了发展，但门庭难比尼庵光洁，并未能挤掉尼妓。

寺、观、庵堂清净之地，与"淫"字本来是绝缘的，但宗教的淫戒、禁欲主义与饮食、男女之间的大欲，一直存在着冲突。薄伽丘《十日谈》便是写这种冲突的书。何况我国道教与佛教，又有所谓"合气之术"与欢喜禅。这是我们所能知道的"尼妓"的成因或来由。

第二章　倾城与倾国

病容藏不见，谁识玉女心？

汉朝有个李延年，以音乐才能及面容姣好为武帝所宠。一日，他在侍候武帝时起舞作歌道：

北方有佳人，绝世而独立。

一顾倾人城，再顾倾人国。

宁不知倾城与倾国，佳人难再得？[1]

武帝急问："这位绝世而独立，有倾国倾城之色的北方佳人是谁？难道世间真会有此美色？"

李延年尚未答话，在座的平阳公主说道："有。她是中山人，李延年的妹妹。"

汉武帝大喜，立命李延年道："卿即回中山，带妹妹来见朕。"

平阳公主拦道："不可以。如此美人，只有陛下亲自下旨，派凤辇往迎，她才会来。"

武帝想了想道："你说得也对。佳人既负倾国倾城之色，自不可草率

---

[1] [东汉]班固：《汉书》卷九十七上《外戚传·孝武李夫人传》，中华书局，1964年，第3951页。

行事。朕即下诏宠召。"

今人常以倾国倾城之色比喻女子颜色之美，即出于李延年这首既是赞美又是推荐妹子的诗。

李延年的妹妹到了长安，果然溢光流彩，美得不可方物。她大得汉武帝的宠爱，以娼女平步做了汉武帝的夫人，被称为李夫人。

按汉魏旧制，皇后之下有三夫人：贵嫔、夫人与贵人，位视三公。三夫人之下有九嫔：淑妃、淑媛、淑仪、修华、修容、修仪、婕妤、容华、充华，位视九卿。其余有美人、才人、中才人，位视千石以下。夫人的地位等于后世的贵妃。

李夫人以绝世姿容与能歌善舞，把后宫妃嫔一齐压倒，集三千宠爱于一身。如果离开了李夫人，武帝就几乎不能过日子。然而，天妒红颜，李夫人病了。虽然忙坏了太医，可是病不仅未见好转，而且一日重似一日。武帝来看她，可她却也作怪，总是用被子蒙着脸，不让武帝看她的病容，藏在被子里"谢恩"，要武帝照顾她的兄弟。武帝一定要看她的脸，她就转过头去歔欷而不再言。《汉书·外戚传·孝武李夫人传》记她的姐妹们不懂她何要这样做，跑来问她。她道：

> 所以不欲见帝者，乃欲以深托兄弟也。我以容貌之好，得从微贱爱幸于上。夫以色事人者，色衰而爱弛，爱弛则恩绝。上所以挛挛顾念我者，乃以平生容貌也。今见我毁坏，颜色非故，必畏恶吐弃我，意尚肯复追思阅录其兄弟哉！

好一个聪明的女子，真是看透了帝王的心。帝王宠爱一个女子，是从色出发的，一旦颜色非故，这个女子便要被抛弃了。哪里还会施恩于她的兄弟？

李夫人不幸在花朵般的年龄死了。武帝以皇后之礼葬之。武帝依照李夫人临终前的托付，起用了李夫人之兄李广利为贰师将军，李延年为协律都尉。

李夫人死后，武帝想念她几乎达到了不能自支的地步。武帝始终没有看到李夫人的病容，入殓时也未见她的容颜，萦回在他头脑中的仍然是她的倾国倾城之色。晋王嘉的《拾遗记》对武帝的思念有一则描写：

> 汉武帝思怀往者李夫人，不可复得。时始穿昆灵（昆明）之池，泛翔禽之舟，帝自造歌曲，使女伶歌之。……因赋《落叶哀蝉之曲》曰："罗袂兮无声，玉墀兮尘生；虚房冷而寂寞，落叶依于重扃。望彼美之女兮安得，感余心之未宁！"帝闻唱动心，闷闷不自支持，命龙膏之灯以照舟内，悲不自止。……帝息于延凉室，卧梦李夫人授帝蘅芜之香。帝惊起，而香气犹著衣枕，历月不歇。帝弥思求，终不复见，涕泣洽席，遂改延凉室为遗芳梦室。

遗芳之梦，很为浪漫。但只此一梦而已，欲再梦李夫人不可得矣。于是而求之"仙人"李少君。

李少君齐人，方士，"以祠灶、谷道、却老方"①见武帝。一天，武帝把他找来，对他说："朕思李夫人，其可得见乎？"

李少君道："可遥见，不可同于帷幄。"

武帝道："一见足矣，可致之。"

李少君道："暗海有潜英之石，其色青，轻如毛羽，寒盛则石温，暑盛则石冷。刻之为人像，神悟不异真人。使此石像往，则夫人至矣。此石人能传译人言语，有声无气，故知神异也。"②

武帝乃命李少君往暗海求潜英之石，李少君一去十年，终于得到此石。武帝即命工人依李夫人图刻作李夫人形状。刻成以后，置于轻纱帐中，宛若生时。武帝大喜，问李少君："可得近乎？"

他想抱着李夫人石像同寝呢！哪知李少君却说："此石毒，宜远望，不可逼也。"

武帝虽不敢抱着石像同眠，但此夜毕竟见到了李夫人。李少君有点煞

---

① [汉]司马迁：《史记》卷二十八《封禅书第六》，中华书局，1963年，第1385页。

② [晋]王嘉：《拾遗记》卷五《前汉上》，明万历二十年新安程氏刻汉魏丛书本。

风景，说动汉武帝"春此石为丸，服之，不复思梦"。武帝筑了"灵梦台"，岁时祭祀。

《拾遗记》中的这则故事是有依据的。《汉书·外戚传·孝武李夫人传》写道：

> 上思念李夫人不已，方士齐人少翁（李少君）言能致其神。乃夜张灯烛，设帷帐，陈酒肉，而令上居他帐，遥望见好女如李夫人之貌，还幄坐而步。又不得就视，上愈益相思悲感，为作诗曰："是邪，非邪？立而望之，偏何姗姗其来迟！"令乐府诸音家弦歌之。

《汉书》的话出自西汉、东汉之交的桓谭所著《新论》。他说：

> 武帝所幸李夫人死，方士李少君言能致其神，乃夜设烛张幄，令帝居他帐，遥见好女似夫人之状，还帐坐。

可见西汉便有了"致灵"之说。只是未言李少君前往暗海求取潜英之石，刻作李夫人形状而已。

一个娼女，若非才色双绝，怎会受到汉武帝如此之深的眷念，以娼女而进宫为皇妃，李延年之妹是第一个。

西晋的潘岳有《悼亡诗》。悼亡，痛妻亡故，赋诗以自宽也。潘岳的《悼亡诗》有两句是：

> 独无李氏灵，仿佛睹尔容。

此二语是嗟叹其妻无汉武帝李夫人之灵，可见其容貌。潘岳《悼亡诗》为后世《悼亡诗》之祖。而他的《悼亡诗》，受汉武帝李夫人故事的影响很大。写文学艺术史，应该将李夫人写上一笔吧？

第三章 可怜飞燕倚新妆

姐妹共卑贱，宫中安可居？

赵飞燕即世所传可作"掌中舞"者。《红楼梦》记秦可卿香房陈设，有"赵飞燕立着舞过的金盘"。"飞燕"的得名，即由于体轻。

赵飞燕本是长安官婢[①]，即官奴隶。《辍耕录》："今以妓为官奴，即古官婢。"属于奴隶娼妓之列。后来被赐给阳阿公主家为家妓，学歌舞。汉成帝微行过阳阿公主家，见赵飞燕载歌载舞，如燕子欲凌空飞去，留了意，召她入宫，大受宠爱。

赵飞燕入宫后，成帝特为她用沙棠木造了一条船。船头装饰着用云母石刻成的一只飞燕，船的两旁装饰着用桐木镂成的两条飞龙。船名"云舟"，放置于太液池中。船行时，如飞龙夹云舟而行，船头云母燕子振翼欲飞。赵飞燕每每站于船头，当轻风吹来，似欲随风入水，轻盈不可名状。成帝亲手在她裙子上结了一缕缕翠色的缨带，风来时缨带飘荡，更增轻盈飞翔之感。赵飞燕居处，夜夜都闻歌舞。

赵飞燕有个妹妹叫赵合德，姿性尤醲粹，美得不可方物。成帝贪色，又将赵合德召入，被一个老女官——宣帝时的披香博士（后宫女职）淖方成看见，唾道：

---

① ［东汉］班固：《汉书》卷九十七下《外戚传·孝成赵皇后传》，中华书局，1964年，第3988页。

此祸水也，灭火必矣！①

这便是人们将美貌女子骂为"祸水"的由来。汉朝按五行的说法，"以火德王"。灭火就是灭汉。可是灭汉的是皇太后王政君的侄儿王莽，不是赵氏姐妹。老女官看不惯美少女，"祸水"二字脱口而出，岂知被势倾朝野的外戚王氏当作了话柄？被后世君子奉成了圭臬。

赵氏姐妹被封为婕妤，贵宠后宫。未几，许皇后被废，赵飞燕做了皇后，赵合德做了昭仪。或云："赵飞燕告许皇后、班婕妤挟媚道祝诅后宫，詈及主上。"许皇后由此被废。可是，《汉书·外戚传·孝成许皇后传》明载：

> 是时大将军（王）凤用事，威权尤盛。其后，比三年日蚀，言事者颇归咎于凤矣。而谷永等遂著之许氏，许氏自知为凤所不佑。皇后宠亦益衰，而后宫多新爱。后姊平安刚侯夫人谒等为媚道，祝诅后宫有身者王美人及凤等，事发觉，太后大怒，下吏考问，谒等诛死，许后坐废处昭台宫。

何曾有一语道及为赵飞燕谮告？当时太后王氏一家与皇后许氏一家有矛盾，而后宫为太后王政君及其兄弟王凤等所控制，久欲除去许氏，遂有许谒一案的发生。皇后因此被废。说赵飞燕谮告，不过是王氏欲令皇后一家恨赵不恨王而已。可许氏并未受骗。

攻讦又来了。许皇后为太子妃时，"有一男，失之"。成帝即位，许妃为皇后。"复生一女，失之"。此后十多年不生孩子。班婕妤"有男，数月失之"。这有两个可能，一是成帝好色过度，生育不正常，初期虽能生育，但生下来多半不举。二是为外戚王氏所害。赵氏姐妹入宫后，都不生孩子。没有记载说赵氏姐妹不正常，倒可能是成帝这时已经丧失了生育的能

---

① [宋]司马光撰，胡三省注：《资治通鉴》卷八十六"汉成帝鸿嘉三年十一月"条，中华书局，1976年，第996页。

力。因为赵氏姐妹不生孩子，于是风言风语满天飞，说赵飞燕为了想得孩子，"多通侍郎、宫奴多子者"。可是，《汉书·外戚传·孝成赵皇后传》对此绝无记载，只说：

> 姊弟颛专宠十余年，卒皆无子。

赵飞燕既无疾病，如果真的"多通侍郎、宫奴多子者"，怎不会生孩子？皇后所居之处，又岂是侍郎、宫奴能随便进出的？聪明的赵昭仪，了解后宫王氏势力盘根错节，连成帝要用一个内侍，也得大将军王凤批准。她对成帝说过她的担心：

> 妾姊性刚，有如为人构陷，则赵氏无种矣！①

"多通侍郎、宫奴多子者"，就是一种构陷。

成帝信不信呢？他完全不信，《资治通鉴》载，"有白后奸状者，帝辄杀之"。或说成帝为赵氏姐妹所迷。其实，成帝又不是死人，真有人进入皇后寝居，十年来何以一个也未发现？而信任如初。他非常明白是王氏放的风。那些敢于"白后奸状"的人，都是王氏布置在宫内的爪牙。《汉书·刘歆传》中有王凤曾拒绝成帝用刘歆为中常侍的记载，即可证明非王氏的人不得进入宫中。谣言由他们造出，以倾赵氏，是完全可以理解的。成帝杀了一个"白后奸状"者，第二个又来。也只有了解他们都是王氏爪牙，受王氏支使，才知他们为什么不怕死，杀不胜杀。

《资治通鉴》载，绥和二年，成帝死了。突然又有谣言："民间喧哗，咸归罪赵昭仪。"皇太后煞有介事地"诏大司马（王）莽杂与御史、丞相、廷尉治，问皇帝起居发病状"。这一次是整赵合德，赵合德被迫自杀。有些内侍居然传出那天晚上听到成帝"笑声吃吃不止"，见到成帝"精出如

---

① [宋]司马光撰，胡三省注：《资治通鉴》卷三十一《汉纪二十三》，中华书局，1976年，第1002页。

泉溢"。可是，《汉书·外戚传·孝成赵皇后传》记载成帝之死，却说：

> 明年（绥和二年）春，成帝崩。帝素强，无疾病。是时楚思王
> 衍、梁王立来朝，明旦当辞去。上宿供张白虎殿。又欲拜左将军孔光
> 为丞相，已刻侯印书赞。昏夜平善，乡晨，傅绔袜欲起，因失衣，不
> 能言，昼漏上十刻而崩。

死前之夜，成帝"宿供张白虎殿"，根本不是睡在赵昭仪的昭阳宫中。他素来强健，早晨突然死去，死状类似中风。皇太后王政君叫大司马王莽与御史等问赵昭仪成帝起居发病状，赵昭仪怎会晓得？这分明是王太后与当了大司马执掌朝政的、她的侄子王莽，存心要叫赵合德死，任意栽赃。赵合德是死不瞑目。

哀帝即位，王莽突然宣布"退休"。暗中却在计划如何废掉皇太后赵飞燕和哀帝。哀帝非成帝所生。哀帝得立为太子，赵飞燕之力较多，即位时年已十七，被王莽视为他夺权做皇帝的道路上最大的障碍。

哀帝既立，司隶校尉解光突然上了一本，大肆攻击已死的赵昭仪与汉成帝。奏文长得很，但可疑点甚多。

一、要骂人为什么活人不骂，而要骂死人？

二、所谓"验问知状"人，一共有五种。验问人一种，知状人四种。验问人是谁呢？解光的从事椽业与从事史望。业、望均不言其姓。知状人有掖庭狱丞籍武，故中黄门王舜、吴恭、靳严，官婢曹晓、道房、张弃，故赵昭仪御者于客子、王偏、臧兼，都是王氏爪牙。

三、攻击之辞，是说成帝晚年与故中宫史曹宫、许美人各生了一个儿子，被赵合德害死。但曹宫、许美人只说生了儿子，未说是与成帝生的。曹宫说她儿子像元帝，未说像成帝。王氏操纵后宫，侍郎、宫奴可以进入，王氏借此污蔑过赵皇后，安知曹宫、许美人之子不是侍郎、宫奴所生？就连曹宫她们自己也不敢直言为成帝之子。其实成帝晚年根本就不能生育。解光自己不敢咬定，但说为掖庭狱臣、故中黄门、宫婢、御者之

言，你能相信吗？

四、为了坐实其事，解光拉上了已死的成帝，借中黄门田客的话："上与昭仪大怒"，责怪田客"奈何不杀"曹宫之子，来证明成帝与赵昭仪都要杀曹宫子。而曹宫子是成帝的"亲骨肉"。解光懂得：单说昭仪要杀，无人相信，因为成帝如不同意，便杀不了。但把成帝加上去，就会有人信了。桀、纣其人，不是没有。反正人都死了，咬一口，有王政君、王莽在，也不会诛九族。

五、提出的原因是赵氏"欲姊弟擅天下"，这个原因加之于王氏可，加之于赵氏则不可。因为赵氏家中没有什么人。他们也不像王氏那样欲擅天下。

最后，解光恶狠狠地提出要"穷竟"赵氏，杀尽赵氏。正是一副王莽的嘴脸。

此本虽上，赵氏只有几个人被免职，赵飞燕仍旧安安稳稳做太后。这证明当时有人怀疑解光所奏不实，连太皇太后王政君也不敢在解光奏文上多做文章。

哀帝二十五岁便死在未央宫，谁也不知道他的死因。哀帝一死，太皇太后便把王莽召入宫中，不仅恢复了他大司马一职，而且叫他领尚书事。王莽立刻下手清除异己。皇太后赵飞燕、皇后傅氏被废，送入成帝与哀帝的陵园。赵飞燕自杀了，傅皇后也自杀了。此后王莽一步接着一步由安汉公而假皇帝，而真皇帝。

赵氏姐妹之死，应放到当时外戚王氏与皇帝刘氏的斗争环境中去考察。她们是王、刘斗争的牺牲品。王莽一干人在这两姐妹身上，不知倾倒了多少污泥浊水？宋时理学大兴，有个秦醇，补正《赵后遗事》，集污言秽语之大成。最令人遗憾的是，司马光修《资治通鉴》，采摘了《赵后遗事》，将"多通侍郎、宫奴多子者"写入《资治通鉴》中。司马光虽是史学家，但也是理学家，我们不应该忘记这一点。看待赵氏姐妹，应据《汉书》，并根据以王政君为首的王氏企图亡刘的政治环境，去分析事态进展，庶几可以得其实。

第四章　独妇山与军妓

　　都是好儿女，遭劫作军妓。

我国军妓始于越王勾践于会稽所置独妇山。
《越绝书》卷八写得很明白：

　　独妇山者，勾践将伐吴，徙寡妇致独山上，以为死士未得专一也。去县四十里。后说之者，盖勾践所以游军士也。

　　勾践置独妇山，所以"游军士"，即使军士游之，以娱其意。山上寡妇就是军妓。此独妇山为管子"女闾"的变相，后世军妓或营妓的先声。
　　又《商君书·垦令》说："令军市无有女子……轻惰之民不游军市，则农民不淫。"可见军市本有女子，操卖淫生涯。此种军市中的女子，也是军妓或营妓。
　　独妇山、军市女子的进一步发展，就变成名与实相符的营妓或军妓。
　　"营妓"一名，始见于《汉武外史》。其言云：

　　古未有妓，至汉武始置营妓，以待军士之无妻室者。

　　这种"营妓"即军妓。汉武帝南征北讨，特别是三伐匈奴，动用了大量的兵力。"营妓"遂应时而生。营妓随军行止。

营妓的来源为官奴婢。汉制，罪人妻子没为奴婢。汉代官奴婢，据《汉书·贡禹传》载，多至"十万余人"。自不愁营妓乏绝。《汉书·李陵传》记述李陵军出，关东"群盗妻子徙边者随军为卒妻妇，大匿车中，陵搜得，皆剑斩之"。这徙边随军的女子即没入官家的奴婢，被送到军中当"卒妻"，实即当营妓。

汉朝也有军市。如西汉的丙吉，为"车骑将军军市令"①。东汉的蔡遵，为先武军军市令②。汉朝一军即有一个军市，带着普遍性。我们从《商君书·垦令》"令军无有女子"则不淫之言，可推知汉朝每一个军不仅有军市，而且有军妓。军市带普遍性，军妓亦带普遍性。

两汉太常卿所辖太乐令无女乐。卢植《礼注》言之甚明。他说：

> 汉大乐律，卑者之子不得舞宗庙之酎。除吏二千石到六百石，及关内侯到五大夫子，取适子高五尺已上，年十二到三十，颜色和，身体修治者，以为舞人。③

汉太常掌国家祭祀与大飨用乐，歌者舞者连"卑者之子"都不用，女奴更无足论矣。

但汉朝并非无女乐。《汉书·礼乐志》写到汉成帝时，"郑声尤甚，黄门名倡丙强景武之属富显于世……至与人主争女乐"。皇家与贵族之好女乐由此可见。除此之外，军营亦有女乐，但非将军不得享用。女乐者妓乐也。

汉乐至东汉有"四品"：大予乐、雅颂乐、黄门鼓吹乐、与军中所用的短箫铙歌乐。《乐府诗集·横吹曲辞一》谓："有鼓角者为横吹，用之军

①［东汉］班固：《汉书》卷七十四《丙吉传》，中华书局，1964年，第3143页。

②［南朝宋］范晔撰，［唐］李贤等注：《后汉书》卷二十《蔡遵传》，中华书局，1973年，第738页。

③［南朝宋］范晔撰，［唐］李贤等注：《后汉书》卷二十五《百官志二·太常》，中华书局，1973年，第3573页。

中。"横吹而有双角（鼓角与胡角）为胡乐。《后汉书·班超传》注云，李延年因胡乐更造新声二十八解，"后汉以给边将，和帝时，万人将军得之"。这里面就有女乐。

按汉武帝立乐府，遵李夫人的临终托付，起用了她的兄长李延年为协律都尉。乐府采诗夜诵，有赵、代、燕、齐、郑、秦、楚、吴等各地风谣，皆出于民间。守旧的士大夫多目此种风谣为"郑、卫之音"，即淫音。然在政治上与宗庙音乐处于同等的地位。所采风谣是要配以新曲的。李延年的任务便是"协律"。他依仗自己的音乐才能，"每为新声变曲，闻者莫不感动"[1]。司马相如等辞章家也被起用来创制新词。《通典·乐典》记述说：

> 至武帝乃立乐府，采诗夜诵，有赵、代、秦、楚之讴。以李延年为协律都尉，多举司马相如等数十人造为诗赋，略论律吕，以合八音之调，作十九章之歌。以正月上辛，用事甘泉圆丘。使童男女七十人俱歌。昏祠至明。

歌者用上了"童男女七十人"，非女乐为何？施之于甘泉圆丘，则侵夺到廊庙了。这也是当时士大夫视此种音乐为"郑声"的原因。

张骞通西域，传来了胡乐《摩诃兜勒》一曲，李延年更因此种胡曲造新声二十八解。要注意这与李延年因赵、代、秦、楚之讴造为新声变曲是一致的，是民间乐府地区性的一个扩展。与东方乐府新声一样，表演者也有女妓在内。正因为有女乐，所以才被武帝视作可赐予将军的"武乐"。

二十八解，《乐府诗集》列于《横吹曲》中。魏晋以来，唯传十曲。此十曲是《黄鹄》《陇头》《出关》《入关》《出塞》《入塞》《折杨柳》《黄覃子》《赤之扬》《望行人》，后世又加上八曲：《关山月》《洛阳道》《长安道》《梅花落》《紫骝马》《聪马》《雨雪》与《刘生》，合为十八曲。这种

---

[1] [东汉]班固：《汉书》卷九十七上《外戚传·孝武李夫人传》，中华书局，1964年，第3951页。

曲唯军中贵族才可以享用。

将军们所拥有的女乐，则非一般意义上的军妓，而具有家妓的性质。《乐府诗集》所谓"以给边将"，表明了军中女乐的属性。即是此边将的家妓。

汉代营妓制度，后世沿袭下来。

《南史·宋后废帝纪》记宋后废帝"与右卫翼辇营女子私通，每从之游，持数千钱供酒肉之费"。此右卫翼辇营女子即营妓。

《南史·齐废帝郁林王纪》记齐废帝"独住西州，每夜辄开后堂阁，与诸不逞小人，至诸营署中淫宴"。也就是诸营署中有营妓，吸引了这位年轻的皇帝。

营妓的来源仍是罪犯奴隶。《隋书·刑法志》说："魏晋相承，死罪其重者妻子皆以补兵。"又说梁制："其劫盗者，妻子补兵。"补兵即或配军士，或入军市，或进营署，成为军人婢妾或军中营妓。

唐、宋以后官妓发达，但仍有营妓。可注意的是：宋朝的营妓由官妓轮值而又允许资替。元徐大焯《烬余录》云：

> 故事：官妓岁选十人，各给身资十千。五年期满归原寮。……军妓以勾栏妓轮值之岁，各人值一月。后多敛资给吏胥购代者。

营妓"以勾栏妓轮值……一月"，为前代所无。此举将营妓与官妓结合起来了。但因为"许以资替"，遂至弊端丛生，最为秕政。至南宋才有所革。

据吴自牧《梦粱录·瓦舍》，南宋绍兴间，因驻杭城军"多西北人，是以城内外创立瓦舍，招集妓乐，以为军卒暇日娱戏之地"。军人要宿娼，可去瓦舍，不再设置营妓或以官妓轮流充当。

第五章　铁蹄下的妇女

专制二千载，妇女最可悲。

有没有把全国妇女都当成娼妓来看，并肆意侮辱和糟蹋的？有。这就是发动落后战争的落后民族的首领及其军队。某些汉人皇帝和军阀也加以仿效，实在令人发指。

从董卓谈起，董卓是个大军阀，手下的兵都是"胡羌"。他率领着他的胡羌兵到了洛阳，怎样？请看女诗人蔡琰（蔡文姬）的《悲愤诗》：

> 卓众来东下，金甲耀日光，平土人脆弱，来兵皆胡羌。猎野围城邑，所向悉破亡，斩截无孑遗，尸骸相撑拒。马边悬男头，马后载妇女。①

他们是不是把妇女载去当老婆呢？非也。而是把妇女载到军中蹂躏，比娼妓还不如。这是洛阳妇女遭到的一次浩劫。

《周书·文帝纪下》记江陵之陷，周军"并掳其百官及士民以归，没为奴婢者十余万"。《资治通鉴》梁元帝承圣三年在"没为奴婢"下又写了"分赏三军，驱归长安，小弱者皆杀之"的话。分赏三军就是将女性分给

---

① [南朝宋]范晔撰，[唐]李贤等注：《后汉书》卷八十四《列女传·董祀妻传》，中华书局，1973年，第2801页。

军营做娼妓，或者分给将军们做家妓。

《中州集》记"辽人掳中原人及奚、渤海诸国人口，皆分赐亲近"为奴婢。《续文献通考·户口考》记金制"女真为本户，汉人及契丹为杂户。明安穆昆（猛安谋克）之奴婢免为良者止隶本部为正户"，而"汉人、渤海人不得充明安穆昆户"。被征服地区的人民都被征服者当作奴婢或作为杂户处于原地，或取为奴婢，分赐亲近。女性在征服者看来，不过是女奴、性奴而已。

元朝尤有过之。元初于城乡设甲主，为虐遍天下。元徐大焯《烬余录》写道：

> 鼎革后，城乡遍设甲主，辱人妻女。有志者自裁，不幸有母姑儿女牵系欲求两全者，竟出下策为舟妓，以舟人不设甲主，舟妓向不辱身也。

> 鼎革后，编二十家为甲，以北人为甲主。衣服饮食惟所欲，童男少女惟所命。自尽者不知凡几。金芸楼室人周氏花烛之夕，甲主踞之。周以熨斗破其脑，亦自经。芸楼惧祸，缢其旁。越三年，五月五日，联合省郡，同歼甲主。

> 鼎革后，有达官奉母携眷避甲主之患，榜于门曰"孤竹院"，倩一僧持香火以令甲，惟娼优隶卒僧道尼丐不隶甲下也。事泄，全家皆披剃。不数月，又下搜禁僧尼同居之令，密捕遍至，全家沉于井。盖其始犹可避于僧尼，及禁僧尼同居，则眷属不得同居止，可以死矣。亦甲主之为虐也。

二十家为一甲，就"衣服饮食惟所欲，童男少女惟所命"，女必辱身，不如为舟妓，这一点来看，甲主等于妓院老板，二十家等于一个勾栏妓院，各家妇女等于娼妓。甲主遍设于全国城乡，也就是将全国女子都变为娼妓、女奴、性奴。读《烬余录》，谁能不对元朝这种处置目眦尽裂。

由此可以了解率元兵二十万灭亡南宋的伯颜元帅欲取官属妻妾入教坊

之举了。元黄雪蓑《青楼集》云：

> 王金带……，邓州王同知娶之，生子矣。有谮之于伯颜太师，欲取入教坊承应。王因一尼为地，求问于太师之夫人，乃免。

由此可知元朝是可以随意取良家女子入教坊承应的。盖在甲主淫威统治下的全国妇女，已被元朝看作娼妓。元朝下"搜禁僧尼同居之令"，就在支持甲主，以全国妇女为娼，恣其所求。

尤有进者，元代凡受杖妇女，必须去衣，裸而受杖。和尚出身的明太祖朱元璋，竟继承了元朝这种侮辱妇女的杖刑。明无名氏《栎社琐记》说：

> 自太祖定制，杖皆臀受，虽妇女亦以臀受杖。犯奸妇女，又沿元代去衣之例，裸而杖之。……先期传召亲友，麇集公廷，名曰"看打"。……又或官未升堂，先去其裤，名曰"晾臀"。又或杖毕，不令著裤，即曳出大门，名曰"卖肉"。……妇女不胜其辱，多有死者。又凡罪人妻女逮赴公廷，有跣足过堂之例，传集诸妇女系于樌梏间，褫裙褰裤，使露其股，乃举足而跣之，藕覆莲钩，抛掷满地，任人拾取。传观市上。或自朝自暮，官不坐堂，则明日又如之。过堂之后，又命示众一日，仍系樌梏间。无赖子弟……以为笑乐。亦多有死者。闻胡宗宪妻女亦尝受此辱云。

此等虐政，为人类所不堪受。明太祖何为哉？

胡宗宪的妻女受辱后，送到哪里去了呢？教坊司。

明朝对妇女的虐政至明成祖尤甚。明成祖取南京，将忠于建文帝的大臣妻女，一齐送入教坊司为娼妓。铁铉妻杨氏年三十五，送教坊司后，不久就死了。教坊司奏闻，明成祖下令"分付上元县抬出门去，著狗吃了"①。谢升妻韩氏等"转营奸宿"。《南京司法记》云，齐泰妇及外甥媳妇、黄子澄妹四个妇人，"每一日夜，二十余条汉子看守着，年少的都有身孕"。生子"令作小龟子"。《玉光剑气集》载，方孝孺"其女流发教坊，遂隶籍焉"。方女年年登雨花台望酹方孝孺墓。是不是单单朱元璋、朱棣做这种狠毒的事呢？不是。明内臣王永章载崇祯皇帝对袁妃说道：

> 我朝以大臣子女罚入教坊，究是虐政。旦夕贼至（指李自成），汝等将奈何？②

"我朝"二字说明此种虐政行之于整个明朝，李自成要来打北京了，连崇祯也惶惶不安，以为将受报应。

这样说来，清朝顺治帝与董鄂妃废除教坊制度，禁良为娼，实在是善举。

---

① [明]邓士龙辑，许大龄、王天有点校：《国朝典故》卷之四十《立齐斋闻录二·王大芳》，北京大学出版社，1993年，第958页。
② [清]俞樾：《茶香室丛钞》卷九，清光绪二十五年刻春在堂全书本。

第六章　铜雀妓与清商乐

谁传清商乐，魏时铜雀妓。

古代音乐有雅乐与俗乐之分，雅乐用于庙堂，庄严肃穆，不用女乐。俗乐顾名思义，为通俗音乐，民间喜见乐闻。这种音乐与女乐结成了不解之缘，而女乐古时都由妓女充任。

歌有歌曲和歌辞两部分。庙堂音乐除非换了朝代，不会有改动。俗乐则不一样，老调旧辞过时了，没有人爱听。因此总是务竞新声，别制新辞。而歌舞妓不仅是新曲新辞的表演者，而且自改唱腔，自制新辞，在创新上功劳卓著。

铜雀妓是我国第一支俗乐队伍，在魏晋南北朝三百余年间盛行不衰的清商乐，即始于铜雀。《宋书·乐志一》记王僧虔上表谈道：

> 又今之清商，实由铜雀，魏氏三祖（武、文、明三帝），风流可怀，京洛相高，江左弥重。

这便是说：南朝盛极一时的清商曲与辞，是从魏时的铜雀台艺妓开始的。

清商乐是俗乐，也是女乐，为魏晋南北朝时期音乐的主流。曹魏的功绩在于：从曹操开始，大量创作"清商三调歌诗"。如平调曲（以角为主）

《短歌行》《猛虎行》《燕歌行》《长歌行》《从军行》，清调曲（以商为主）《苦寒行》《塘上行》《秋胡行》《吁嗟篇》《豫章行》，瑟调曲（以宫为主）《善哉行》《步出夏门行》《却东西门行》《丹霞蔽日行》《折杨柳行》《饮马长城窟行》《上留田行》《大墙上蒿行》《艳歌何尝行》《煌煌京洛行》《月重轮行》《棹歌行》《当来日大难》《野田黄雀行》。这都是建安歌诗的名篇。而铜雀台艺妓则是他们所创作的清商三调歌诗的歌唱者与舞蹈者。靠了铜雀艺妓，清商曲辞才能在后世传播，并在乐坛与诗坛上产生重大影响。

由于清商乐本质上是一种新声谣俗，故在曹魏以后，代有翻新，并非停留在铜雀新声上。

我们从《宋书·乐志一》对《凤将雏哥》所作的解释，于清商乐的翻新犹可得知一二。《宋书·乐志一》说：

> 《凤将雏哥》者，旧曲也。应璩《百一诗》云："为作《陌上桑》，反言《凤将雏》。"然则《凤将雏》其来久矣，将由讹变以至于此乎？

《凤将雏哥》属于清商乐吴声歌曲。《陌上桑》，据《乐府诗集·相和歌辞三解》引《古今乐录》的话："《陌上桑》歌瑟调，古辞《艳歌罗敷行·日出东南隅》篇。"可归入汉相和瑟调曲《艳歌行》一类。《宋书》的话告诉我们：清商乐《凤将雏》，是由汉相和瑟调曲《陌上桑》"讹变"而来。因为《凤将雏》曲调与《陌上桑》近似，所以，"为作《陌上桑》，反言《凤将雏》"。应璩是曹魏时候的人，可知曹魏时已有人将三调翻新。

曹魏以后，清商乐在不断翻新中。

西晋时，石崇与绿珠制《懊侬歌》一曲（另见《落花犹似坠楼人》篇），《乐府诗集》列之于《清商曲辞》吴声歌曲中。东晋末年又有《懊恼歌》，系由《懊侬歌》讹变而来。《懊侬歌》的始创是一种翻新，变为讹谣之曲《懊恼歌》，又是一种翻新。

南朝"家竞新哇"，清商乐中的《吴声歌曲》《西曲歌》《江南弄》等大都是新曲。吴声十曲中有七曲为梁人新创。包明月制《舞前溪》一曲，使得《前溪》一曲不仅能歌，而且能舞。王金珠制《上声》《欢闻》《欢闻变》《阿子》《丁督护》《团扇郎》六曲。包明月被称为"内人"。

南朝末年，创新流风未已。《隋书·音乐志上》写陈后主：

> 于清乐（即清商乐）中造《黄鹂留》及《玉树后庭花》《金钗两臂垂》等曲，与幸臣等制其歌词，绮艳相高，极于轻薄，男女唱和，其音甚哀。

《南史·后妃传下·张贵妃传》还提到陈后主不仅造新声新辞，而且选择了宫女（宫妓）有容色的"以千百数，令习而歌之，分部迭进，持以相乐"。其曲有《玉树后庭花》等。这可以说是唐玄宗于宜春北院设置"梨园子弟"，教以歌舞的先声。到陈时，清商乐不仅流行于民间，而且浸染于宫廷。

《玉树后庭花》为人们所乐道。但从唐朝开始便有人误将江总的"璧月夜夜满，琼树朝朝新"句当作陈后主的《玉树后庭花》。按《乐府诗集·清商曲辞四》载陈后主《玉树后庭花》云：

> 丽宇芳林对高阁，新妆艳质本倾城。映户凝娇乍不进，出帷含态笑相迎。妖姬脸似花含露，玉树流光照后庭。

此曲《乐府诗集》列于《吴声歌曲》中，又是吴声歌曲的创新。"家竞新哇""世有新声"是这时代音乐不断发展的写照。而歌妓在其中扮演了推进者的角色。

唐朝杜牧写了一首七言绝句《泊秦淮》：

> 烟笼寒水月笼沙，夜泊秦淮近酒家。商女不知亡国恨，隔江犹唱《后庭花》。

　　商女者，歌妓也。唐朝秦淮歌妓还在唱《玉树后庭花》，此曲风靡何止一个世纪！但是，如果没有"商女"不断演唱，则此曲何能传世？杜牧又何能有此绝唱？

第七章　金粉世家

世家亦皇宫，粉黛列千百。

金粉世家，说的是在家庭中畜养声妓，即畜家妓，少则十数，多则成百成千。汉有家妓，如赵飞燕。但是金粉世家则出现于两晋南北朝时期。这与此时代世族的形成有关。

两晋南北朝士庶界限极严。士族如果有三代都做大官，便成为世族。士族中又有膏粱（三代为三公）、华腴（三代为尚书令、尚书仆射）、素族（相对于膏、腴而言）、甲乙丙丁四姓（据官品高下）之分。士族几无不畜养声妓，几代过去，便成为一个道道地地的金粉世家。

先说两晋与南朝。

西晋的出现是世族的胜利。金粉世家在西晋便已产生。典型的是石崇一家。

《乐史·绿珠传》说石崇家妓"美艳者千余人"。《乐史·翾风传》更说"石氏侍人美艳者数千人"。一人而拥有数千美艳家妓，直可与拥有三千佳丽的皇帝分庭抗礼了。绿珠、翾风不过是石崇数千美妓中两个佼佼者而已。

石崇尝刻玉为蛟龙佩，紫金为凤凰钗，使侍妓数十人打扮成一个样子，命她们结袖绕楹而舞，声色昼夜相接，谓之"恒舞"。如果想从她们中间喊一个人出来侑酒，不叫姓名，但"听佩声，视钗色"。佩声轻的排在前头，钗色艳的居次。佩声轻表示舞步轻，上乘的环佩无声。钗色艳表示舞步快，上乘的是钗光一片。要唤出来，向裙钗队里招手就行，因为次序已经排好。

石崇又曾命女妓数十人口含异香，边走边笑，口香随风而飘。

石崇又曾将香如尘末的沉木屑子铺在象牙床上，叫他所爱的歌妓在上面走，无脚印的赐真珠一百琲。有脚印的便"节其饮食，令体轻弱"。闺中相戏道："尔非细骨轻躯，那得百琲真珠？"

真是"楚王好细腰，宫中多饿死"，不意又在石崇金谷园中见之。

这是真正的"金粉世家"。张恨水写小说《金粉世家》，他笔下的金粉世家比起石崇之家，是一个地下，一个天上。

东晋的陶侃与谢安，一为名将，一为名相。知晓他们为金粉世家者几希！

陶侃"媵妾数十，家僮千余。珍奇宝货富于天府"[1]。《晋书·谢安传》载，谢安在东山畜妓，"每游赏，必以妓女从"。"爱好声律……不废妓乐"[2]。谁能说他们的家妓不多？谁能说他们不是金粉世家？

进入南朝，历宋、齐、梁、陈，金粉世家代有所出，声色相继，趋于极盛。例子很多，不能悉举。以下各朝但举一例。

宋徐湛之。《宋书》本传称他为"贵戚豪家，产业甚厚，室宇园池，贵游莫及。伎乐之妙，冠绝一时。"

齐张瓌。《南史》本传说他"居室豪富，妓妾盈房"。他老了，有人讥笑他"衰暮畜妓"，他却说："我少好音律，老而方解。平生嗜欲无复一存，唯未能遣此耳。"他请诸君原谅。

梁徐君蒨。《南史》本传说他"为梁湘东王镇西谘议参军，颇好声色，侍妾数十，皆佩金翠曳罗绮，服玩悉以金银"。有时，"载伎肆意游行，荆楚山川，靡不毕践"。像他这样载家妓游山玩水的，还不多。他可说懂得江山美人，浑然一体。《玉台新咏》载有他的《别义阳郡》二首，内有

① [唐]房玄龄等：《晋书》卷六十六《陶侃传》，中华书局，1974年，第1779页。
② [唐]房玄龄等：《晋书》卷七十五《王坦之传》，中华书局，1974年，第1968页。

"歌声临树出，舞影入江流""颊上红疑浅，眉心黛不青，故留残粉絮，挂看箔帘灯"之句。这是写随他出游的家妓，不是写义阳妓女。范蠡载一个西施作五湖游，哪里比得上徐君倩尽起美妓，遨游山川？

陈孙场。《南史》本传说他的"家庭穿筑，极林泉之致；歌钟舞女，当世罕俦。宾客填门，轩盖不绝"。

这真是"金粉称南朝，香脂染江南。"

北朝家妓兴起较晚。鲜卑贵族原来不懂金粉乐趣。北魏孝文帝将都城自平城迁到洛阳，实行所谓"汉化政策"。在一片汉化声中，鲜卑贵族纷纷走上世族之途。而汉化的鲜卑世族一旦兴起，其豪奢直追石崇。

北魏有个河间王元琛，"造文柏堂，形如徽音殿。置玉井金罐，以五色缬为绳。妓女三百人，尽皆国色。有婢朝云，善吹箎，能为《团扇歌》《陇上声》"。他对章武王元融说："不根我不见石崇，恨石崇不见我。"[1]意为石崇如果见了他的华侈、妓女与姿色才艺不亚于绿珠的朝云，要自叹不如。

北齐都城邺下有个领军将军，"贪积已甚，家童八百，誓满一千"[2]。财宝多得不可胜言。这位不知名姓的北齐领军将军拥有家童千数，女童特多，是在北朝末年兴起的金粉世家之一。

北周亦不后于人。有个李迁哲，妓妾百数，"缘汉千余里间，第宅相次……迁哲每鸣笳导从，往来其间……尽平生之乐。"[3]

六朝金粉，人们或以为是指秦淮商女，其实有误。南朝最有名的两个妓女，齐苏小小为钱塘名妓，梁姚玉京在襄州，都不在建康秦淮。南朝乐府中所见妓女，多载于《西曲歌》。如：

《石城乐》："生长石城下，开门对城楼。城中美年少，出入见依投。"

《襄阳乐》："朝发襄阳城，暮至大堤宿。大堤诸女儿，花艳惊郎目。"

---

① [南北朝]杨衒之撰：《洛阳伽蓝记》卷四"城西寿丘里"条，清嘉庆十年虞山张氏照旷阁刻学津讨原本。

② [南北朝]颜之推撰：《颜氏家训》卷一《治家第五》，明万历二十年新安程氏刻汉魏丛书本。

③ [唐]令狐德棻等撰：《周书》卷四十四《李迁哲传》，中华书局，1974年，第793页。

《寻阳乐》："稽亭故人去，九里新人还。送一便迎两，无有暂时闲。"

这都是《西曲歌》，且是妓歌。《吴歌》中虽不乏艳情之作，但却看不出为妓歌。

六朝金粉实指此时代达官贵人的家妓而言。金粉者，"金粉世家"也。

入唐，官妓进入了盛世。家妓走上了下坡路。官妓皆注乐籍，教坊官妓等于宫妓，州镇乐营妓女，地方官有权支配。色艺皆胜的，教坊可以选拔。家妓皆注家籍。但因官妓之门已经大开，特别是世族的统治，至唐已有改变，像南北朝那样的金粉世家已经很难见到。一些大官僚仍有家妓，却多为朝廷的赏赐，数目不多。如河间王李孝恭获"女乐二部"[①]，窦抗获"女乐一部"[②]，李晟获"女乐八人"[③]。《唐会要》载，唐玄宗推己及人，曾下诏"五品已上正员清官、诸道节度使及太守等，并听当家畜丝竹，以展欢娱"[④]。家妓略有发展。

《红楼梦》写贾、史、王、薛四大家族，只见婢女，不见家妓。贾府虽从苏州买来十二个小戏子，如芳官、龄官后来都做了丫鬟非妓女。我们可以说到了《红楼梦》时代，家妓制度退出了妓国。

可是，读者不要忘了拥有家妓最多的是历朝的皇帝。皇帝既是最大的且又是从来不倒的金粉世家。皇帝宫廷中见于史籍的便有所谓"御妓""宫妓"。这只是冠以妓名的宫人，其实皇帝后宫佳丽三千，多至一万，都是皇帝的家妓，只不过世家才有家妓之名而已。皇帝为万民之主，尊之唯恐不及，人们岂敢呼宫人、宫女为皇家家妓？但要完全回避，不露一丝痕迹也难。唐时云韶府的"宫人"便被称为贱隶、妓女。

下以南朝的宋明帝裸诸女而观之为例，以证吾言之不妄。《南史·后妃传上·明恭王皇后传》云：

---

① ［后晋］刘昫等：《旧唐书》卷六十《宗室传·河间王孝恭传》，中华书局，1975年，第2349页。

② ［后晋］刘昫等：《旧唐书》卷六十一《窦威传附抗子衍传》，中华书局，1975年，第2369页。

③ ［后晋］刘昫等：《旧唐书》卷一百三十三《李晟传》，中华书局，1975年，第3671页。

④ ［宋］王浦：《唐会要》卷三十四《杂录》，中华书局，1955年，第630页。

明帝即位，立为皇后。上尝宫内大集，而裸妇人观之，以为欢笑。后以扇障面，独无所言。帝怒曰："外舍家寒乞，今共作笑乐，何独不视？"后曰："为乐之事其方自多，岂有姑姊妹集聚，而裸妇人形体，以此为乐？外舍为欢适，与此不同。"帝大怒，令后起。后兄扬州刺史（王）景文以此事语从舅陈郡谢绰曰："后在家为惰弱妇人，不知今段遂能刚正如此！"

"宫内大集，而裸妇人观之"，就是将宫内所有女子一齐召来，叫她们裸体，以供皇家取乐。如说宫女不是宫妓，此何为哉？

皇帝作为最大的金粉世家，只是在皇帝被打倒后，才寿终正寝。

第八章　落花犹似坠楼人

玉笛暗飞声，金谷坠楼人。

《红楼梦》中的林黛玉写了《五美吟》，有一首是写绿珠的。此首云：

瓦砾明珠一例抛，何曾石尉重娇娆？都缘顽福前生造，更有同归慰寂寥。

"明珠"喻绿珠，"石尉"即石崇，石崇官至卫尉。"同归"，潘岳《金谷集》诗云："投分寄石友，白首同所归。"林黛玉是用此诗典故，喻绿珠、石崇同死于赵王司马伦之难。

《晋书·石崇传》说石崇"有妓曰绿珠，美而艳，善吹笛"。绿珠本姓梁，岭南合浦县人，为俚族。俚俗以珠为上宝。特别是合浦，本为产珠之地。生女，俚人名为珠娘；生男，俚人名为珠儿。绿珠之字，由此而来。石崇为交趾采访使，以真珠十斛购得绿珠。绿珠从此远离故乡，来到万里之外西晋的都城洛阳。

石崇有别庐在洛阳金谷涧，被称为"金谷园"。绿珠作为石崇的家妓之一，受到宠爱，住在金谷园的一座雅致的楼阁中。每当花晨月夕，楼上笛声悠然。

绿珠不仅能吹笛，而且能歌能舞。金谷园中，经常能听到绿珠演唱的

《王昭君》歌声。

《王昭君》本汉曲,《古今乐录》说:匈奴单于入朝,请婚于汉,元帝以后宫良家子王昭君配之。又说:

> 初,武帝以江都王建女细君为公主,嫁乌孙王昆莫,令琵琶马上作乐,以慰其道路之思,送明君亦然也。

明君即昭君,晋避司马昭之讳而改。《王昭君》在汉为"琵琶马上作乐"之声。石崇造新曲,多哀怨之声,又自制歌辞,辞云:

> 我本良家子,将适单于庭。辞诀未及终,前驱已抗旌。仆御涕流离,辕马悲且鸣。哀郁伤五内,泣泪沾朱缨。行行日已远,遂造匈奴城。延我于穹庐,加我阏氏名。殊类非所安,虽贵非所荣。父子见陵辱,对之惭且惊。杀身良不易,默默以苟生。苟生亦何聊,积思常愤盈。愿假飞鸿翼,弃之以遐征。飞鸿不我顾,伫立以屏营。昔为匣中玉,今为粪上英。朝华不足嘉,甘与秋草并。传语后世人,远嫁难为情。①

这是我国第一首以王昭君为题的诗,在文学史上有很高的地位。石崇将自己的新造之曲,配上这首辞,教绿珠演唱。绿珠也就成了我国第一个表演王昭君的艺术家。

晋又有《懊侬歌》,为清商曲中的吴声歌曲。《古今乐录》说:

> 《懊侬歌》者,晋石崇、绿珠所作,唯"丝布涩难缝"一曲而已。

由此可知除了《明君曲》之外,石崇与绿珠合作,还创造了《懊侬歌》一曲。此曲云:

---

① [宋]郭茂倩:《乐府诗集》卷二十九《相和歌辞四·吟叹曲·王明君一首》,民国八年上海商务印书馆四部丛刊景明末汲古阁刻本。

丝布涩难缝，令侬十指穿。黄牛细犊车，游戏出孟津。①

《懊侬歌》的出现，与《王昭君》一样，同是音乐史上的大事。石崇、绿珠只作"丝布涩难缝"一曲。安帝隆安中，民间忽作《懊恼歌》，此为讹变。南齐王仲雄曾于明帝前鼓琴作《懊侬曲》："常叹负情侬，郎今果行许"讥刺明帝。唐温庭筠作七言古诗《懊恼曲》，首语为"藕丝作线难胜针"。可见《懊侬歌》对后世也有深远的影响。

绿珠这个俚族出身的歌妓在音乐上乃至诗歌上的功绩，是不可磨灭的。

绿珠艳名远播。赵王司马伦之乱，司马伦的嬖人孙秀使人向石崇索取绿珠，石崇出侍婢数百人，"皆蕴兰麝而披罗縠"②。对使者说："任你选择"。使者却道："君侯服御丽则丽矣，然本受命指索绿珠，不识孰是？"

石崇勃然怒道："绿珠吾所爱，不可得也。"

使者求之再三，石崇就是不给。司马伦当时控制了朝政，孙秀遂向司马伦进言：矫晋惠帝诏，收石崇及潘岳等人杀之。石崇正在绿珠所住的楼上饮宴作乐，甲士到门，石崇知道不妙，却对绿珠说："我今为尔得罪。"

意思很明显，他要绿珠死。绿珠泣道："当效死于官前。"

绿珠因而自投于楼下而死。此林黛玉所说"何曾石尉重娇娆"也。

石崇还以为"不过流徙交、广"，岂知被囚车载往东市处斩，才叹道："奴辈利吾家财。"

收者答道："知财致害，何不早散之？"

石崇不能回答。但他承认了他并非为绿珠得罪，而是为家财得罪。

绿珠死后，人们怀念她，将她住的楼称为"绿珠楼"。她的出生地合浦双角山有条江也被称为"绿珠江"。又有"绿珠井"，在双角山下，耆老相传："汲此井者，诞女必多美丽。"人们怀念绿珠，不仅是因为她美丽，

---

①［宋］郭茂倩：《乐府诗集》卷四十六《清商曲辞三·吴声歌曲三·懊侬歌十四首》，民国八年上海商务印书馆四部丛刊景明末汲古阁刻本。

②佚名：《绿珠传》，清香艳丛书本。

而且是因为她具有稀世之才，不幸死于非命。

后世诗人题歌妓的，往往以绿珠为名。庾肩吾《石崇金谷枝》诗云："兰堂上客至，绮席清弦抚，自作明君辞，还为绿珠舞。"李元忠诗云："绛树摇歌扇，金谷舞筵开。罗袖拂归客，留欢醉玉杯。"[1]江总诗云："绿珠衔泪舞，孙秀强相邀。"[2]至杜牧出，一首《金谷园》压倒了前代所有以绿珠为名的诗。《金谷园》云：

> 繁华事散逐香尘，流水无情草自春。日暮东风怨啼鸟，落花犹似坠楼人。

上此诗情辞兼胜，远非庾肩吾等人的徒托绿珠之名以咏歌妓的诗所能比拟。"落花犹似坠楼人"之句为绝唱。

至清曹雪芹又借林黛玉之笔写出了"何曾石尉重娇娆"之句，暴露了石崇的内心世界，咏绿珠更深入一层了。"瓦砾明珠一例抛"，写赵王司马伦之乱，死者太多，玉石俱焚，意境更有扩大。石崇尚有胡妓名翾风，"妙别玉声，能观金色"，曾言"西方北方玉声沉重而性温润，佩服益人性灵；东方南方玉声轻洁而性清凉，佩服利人精神"。翾风年至三十，被石崇退为"房老"，使主群少。翾风作《怨诗》云：

> 春华谁不美，卒伤秋落时。突烟还自低，鄙退岂所期？桂芬徒自蠹，失爱在娥眉。坐见芳时歇，憔悴空自嗤。

石氏房中并歌此为乐曲，至晋末乃止。

西晋是世族形成的时代，家妓发展的时代，又是战乱繁多、瓦砾明珠一例抛的时代，绿珠、翾风这两颗明珠不过是当时千百颗明珠中的最光辉的两颗而已。然而一颗碎了，一颗被遗弃了。

---

① 佚名：《绿珠传》，清香艳丛书本。
② ［宋］李昉等：《文苑英华》卷一百九十二《乐府一》，中华书局，1966年，第946页。

第九章　钱塘苏小小，谁人知有双

钱塘苏小小，异代相辉映。

近人王书奴著《中国娼妓史》，似不知道钱塘苏小小有二人，以为古人所争苏小小墓到底在钱塘抑在嘉兴，表明了名妓亦人之所爱。其实苏小小实有两人，异代成双。

郭茂倩编《乐府诗集·杂歌谣辞三·歌辞三·苏小小歌》引《乐府广题》说："苏小小，钱塘名娼也，盖南齐时人。"此一苏小小也，南齐钱塘人。

徐陵《玉台新咏》载有《钱塘苏小歌》一首，歌云：

妾乘油壁车，郎骑青骢马，何处结同心，西陵松柏下。

西陵在钱塘江之西。此歌情浓如酒，妾意如画。是抒情诗的上上品。

宋何薳《春渚纪闻》卷七：有司马才仲者，"在洛下昼寝梦一美姝，牵帷而歌。"美姝有"后日相见于钱塘上"之言。司马才仲为钱塘幕官，"廨舍后唐（应为齐）苏小墓在焉"。不到一年，司马才仲得疾。舵工见司马才仲"携一丽人登舟"，继而火起舟尾，舵工仓皇走报其家，"家已恸哭矣"。故事很美，读之大有雾中看花之感。

《春渚纪闻》记南齐苏小小墓在钱塘县廨舍后。钱塘县廨舍原在钱塘门边，去西泠桥不远，今西泠桥苏小小墓是也。

《武林旧事》又记载了一个苏小小，为宋朝钱塘人。明人郎仁宝《七修类稿》言之甚详。他说这个苏小小为"钱塘名娼"，容貌俊丽，工于诗词。姐姐叫苏盼奴，与宋太学生吴人赵不敏款洽，缠绵二年之久。苏盼奴周济他，"使笃于业，遂捷南省，得官，授襄阳府司户"。而苏盼奴"未落籍，不能偕行"。赵不敏在襄阳做官三年，有俸禄余资。临死，托他的弟弟赵院判去钱塘，将余资的一半给苏盼奴，另一半给他弟弟做盘钱。且说苏盼奴有妹妹苏小小，弟如能谋致，立成佳偶。赵院判如言到了钱塘，不幸苏盼奴已于一月前病死，苏小小也因为于潜县官绢一事，系于监中。赵院判委托一个在钱塘做官的宗人（杭州府通判），送信给监中苏小小。苏小小拆开一看，惟有一首诗。诗云：

> 昔时名妓镇东吴，不恋黄金只好书。试问钱塘苏小小，风流还似大苏无？

"大苏"者，姐苏盼奴也。苏小小和了一首。和诗云：

> 君住襄阳妾住吴，无情人寄有情书。当年若也来相访，还有于潜绢事无？

苏小小终于与赵院判偕老于吴。

元遗山《虞美人》词写的苏小小，即宋赵氏苏小小，而非南齐苏小小。词云：

> 槐阴别院宜清昼，人坐春风秀。美人图子阿谁留？多是宣和名笔内家收。莺莺燕燕分飞后，粉淡梨花瘦。只除苏小不风流，斜插一枝萱草凤钗头。

细看词意,苏小小疑是北宋末年南宋初年的人。"宣和"为徽宗的年号。"莺莺燕燕分飞后",写的是汴京沦陷,北宋灭亡,槐阴别院,美人分飞。苏盼奴、苏小小当是这时逃到杭州,出身疑原本是汴京平康女妓。"萱草",忘忧草也。"只除苏小不风流,斜插一枝萱草凤钗头",与苏家姐妹到杭州后,"不恋黄金只好书",借以忘却忧患正合。

元人张光弼又有诗《苏小小墓》云:

> 香骨沉埋县治前,西陵魂梦隔风烟,好花好月年年在,潮落潮生最可怜。
> 注:"坟在嘉兴县前,此必苏小小坟也。"

"西陵魂梦隔风烟"之句,表明张光弼写的是南齐苏小小。但又说香骨沉埋于嘉兴县治前,而南齐苏小小坟在杭州。清梁绍壬为此作《苏小小考》,谓苏小小明明有二人,皆钱塘名娟。一为南齐人,一为宋人。嘉兴县治前的苏小小坟当为宋苏小小坟,而非南齐苏小小坟。且说"院判吴人,安知不住嘉兴耶?"然则,两个苏小小因为同名,人们不察,遂起墓地之争。明白了钱塘苏小小原来有两个,一为南齐人,一为宋人,墓地官司也就不必再打了。

两个苏小小都有才,都是钱塘名妓,虽处异代,而兰心蕙质,互相辉映,亦钱塘之荣也欤?!

南齐苏小小似流落风尘者,宋朝苏小小则为有乐籍的官妓。

唐朝有个著名的美人叫真娘,人们比之于南齐钱塘的苏小小。《云溪友议》卷中《谭生刺》云:

> 真娘者,吴国之佳人也,时人比于钱塘苏小小。死葬吴宫之侧,行客慕其华丽,竞为诗题于墓树。栉比鳞臻。有举子谭铢者,吴门秀逸之士也,因书绝句……曰:"虎丘山下冢累累,松柏萧条尽可悲。何事世人偏重色,真娘墓上独题诗。"

其实谭铢写出此诗，亦是重色者。

唐代诗人白居易、李绅、张祜、李商隐都有诗赞美这个吴国的"苏小小"真娘。作者游杭州西湖西泠桥苏小小墓，则见题诗满壁。真是：

何事世人偏重色，苏小墓上独题诗？

然而不知嘉兴县治前宋苏小小墓仍在否？可有题诗？

第十章　步步生莲花

琼树朝朝见，金莲步步来。

唐李商隐《齐宫词》云：

永寿（殿名）兵来夜不局，金莲无复印中庭。梁台歌管三更罢，犹自风摇九子铃。

说的是齐东昏侯妃潘玉儿的故事。自梁武帝萧衍起兵灭齐，已成往迹矣。

潘玉儿本姓俞，名尼子，本是齐大司马领会稽太守王敬则的家妓。王敬则从会稽起兵反齐，进至武进兵败，俞尼子落入宫中。王敬则失败之时，也是齐明帝病死之日。萧宝卷即位，俞尼子做了萧宝卷的妃子。萧宝卷听说宋文帝有潘妃，在位三十年，遂改俞为潘，名字也改了，叫潘玉儿。

以家妓而为后妃的，赵飞燕是第一个，潘玉儿是第二个。

萧宝卷对潘妃非常宠爱。他为潘妃起造了神仙、永寿、玉寿三殿。江左旧物，有古玉律数枚，裁以为潘妃钿笛。庄严寺有玉九子铃，外国寺佛面有光相，禅灵寺塔有宝珥，都取下来为潘妃殿饰，玉寿殿窗间尽画神仙，帐称"飞仙帐"。神仙、飞仙者，喻潘玉儿本仙子也；永寿、玉寿者，为潘玉儿寿也。玉寿的玉，即取自潘玉儿芳名中的"玉"字。李商隐《齐宫词》中提及永寿，只是以永寿殿为三殿的代表而已。"九子铃"似装在玉寿殿，而非装在永寿殿。

李商隐《齐宫词》有"金莲无复印中庭"句。《南朝》诗又有"谁言琼树朝朝见，不及金莲步步来"句，含有陈后主的张贵妃丽华犹不及萧宝卷的潘贵妃玉儿之意。"金莲"何来？《南史·齐废帝东昏侯纪》云：

又凿金为莲华以帖地，令潘妃行其上，曰："此步步生莲华也。"

这便是李商隐诗"金莲步中庭"，"金莲步步来"的出处。

明人小说《金瓶梅》中的女主角潘金莲，以潘为姓，金莲为名，来自潘玉儿的步步生金莲。但潘玉儿是行于金莲之上，袅娜如芰荷摇曳，美则美矣，却无小脚之义。《金瓶梅》为女主角取名潘金莲，则含美貌、娉婷、小脚、淫荡四义。取潘为姓，金莲为名，未免唐突了潘玉儿。

缠足究竟起于何时？按汉《杂事秘辛》说到梁商女"足长八寸（合今尺五寸余）胫跗丰研，底平指（趾）敛，约缣迫袜，收束微如禁中"。则妇人缠足，由来已早。但盛行却在五代以后。《道山新闻》谓南唐"李后主宫嫔睿娘纤声善舞，以帛绕足，令纤巧小屈，上如新月状。由是人皆效之。"此风遂扇。

萧宝卷的后宫，因为有了潘玉儿，变得十分活跃，一扫深宫寂寞景象。萧宝卷不仅叫潘妃表演了"步步生莲花"，而且将阅武堂改为芳乐苑，于苑中立店肆，模仿建康大市，摆设各种货物，以潘妃为市令，自己与宫女、阉竖共为商贩，做起生意来了。如果缺斤少两，以假货冒充真货，发生争吵，即就市令潘妃解决，该罚的罚。后来又在芳乐苑开渠立埭，于埭上开酒店，潘妃卖酒，萧宝卷卖肉。宫女阉竖作顾客，嬉笑不绝。事情传到宫外，有人作歌道：

阅武堂，种杨柳，至尊屠肉，潘妃酤酒。①

萧宝卷此人究竟怎样？萧遥光造反失败，他采取了一个不同于前朝滥杀的办法，据《南齐书·萧遥光传》载，他宣布罪止萧遥光，"原其诸子"，收葬萧遥光的尸体。萧宝玄、崔慧景造反，不断有人向萧、崔二军投送名帖，表示效忠。萧、崔既败，名帖为台城军所得，送到了萧宝卷处。萧宝卷笑道："事由崔慧景、萧宝玄二人而起，这二人罪无可赦，岂复可罪余人？"他立即命令左右把所有名帖一齐烧掉。

即此二例可见萧宝卷比历史上的暴君强多了。那些反他的人，都借反潘玉儿为名，萧宝卷嗤之以鼻。他倒是真心爱潘玉儿，在潘玉儿的影响下，气质也有所变化。载于《南齐书》与《南史》帝纪中的话，出于萧宝卷敌人梁武帝萧衍等人口中，不能深信。

好景不长。萧宝卷时期，内外想做皇帝的人不少，最后是雍州刺史萧衍成功了，打进了建康，围困了台城。

《南齐书·东昏侯本纪》记萧宝卷、潘玉儿"在含德殿吹笙歌作《女儿子》"。《乐府诗集·清商曲辞六·西曲歌下·女儿子》，谓此歌为"倚歌"。歌云：

巴东三峡猿鸣悲，夜鸣三声泪沾衣。我欲上蜀蜀水难，蹋蹀珂头腰环环。

歌声悲凉。这时与萧衍交通的王珍国、张稷二人率兵入含德殿，杀了萧宝卷，把他的头送给萧衍请赏。

潘玉儿呢？王珍国、张稷自然不敢杀她，因为要留给萧衍。据《南史·王茂传》记载：

---

① [唐]李延寿：《南史》卷五《东昏侯本纪》，中华书局，1975年，第155页。

　　时东昏妃潘玉儿有国色，武帝将留之，以问茂。茂曰："亡齐者此物，留之恐贻外议。"帝乃出之。军主田安启求为妇，玉儿泣曰："昔者见遇时主，今岂下匹非类。死而后已，义不受辱。"及见缢，洁美如生。舆出，尉吏俱行非礼。

　　人们把亡国之罪都推到佳丽身上，王茂所谓"亡齐者此物"，又是一例。潘玉儿"死而后已，义不受辱"之言，大义凛然，于后妃中实不可多得。

第十一章　燕女坟

故人恩既重，不忍复双飞。

这是一个很美的故事。故事发生在梁武帝天监年间，地点为襄阳。

《南史·孝义列传下》记"霸城王整之姊嫁为卫敬瑜妻"，后面记有雍州刺史西昌侯萧藻表彰一事。梁雍州刺史治襄阳，可知卫敬瑜及其妻王氏住在襄阳。

梅禹金《青泥莲花记》又记："姚玉京，娼家女也，嫁襄州小吏卫敬瑜。"这条记载与《南史》的记载一致，姚玉京即霸城王整之姊。东晋南北朝时期，北方人因乱南来的络绎不绝，雍州人多往襄阳移动。王整之姊因乱从霸城到了襄阳。"娼家女"三字，则表明了她在襄阳为生活所迫，做了娼妓。她本来姓王，做妓女后，从假母之姓，名字也改了，才叫作姚玉京。襄州的名称，北朝末年才有，州治在襄阳。

襄阳为荆、郢二州的北门，历代都为重镇，很繁华热闹。南北朝已有私妓，钱塘苏小小、襄阳姚玉京都是私妓。襄阳的妓女集中于汉水大堤一带。唐李端《襄阳乐》写道：

朝发襄阳城，暮至大堤宿。大堤诸女儿，花艳惊郎目。

《襄阳乐》写大堤云："襄阳堤路长，草碧杨柳黄。谁家女儿临夜妆，红罗帐里有灯光。……"李白《大堤曲》云："汉水临襄阳，花开大堤暖。佳期大堤下，泪向南云满。春风复无情，吹我梦魂散。不见眼中人，天长音信断。"襄阳大堤女与后世金陵白门柳，几无区别。

姚玉京就是襄阳大堤妓女之一。

姚玉京不甘做"风声贱人"，嫁了襄阳小吏卫敬瑜。然而，不幸的是卫敬瑜溺水而死，那年姚玉京才十六岁。

《南史·孝义列传下》记载卫敬瑜死后，姚玉京发誓不再改嫁别人，"为亡婿种树数百株，墓前柏树忽成连理，一年许还复分散"。姚玉京遂为诗云：

> 墓前一株柏，根连复并枝。妾心能感木，頽城何足奇。

此则为《青泥莲花记》所无。表现了姚玉京对爱情的坚贞，连树木都受了感动。

接着，《南史》写了燕子的故事。《青泥莲花记》所述大致与《南史》同。《青泥莲花记》说姚玉京家：

> 常有双燕巢梁间，一日为鸷鸟所获。其一孤飞悲鸣，徘徊至秋，翔集玉京之臂，如告别然。玉京以红缕系足，曰："新春复来，为吾侣也。"明年果至。

一女一燕，因为各丧情侣而成了朋友。燕子虽去，明年新春，守约果然又飞来姚玉京臂上。姚玉京因而写了一首诗赠给燕子。诗云：

> 昔年无偶去，今春犹独归。故人恩既重，不忍复双飞。[1]

---

① [唐]李延寿：《南史》卷七十四《孝义列传下》，中华书局，1975年，第1843页。

此自伤之诗也。"故人恩既重，不忍复双飞"，借燕子不忍复双飞喻自己何忍再找情郎？

姚玉京的诗比钱塘苏小小歌似更见真情。

自此以后，燕子总是秋归春来，凡六七年。姚玉京死了，明年新春，燕子复来，不见姚玉京，周飞哀鸣。家人知其情，因对燕子道："玉京死矣，坟在南郭。"

燕子遂向南郭飞去，至姚玉京墓，哀啼而死于姚玉京墓上。

《青泥莲花记》载，燕子死后，"每风清月明，襄人见玉京与燕同游汉水之滨"。不让汉皋神女专美于前了。

梁雍州刺史西昌侯萧藻曾为姚玉京起楼于居里之门，题曰"贞义卫妇之间"。萧藻但从"贞义"出发，岂得姚玉京之心？姚玉京重的是恩情而非贞义。

唐李公佐撰《燕女坟记》，将姚玉京与燕子连在一起。襄人传说姚玉京与燕子同游汉皋，以"燕女"比喻姚玉京最为恰当。钱塘苏小小墓今日犹在，但不知襄阳燕女坟今犹在否？

第十二章 　红拂私奔

雄谈态自殊，美人识穷途。

古代有个敢爱敢恨、敢走敢留、敢追求理想与爱情的妓女，作风像卓文君，而豪侠较之于卓文君，则犹有过之，直使须眉愧死。

隋朝有个开国（应为开朝）元勋杨素，"家僮数千，后庭妓妾曳绮罗者以千数。第宅华侈，制拟宫禁"[①]，是隋朝除皇帝外，最大的一家金粉世家。妓中有名红拂者，慧眼独生，以为官高财溢如杨素其人，不过是"尸居余气"罢了，何足道哉？红拂有她自己的理想与追求，只是尚未逢时逢人而已。

隋炀帝游江都，命杨素守西京长安。杨素一向以为天下之权重望崇者，舍我其谁？奢贵自奉，每次公卿入见，宾客晋谒，居然踞居于一张象牙床上，命四个美人抬出，左右两个美人扶持，前面两个美人开路。象牙床放下，立刻有美人捧来唾壶、香茗等，好不威风。入见的公卿宾客打恭作揖，说不了几句话，便喏喏而退。

岂料有一天来了个布衣，身佩长剑，说是有"奇策"献给杨大人。门卫看在"奇策"二字的份上，入内禀报。杨素也为"奇策"二字吸引，命门卫唤入，谈过再说。如无奇策，要他好看。

来人姓李名靖，雍州三原人士，为隋朝与杨素齐名的名将韩擒虎的外

---

① ［唐］魏徵、令狐德棻：《隋书》卷四十八《杨素传》，中华书局，1973年，第1288页。

甥。隋文帝曾说他有三大将，杨素、韩擒虎、贺若弼是也。灭陈就靠了这三个人。但李靖见到杨素，并没有将他的母舅韩擒虎抬出。他见杨素踞居于象牙床上，两边侍婢作扇形排列，向前一揖道："天下方乱，英雄竞起，公为帝室重臣，须以收罗豪杰为心，不宜踞见宾客。"

李靖神采飞扬，语声铿锵，杨素突生此子不同于常人之感，敛容而起，谢道："素知罪矣，安可怠慢天下士？"

他请李靖入座，自己陪坐。李靖为杨素分析天下形势，提出对策，侃侃而谈，杨素大悦。一妓有国色，执红拂亭亭而立，两只杏眼，直瞅着李靖。李靖也已发现。移时，李靖辞出。红拂临轩吩咐一吏道："快追上去，问来人住在哪里？杨公忘记问了。"

吏赶上李靖，问李靖下榻处。李靖道："我住在高升客栈，不过旬日即将他去。"

吏回府见红拂妓仍在等候，将李靖居处告诉了她。

此夜五更初，居住长安逆旅的李靖，忽闻敲门声，声音甚低。李靖起床披衣开门，一看乃是一个穿着一身紫色衣服，戴着一顶帽子，遮住脸颊的人。身上背着一个行囊。李靖惊异地问道："阁下何人？何以凌晨相访？"

来人发出银铃似的声音道："妾杨家之红拂妓也。"

李靖闻言，急请进房，关好房门，回头一看，见来人已脱去紫衣，取下帽子，青丝如海波垂披于地，年纪只有十八九，姿色绝美，一下子呆了。

红拂拜了下去，事出突然，李靖也拜下地去。拜罢起身，红拂娇声道："妾侍杨司空久（杨素官居司空），阅天下之人多矣，无如公者。丝萝非独生，愿托乔木，故来奔耳。"

李靖疑道："杨司空权重京师，奈何？"

红拂正色道："彼尸居余气，不足畏也。诸妓知其无成，去者甚众矣，彼亦不甚逐（逐，捕之意）。计之详矣，幸无疑焉。"

李靖问她的姓，她说姓张。问她伯仲次第，她说最长。说话时语声琅琅，吐气如兰。李靖看她肌肤仪状，听她言词气语，直以为是天人，不自意竟为他所得。愈喜但又愈怕杨素派人追拿。红拂但微微而笑。每当笑靥一绽，满室灿然。

杨素果然派兵追索，还好安然无恙。风声过去，红拂又改换男装，与李靖乘马排闼而去。

曹雪芹借林黛玉之笔，咏红拂云：

长剑雄谈态自殊，美人巨眼识穷途。尸居余气杨公幕，岂得羁縻女丈夫？[①]

这是林黛玉《五美吟》中一首。古今咏红拂的诗鲜见。此诗咏红拂命意新奇，别开生面。

美人的眼睛不仅能识李靖于穷途，而且能识侠客一流人物。如虬髯客于潦倒之日，为李靖结识了这个豪侠。此人于李靖未来的事业成就，极有助力。

据唐张说《虬髯客传》，李靖、红拂二人将归太原，行次灵石，于一旅舍中歇脚，设床席，烹羊肉。炉中羊肉快熟了，红拂立于床前梳着乌云般的长发，李靖在刷着马，忽有一人乘蹇驴而来。中等身材，赤髯如虬，两眼神光似电。既至，随手将一个革囊投到煮羊肉的炉前，下驴取枕公然卧于床上，看红拂梳头。李靖一脸怒色，但未发作，仍旧刷着马。红拂边梳理长发，边注视着这位不速之客。向李靖摇了摇手，叫他别生气。

红拂梳好了头。走到这位虬髯客人前，敛衽问道："不敢动问贵姓？"

虬髯客道："姓张。"

红拂笑道："妾亦姓张，合是妹子。"

遽向虬髯客拜下。又问虬髯客"行几？"

虬髯客道："行三。"

---

① [清]曹雪芹、高鹗：《红楼梦》第六十四回《幽淑女悲题五美吟，浪荡子情遗九龙珮》，清乾隆五十六年萃文书屋活字印本。

他反问红拂道："妹第几？"

"最长。"

虬髯客喜道："不意今日幸逢一妹。"一妹，长妹也。

红拂立向李靖招呼道："李郎且来见三兄。"

李靖放下刷子，走到虬髯客前，下拜道："李靖见过三兄。"

虬髯客起身下地大笑道："今日得一妹与一弟，大喜事也。有酒乎？"

李靖道："附近有一酒肆，可以买来。"

三人环坐炉前，李靖取出几张胡饼，虬髯客抽出腰间匕首，切羊肉下酒，剩下未吃的羊肉，都被虬髯客给他那头蹇驴吃了。蹇驴吃得极快。

虬髯客目注李靖，忽然问道："看你是个贫士，何以能得到异人一妹的垂青？"

李靖大笑道："靖虽贫穷，亦有心者焉。他人见问，靖将三缄其口。三兄见闻，靖不敢隐瞒。"他细说了经过。

虬髯客又问他们要到哪里去，李靖道："将避地太原。"

虬髯客沉思不语，半晌又道："羊肉都吃光了，我有下酒物。"

他取过革囊，朝地上一倾，竟是一颗人头，另有心肝。他顾视李靖与红拂道："此人天下负心者，衔之十年，今始获之，吾无憾矣。"

从此三人订交，以兄弟、兄妹相称。

后来，李靖与红拂应邀同至长安某坊曲访问虬髯公居处。至一小板门，叩门即有应者出拜道："三郎令候李郎、一娘子久矣。"

迎门者引他们进过几道门，至一厅，厅前有四十个丽婢迎候。丽婢将他们请入东厅。厅内陈设穷极珍异。丽婢请他们更衣。换过衣服，闻厅外传呼道："三郎来！"

李靖与红拂出厅迎接，果见虬髯客纱帽褐裘而至。三人欢然相见。入厅后，虬髯客唤妻子与李靖夫妻见面。厅中摆设美馔，陈列女乐。乐曲若从天降，非人间能有。四人边吃边听女乐。酒过一巡，虬髯客忽道："太原李世民必劝其父起兵据长安。李郎以特达之才，匡佐李世民，必位极人臣。一妹以天人之姿，蕴不世之艺，从夫之贵，必荣极轩裳。非一妹不能识李郎，非李郎不能遇一妹。兄拟远走东南，愿将全部家产赠给李郎与一妹，李郎可以之相助李世民，以定大业。"

他不等李靖回答，立命家童列拜，嘱咐道："此后李郎、一妹便是你们的主人。"

说罢，即与其妻从一奴乘马而去。

李靖愕然相顾，红拂泪湿衣襟。虬髯客忽驻马回顾李靖、红拂道："他日清平，一妹、李郎可沥酒东南，亦犹亲领也。"

遂策马而行，瞬息不见。李靖犹纵目远望，忽听红拂道："三兄非常人也，不可以常情度之。我俩照他所嘱去办好了。"

李靖遂为豪家。李世民入关，李靖以家资相助，与李世民东征南讨，终于成了唐朝的开国功臣，官封左仆射平章事。

一日，南蛮入秦："有海船千艘，甲兵十万，入扶余国，杀其主自立，国已定矣。"

李靖归告其妻红拂，红拂沉吟道："此必三兄所为，知中原不可与争，遂取夫余而王之。沥酒之约，可以履行了。"

夫妻二人遂更衣沥酒东南祝拜。

据说卫公（李靖）兵法，有一半为虬髯客所传。

红拂以一妓女，而能于风尘中，慧眼识英豪，真女丈夫也。

第十三章　谈官妓

国家办妓院，脂粉钱最脏。

春秋初叶，齐国的管仲在宫中设女市与女闾，为官妓的开端。

《战国策·东周》写到齐桓公宫中的"七市（鲍本"七"作"女"），女闾七百"。闾，里中之门。为门为市于宫中，使女子居住卖淫。这就是由国家经营妓院。清朝的褚学稼在《坚瓠集续集》"女闾"条写道：

> 管子治齐，置女闾七百，征其夜合之资，以充国用。此，即花粉钱之始也。

所谓"花粉钱"，即夜合资，国家要向女闾征取一定数量的税额，可名之为"夜合税"或"花粉税"。管子荣膺了此种税目的创始人。

女市女闾供谁玩乐呢？《韩非子·外储说右下》写道：

> 昔桓公之伯（霸）也，内事属鲍叔，外事属管仲，桓公被发而御妇人，日游于市。（苏代语）

市即宫中女市，可见首先是供齐桓公日日冶游。其次是供一般游士夜宿。那些游士，无论是本国的或外国的，非妇人醇酒不足以羁縻他们。有妇侍宿，乐不思蜀。

女市女闾中的官妓从何而来呢？或谓为"寡妇"，或谓为女罪犯、女俘虏被没入于宫中或官府为女奴者。《管子·小匡》说："女子三嫁（嫁三次），入于春谷。"即是一种被没入为奴的女罪犯。此说有一定的道理。

汉朝时候，军妓得到了发展[1]。军妓也是一种官妓，即国家在军队中经营妓院。

六朝时发展起来的是世家拥有的家妓[2]，家妓有家籍而无国家乐籍，因此不是官妓。但可注意晋有"御妓"，已开唐朝"宫妓"之端。宫妓是皇帝在宫中办的妓院，属于官妓性质。

《晋书·桓伊传》说到东晋孝武帝召桓伊饮宴，桓伊"请以筝歌，并请一吹笛人"。孝武帝"乃敕御妓奏笛"。御妓属于御府。御府的女乐表演者都是皇帝的御妓。

到了唐朝，官妓进入了它的鼎盛时期。

唐代妓乐均有乐籍，一入乐籍，则成国家娼妓或官妓。妓乐的籍贯先隶太常，后属教坊。

隋已有教坊，唐高祖李渊设内教坊于禁中，掌教习音乐、管理倡优等事。教坊官隶属于太常卿。武则天如意元年，将内教坊易名为"云韶府"，设置云韶使，以中官为之。但仍旧隶属于太常。玄宗李隆基登基，以为太常只宜典雅乐，不宜典倡优女乐，开元二年，遂置内教坊于蓬莱宫侧，而云韶府不废。并于长安置左、右教坊，专掌倡优杂技，用中官为教坊使。妓乐与妓女乐籍从此不隶太常，而属教坊。也就是说，妓乐与妓籍从太常寺独立出来了。

唐朝凡有乐籍的妓女都是官妓。全国妓女的乐籍一概由教坊掌管。妓女可以流动，但身份特殊。唐时有教坊籍的妓女，与尚未系籍的妓女不同。

连召侑酒饮妓，都须假诸曹行牒，何况陪宿妓女呢。

---

① 见第四章"独妇山与军妓"。

② 见第七章"金粉世家"。

有妓女福娘者，愿嫁《北里志》的作者孙棨，对他说："某幸未系教坊籍，君子倘有意，一二百金之费尔。"[1]一人教坊籍，则脱籍就困难了。

白居易《琵琶行》云："十三学得琵琶成，名属教坊第一部。"教坊妓女分部，乐籍也分部。

这不仅是国家妓女或官妓都有教坊乐籍之证，而且女子一有这种籍贯，就表示她是国家娼妓或官府娼妓，一切都要按官规办事。

唐教坊又叫教坊署，设于京城，是掌管京都与地方倡优乐籍的最高机关。至于各地官妓的管辖，则属于"乐营"。唐范摅《云溪友议》卷下《杂嘲戏》说：

> 池州杜少府慥，亳州韦中丞仕符，二君皆长年精求释道，乐营子女，厚给衣粮，任其外住。若有宴饮，方一召来，柳际花间，任为娱乐。谯中举子张鲁封为诗谑其宾佐，兼寄大梁李尚书。诗云："杜叟学仙轻蕙质，韦公事佛畏青蛾。乐营却是闲人管，两地风情日渐多。"

写了池州与亳州的乐营。从杜慥和韦仕符听任乐营子女外住，饮宴方始召来，看来，官妓平日都住在乐营中，应召接客。如提教坊籍，一般是指长安教坊乐妓籍贯而言；如提乐籍，则包括长安与州县所有官妓的籍贯。

唐教坊乐妓有等级。唐崔令钦《教坊记》记有内人、前头人、宫人、搊弹家等。"妓女入宜春院，谓之内人，亦曰前头人"。在云韶府的"谓之宫人，盖贱隶也"。不过宜春院人少时，即可以云韶宫人添之。平人女有容色被选入内廷，教习琵琶、三弦、箜篌等乐器，谓之"搊弹家"。宜春院又有北院，那是梨园子弟所居，是最高的一等。

地方乐妓是否有等第，未见记载，但不乏名妓。如吉州官妓许永新，成都官妓薛涛。地方名妓，京师教坊可以调入。像许永新本吉州永新乐营

---

① ［唐］孙棨：《北里志》"王团儿"条，明嘉靖二十三年云间陆氏俨山书院刻古今说海本。

中人，有永新乐籍。据《开元天宝遗事·天宝下·歌直千金》载，以善歌于开元末年，被选入宫中，居宜春院，最受明皇（玄宗）宠爱。看来地方官妓能歌善舞一旦出名，很难保留得住。

官妓呈献歌舞，对象是皇帝与官吏。平民无福消受。《开元天宝遗事·天宝下·风流阵》记有：

> 明皇与贵妃每至酒酣，使妃子统宫妓百余人，帝统小中贵百余人，排两阵于掖庭中，目为"风流阵"……以戏笑。

这就是"风流阵仗"四个字的来源。地方官妓则往往为封疆大吏所独占，如韦皋之于薛涛①。

官妓可以升级，即由地方官妓升为教坊官妓，由云韶府宫人升为宜春院内人或前头人。还有一种升级，即由普通官妓升为"都知"。官妓内部凡崭露头角的都有做"都知"的希望。都知"分管诸妓，俾追召匀齐"。长安名妓举举便是都知②。

官妓又皆有"假母"，都"冒假母姓，呼以女弟女兄，为之行第"③。近世呼妓为"鸨儿"，呼娟母为"老鸨"，鸨儿亦冒老鸨姓。鸨为鸟名，喜淫无厌，因以称娟妓及娟妓的假母。

国家设官妓也就是国家办妓院。这种事业，历宋、元、明而不衰。

唐以后，宋、元、明都有教坊。明教坊司隶于礼部。名妓辈出，明末尤多。如秦淮名妓董小宛、李香君，吴门名妓柳如是、陈圆圆。凡国家娟妓或官妓都有乐籍，总隶于教坊，故亦谓之"教坊籍"。

据《雍正会典》记载，清顺治十六年裁革女乐，"京师教坊司并无女子"。康熙十二年复重申禁令。京师及各省由唐历宋、元、明的官妓制度

① 见第十六章"万里桥边女校书"。
② [唐]孙棨：《北里志》"郑举举"条，明嘉靖二十三年云间陆氏俨山书院刻古今说海本。
③ [唐]孙棨：《北里志》"海论三曲中事"条，明嘉靖二十三年云间陆氏俨山书院刻古今说海本。

从此废除。代之而起的是私人经营的娼妓事业。

顺治裁革女乐，有董鄂氏的原因。董鄂氏即秦淮名妓（官妓）董小宛①，被洪承畴计取，送入皇宫，以博顺治之欢。《清史稿·后妃传·世祖孝献皇后传》载，顺治与董小宛情深义重，并曾一起参究"禅学"。顺治十六年停教坊女乐，正是董小宛死前一年，董小宛既是原籍在教坊的名妓，又与顺治参禅，则顺治废教坊女乐，就非无来由了。

国家办妓院虽以管仲设女闾为开端，但兴盛起来，则在家妓时代式微之后，即在唐朝。唐朝不禁官吏狎妓。就唐朝官吏狎妓的普遍性来看，国家办妓院有两个目的：一即收取花粉钱以充国用，二为官妓替代家妓满足官吏冶游的要求。

宋明一方面设官妓，一方面又禁官吏冶游。可是宋徽宗却狎李师师，明朝三杨（杨荣、杨士奇、杨溥）以宰相之尊，联袂召妓齐雅秀侑酒。真如王书奴所说："禁令甚严，但官吏冶游风气，视唐更盛"②。清废官妓，狎私妓的仍主要是官吏③。须知六朝皇帝有宫妓，官吏有家妓。唐朝以后，官吏家妓丧失，安得不作冶游？唐朝不禁，宋明有禁而不能禁，可视为官吏与皇帝的争风。皇帝宫妓不废，安能禁止官吏狎妓？

---

① 见第二十九章"董小宛与董鄂妃"。

② 王书奴：《中国娼妓史》，生活·读书·新知三联书店上海分店，1988年，第123页。

③ 见第十九章"嫖客与妓女"。

第十四章 妓女与唐进士新阶层

金榜题名日，曲江挟妓游。

进士在唐是一个新阶层。这个新阶层出现于武则天时。

进士科在隋炀帝的时候便产生了，但直到唐太宗，进士出身的人不多，做官的更少。武则天要做皇帝，把反对她的以太尉同中书门下三品长孙无忌为首的大臣，几乎一网打尽。自北周以来历隋唐在政治上牢不可破的关陇集团，被彻底摧毁。到她做皇帝的时候，又发生了徐敬业的叛变，被她杀掉的人就更多了。她急需一个新的官吏集团拥护她，于是用极大的力量去发展进士词科，选拔新的官吏，由进士出身做官的人激增。谁考上进士，谁就可以平步青云。当应考人看到进士榜上有自己的名字时，简直要发疯。正如唐孟郊《登科后》诗云：

春风得意马蹄疾，一日看尽长安花。

《文献通考·选举二》载有《唐登科记总目》，所记高祖、太宗、高宗、武则天皇后四朝登科人数甚详，从中可以看到武则天时期进士作为一个新阶层的勃兴。

唐高祖武德一共九年，共计上书拜官一人，秀才六人，进士二十六人。新、旧《唐书》不载这二十六个进士的姓名。即未被起用做官或虽被起用，做的是微不足道的小官，故名不入新、旧《唐书》列传。

　　唐太宗贞观一共二十三年，共计秀才二十二人，进士二百零五人，上书拜官一人。录取的进士多起来了。可是在新、旧《唐书》中，只有两人是贞观进士。一为敬播，列于《儒学传》；一为郭正一，列于《文苑传》，名均不显。显然，贞观时期，进士尚未形成一个新阶层。

　　到高宗、武则天时期不同了。高宗一共做了三十多年的皇帝，但自显庆元年起，即自他当皇帝的第七年起，因为"多苦风疾，百司表奏，皆委天后（武则天）详决。自此内辅国政数十年，威势与帝无异"①。自显庆元年（656年）到武则天死的那年（705年），五十年间，都可视为武则天统治时期。在这半个世纪中，录取的进士为一千一百五十七人，明经等诸科及上书拜官的一百六十一人，续试、重试与续试未言及第者四十三人。进士人数为高祖时进士的44.5倍，约为贞观时进士的5.6倍。

　　当然，单看人数，尚不足以言进士新阶层即在武则天时形成，重要的是看任用。

　　翻检新、旧《唐书》，自显庆以后，在武则天时期，以进士出身而成为名臣、名家的人很多。下据《旧唐书》，举宰相为例。为清楚起见，先列年号。显庆以后，依序为：

　　显庆、龙朔、麟德、乾封、总章、咸亨、上元、仪凤、调露、永隆、开耀、永淳、弘道、嗣圣、文明、光宅、垂拱、永昌、载初、天授、如意、长寿、延载、证圣、天册万岁、万岁登封、万岁通天、神功、圣历、久视、大足、长安、神龙。武则天死于神龙元年。

　　韦承庆。本传说他"弱冠举进士"②，"自天授以来，三掌天官选事"③。则天时，官至凤阁侍郎、同凤阁鸾台平章事，兼修国史。凤阁鸾台即中书门下。同凤阁鸾台平章事，为宰相之职。

---

①［后晋］刘昫等：《旧唐书》卷六《则天皇后纪》，中华书局，1975年，第115页。

②［后晋］刘昫等：《旧唐书》卷八十八《韦承庆传》，中华书局，1975年，第2862页。

③［后晋］刘昫等：《旧唐书》卷八十八《韦承庆传》，中华书局，1975年，第2865页。

苏颋。本传说他"弱冠举进士"①，累迁左台监察御史。长安中，奉诏复按旧狱，雪冤者甚众。至玄宗开元四年，"迁紫微（中书）侍郎，同紫微黄门（门下）平章事，与侍中宋璟同知政事"②，为宰相。

苏味道。本传说他被本州举为进士。圣历初，迁凤阁侍郎，同凤阁鸾台三品。即为宰相。苏味道与李峤齐名，时人谓之"苏李"。此人处事"但摸棱以持两端"③，故有："苏摸棱"之称。成语"模棱两可"从他而出。

李峤。本传说他"弱冠举进士"，"则天深加接待，朝廷每有大手笔，皆特令峤为之"④。圣历初，与姚崇偕迁同凤阁鸾台平章事，为宰相。

宋璟。本传记他于开耀二年举进士，累转凤阁舍人。至玄宗开元时，做了侍中，又迁尚书右丞相。宋璟与姚崇为玄宗开元名相，并称"姚宋"。

郭元振。本传说他也是进士出身，却做了名将。大足元年，迁凉州都督、陇右诸军州大使。在凉州五年。中宗朝，迁左骁卫将军，兼检校安西大都护。睿宗朝，为同中书门下三品，代宋璟为吏部尚书，转兵部尚书。

源乾曜。本传说他举进士。玄宗开元时拜左丞相，任政事十年。

张九龄。本传说他是岭南曲江人，登进士第。按《高宗纪》显庆四年春二月乙亥记"上新策试举人，凡九百人。惟郭待封、张九龄五人居上第"⑤。而《唐登科记》记显庆四年，惟取进士二十人，则张九龄当于此年进士及第。张说常谓张九龄"后来词人称首"。玄宗时为中书令，又迁尚书右丞相。

高智周。《旧唐书·良吏传》说他举进士，三迁兰台大夫。咸亨二年，任黄门侍郎、同中书门下三品，转御史大夫。

吉顼。《旧唐书·酷吏传》记他举进士，累转明堂尉、擢右肃政台中

① [后晋]刘昫等:《旧唐书》卷八十八《苏颋传》,中华书局,1975年,第2880页。

② [后晋]刘昫等:《旧唐书》卷八十八《苏颋传》,中华书局,1975年,第2881页。

③ [后晋]刘昫等:《旧唐书》卷九十四《苏味道传》,中华书局,1975年,第2991页。

④ [后晋]刘昫等:《旧唐书》卷九十四《李峤传》,中华书局,1975年,第2992—2993页。

⑤ [后晋]刘昫等:《旧唐书》卷四《高宗纪上》,中华书局,1975年,第79页。

遇"。圣历二年，迁天官侍郎、同凤阁鸾台平章事。

了十个以进士出身而为宰相的人物。为相时间有早晚，但都在

士。

虽未做到宰相，以进士出身而特蒙眷宠的名臣、名家，也

如《史通》的作者刘知几（刘子玄），在武则天时，"掌学知国

年"[1]。预修《三教珠英》《文馆词林》《姓族系录》《唐书

于玄宗时完成。杜甫的祖父、著名文学家杜审言。与宋之

之"沈宋"的沈佺期。长安中为通事舍人，预修《三教珠

文运动的肇始者，麟台正字陈子昂。李白的知友、曾任

的"四明狂客"贺知章。与富嘉谟友善的新安人吴少

列《文苑传》。颜杲卿之父亳州刺史颜元孙。陇右、陕

史、玄宗开元时九迁国子祭酒的元行冲。与源乾曜等做过十道

陟使，玄宗开元时三迁秘书监兼昭文馆学士的马怀素。与宋之问并称户部

"二妙"，中宗时为吏部尚书的韦虚心。历任左台御史、大理正、左御史中

丞、大理少卿、按察使的王志愔。武则天时为监察御史，玄宗时为吏部尚

书的崔日用。玄宗时，曾"与紫微令姚崇对掌机密"[2]的卢怀慎。等等。

　　根据以上例证，谁也无法否定武则天时，进士已作为一个崭新的阶

层，在政治舞台上出现。

　　由于武则天重视进士词科，重用进士出身的人为大臣，因此，士子无

不将考上进士作为自己终生奋斗的目标。而一旦考上，则欣喜若狂。召妓

侑酒，便成了他们为自己庆贺的最佳形式。妓女则因为他们是新进士、红

人，也无不热烈接待。唐进士遂与妓女结成了不解之缘。何况唐朝对于新

进士又有自己的规矩。

　　李肇《唐国史补》卷下说，进士既捷，"列书其姓名于慈恩寺塔，谓

之'题名会'。大宴于曲江亭子，谓之'曲江会'"。关于曲江会，《唐摭

言·散序》说：

---

① ［后晋］刘昫等：《旧唐书》卷一百二《刘子玄传》，中华书局，1975年，第3173页。
② ［后晋］刘昫等：《旧唐书》卷九十八《卢怀慎传》，中华书局，1975年，第3068页。

逼曲江大会，则先牒教坊，请奏上御紫云楼，垂帘观
作乐，则为之移日。……敕下后，人（进士）置被袋，(
器、钱绢实其中。逢花即饮。故张籍诗云："无人不借□
□皆携酒器行。"其被袋状元（进士第一人）录事（妓女□
一则议罚金。曲江之宴，行市罗列，长安几于半空。公□
选东床，车与□阗塞，莫可殚述。

初举进士，挟妓游宴，时或作乐，为之移日，恍如□
的图障、酒器、钱帛等物，由状元公与妓女一同检查，□
金。有的进士故意藏起一件，甘愿受罚，以为笑乐。公□
东床快婿。车如流水马如龙，花月正春风。这就更增□□
闹性。

无妓不成曲江会。这是规矩。新进士狎妓，当然不会只在这一天。
《开元天宝遗事·天宝上·风流薮泽》说：

> 长安有平康坊，妓女所居之地，京都侠少萃集于此。兼每年新进
> 士以红笺名纸游谒其中，时人谓此坊为风流薮泽。

这是新进士往访平康。另一种是召妓至他处宴集。由于妓女籍隶教
坊，召集外出，"须假诸曹署行牒"。但新进士召妓则有优待，赠资加倍。
进士狎妓，佳话颇多，《北里志》有记载。例如：

> 刘覃登第，年十六七，……自广陵入举，辎重数十车。名马数十
> 驷。时同年郑賓先辈扇之，极嗜欲于长安中。（"天水仙哥"条）
> 孙龙光为状元，颇惑之。（"郑举举"条）
> 菜儿，进士天水光远一见溺之，终不能舍。菜儿亦以光中远聪悟
> 俊少，尤诣附之。（"杨妙儿"条）

《开元天宝遗事》记长安名妓刘国容有姿容，能吟诗，与进士郭昭述相爱。郭昭述授天长县主簿，与刘国容相别。行至咸阳，刘国容差一女仆乘矮驹送短书于郭昭述。《开元天宝遗事·天宝下·鸡声断爱》云：

> 欢寝方浓，恨鸡声之断爱；恩怜未洽，叹马足以无情。使我劳心，因君减食，再期后会，以结齐眉。

这封短书，长安弟子多能讽诵。

有个妓女叫颜令宾，"举止风流，好尚甚雅，事笔砚，有词句"。曾出自题诗付小童，令小童"逢见新第郎君及举人即呈之"，并请他们来家，说"曲中颜家娘子将来，扶病奉候郎君"①。这是妓女主动邀请及第新进士来曲里家中做客。新进士见了颜令宾自题的诗，怎能不被她的才华吸引呢？

唐朝进士狎妓，只有从武则天以后进士作为一个新的阶层兴起，才可理解。这就是时代性。宋时此风已转，狎妓的不是进士，而是太学生了。宋朝以守内虚外为国策，对辽、金、元实行妥协投降政策。太学生言辞激烈，如郑肃上诗论花石纲扰民，陈东上书论大臣误国，请斩蔡京。但又有何用？遂至纵情于声色，而酒酣未尝不大骂奸臣误国殃民也。明朝文士与名妓往来，如冒辟疆之于董小宛，侯方域之于李香君，则又与此一时代阉奸擅权，国事日非，清朝兴起有关。花丛不仅多才女，而且多激昂慷慨之姝，遂形成名士与名妓的结合。

----

① ［唐］孙棨：《北里志》"颜令宾"条，明嘉靖二十三年云间陆氏俨山书院刻古今说海本。

第十五章　章台柳

马嵬杨妃死，章台柳自青。

章台位于渭水之南。即今陕西长安西南角。战国时期，秦国建都咸阳，在章台建筑宫殿，称为章台宫，宫殿的大门称为章台门。赵国著名的使者蔺相如曾在这座宫殿晋见秦王，出色地完成了"完璧归赵"的使命。

由于秦王的宫殿在章台，由章台宫通向坊市的大街也被称为章台街。

汉代建都长安，重新选择了宫殿的新址。但是，章台街仍然是都城长安中一条颇有历史影响的大街。名声似较秦尤胜。历史上称为"汉章台"。《汉书·张敞传》记张敞"时罢朝会，过走马过章台街"，即指汉章台。

自汉至唐，长安城经历了五个世纪的兴废，又在关中屹立起来了。章台街成了赶考举子、行商的落脚点。一些未能跻身于平康坊北里三曲的官妓，也有到章台街来落户的。繁华较之于汉章台又有过之。

唐天宝年间，章台街住着一位少年书生，姓韩名翃字君平。他有一首《少年行》。此诗云：

千点斑斓喷玉骢，青丝结尾绣缠鬃，鸣鞭晓出章台路，叶叶春衣杨柳风。

唐李尧佐《章台柳传》的男主角韩翃，在《太平广记》中有名与字，名云翊字云君平，与韩翃同。则《章台柳传》中的韩翃写的就是大历十才子韩翃早年的恋爱故事。同为唐人，李尧佐不欲以真名出之而已。何尝名字，连籍贯也由南阳易为沧州。

天宝十二年，长安来了一位"家累千金"的李生，志气很高，而且爱才，挟妙妓柳氏往章台街访问韩翃。

韩翃虽然落拓，但诗歌如"芙蓉出水，一篇一咏"，在长安到处传唱，受到长安人的"珍爱"。韩翃因而在长安城崭露头角。尤其是他的一首《寒食诗》，不仅传遍长安城，而且获得了皇帝的赞赏。此诗云：

> 春城无处不飞花，寒食东风御柳斜。日暮汉宫传蜡烛，轻烟散入五侯家。

唐朝不忌挟妓妾访客。李生慕名慕才，结交韩翃，常与柳氏一道来访，宴歌无所忌讳。柳氏见韩翃仪表不凡，文才出众，已动爱慕之心。韩翃对于柳氏，虽然惊为天人，却不敢妄动非分之想。

李生为与韩翃往来方便，也在章台街住下，室宇就在韩翃住房的隔壁。柳氏常从门缝中观察韩翃屋中进出的客人，知道都是当时有名气的才子，不禁对身边的侍女流露出内心隐藏的感情，脱口而出道："韩夫子岂长贫贱者乎？"

李生察觉到了柳氏爱慕韩翃的心意。一夕，在家中准备了一桌酒席，把韩翃请来，与柳氏共饮。三人喝到微醉的时候，李生忽向韩翃说道："柳夫人容色艳丽非常，韩秀才文章迥出侪辈。我想将柳氏赠给韩君，韩君意下如何？"

韩翃虽喜爱柳氏，骤闻李生之言也不由吓了一跳，赶忙离席道："蒙君之惠，解衣推食久之，岂敢夺走你所喜爱的人？"

李生诚心诚意地劝说韩翃，执意要把柳氏推荐给韩翃。柳氏在旁边看出李生出自真诚的美意，便缓缓起身再拜，引衣接席。宾主换了座位，李生坐到客位上，满斟旨酒，为韩、柳二人祝贺。这席酒尽欢而散。李生又倾囊拿出三十万钱资助韩翃。韩翃由此得到窈窕美丽的柳氏，无比称心；柳氏也因韩翃才高八斗而倾心爱慕。两情相投，恩爱无比。

第二年，即天宝十三年，礼部侍郎杨度担任主考官，韩翃一举考中进士第二名。按照唐玄宗时期的科举制度，举子考中进士以后，不能立即任官，必须等待吏部铨举，按照选官条例，量才授职。当时，国家官员编制已满员，甚至超编。新进士等待铨选入官的时间往往很长，一年两年，有的甚至数十年都等不到。时光荏苒，转眼又一年。柳氏见韩翃仍然没有入官的消息，李生资助的钱财眼看就要用完了，便劝韩翃回家省亲，把婚事禀告父母，以求与韩翃做一对天长地久的夫妻。韩翃表示同意，只是不放心柳氏。柳氏向韩翃解释说："现有的器物、钱财，足够我留在京城生活。我等待您早日返回京城！"于是，韩翃辞别柳氏，二人暂时分离了。谁知时运不佳，二人一别竟是十年，柳氏历经磨难，在兵连祸结中颠沛流离，几不欲生。

韩翃离京不久，天宝十四年，北方发生安史叛乱。战祸向黄河沿线蔓延，京城人心不安。柳氏坚守孤独贫困的生活，手头的钱用完了，柳氏就卖掉自己的妆奁首饰维持度日，心中无比思念韩翃，盼望他早日返回。

北方战事发展很快，战祸降临黄河南北，洛阳、长安二京接连陷入安禄山叛军手中。皇帝从长安转移到成都，京城百姓也都惊骇逃亡。柳氏因为长得美丽漂亮，惧怕兵荒马乱中遭受意外凌辱，便剪去青丝，削发出家，躲藏在法宁寺当尼姑，等待与韩翃团圆。

韩翃回家省亲，一直没有得到朝廷的任用。又因叛军阻隔，无法回京，也无法与柳氏取得联系。为了谋生，便应辟入幕，投向节度使的幕府寻找差事。淄青节度使侯希逸镇守在今山东省北部一带，他早就听说了韩翃的才气，召请他担任幕府中的书记，主管文书。韩翃由此与柳氏失散东西。一晃三年，直到唐肃宗收复长安，韩翃才派人到长安寻找柳氏的下落。韩翃亲笔写了一首《章台柳》诗给柳氏：

章台柳，章台柳，昔日青青今在否？纵使长条似旧垂，也应攀折他人手！

诗中表达了韩翃对柳氏的眷恋，记挂着柳氏的生死存亡，同时也流露了对柳氏改适别人的疑虑。

柳氏接到韩翃的题诗，不觉悲喜交加，呜咽痛哭。她苦苦地熬三年，忽然接到韩翃的消息，怎么能不欣喜呢？但是，她万万没有想到韩翃在诗中怀疑她已被别人"攀折"，怀疑她落入别人之手，欣喜之中更掺入了伤怀与痛心！柳氏虽然身为烟花女子，但是自从结识韩翃以后，就守节不变，离乱之中，宁可隐藏玉貌花容，剃发为尼，也不重回章台。而韩翃在诗中仍称她为"章台柳"，意味着她的妓女身份在韩翃的眼中没有改变。柳氏回想失散的悲惨凄楚，见到这首《章台柳》，十分悲伤。她由悲伤转为失望，并在失望中清醒，毅然提笔回答了一首《杨柳枝》诗：

> 杨柳枝，芳菲节，所恨年年赠离别！一叶随风忽报秋，纵使君来岂堪折！

这首诗的绝妙之处，在于柳氏善于借题发挥，以娴熟的语言艺术表白了自己的心迹。诗的大意是说：我是一条柔弱的杨柳枝，长得美丽芬芳而且有气节。我所痛恨的是年复一年向您默默赠送离别的深情！现在，我像一片柳叶，在春风秋雨中衰老了，即使你重新返回长安，又哪能让你攀折呢！

柳氏在诗中柔中藏刚，用自怨自艾的口吻诉说自己向韩翃空抛一片心意，实际上是控诉韩翃的薄情。

韩翃派的人带着柳氏回赠的题诗离京不久，京城中有位胡族将领沙吒利，私下打听到柳氏生得绝色美貌，就恃仗强权恶势，将柳氏从法宁寺抢劫出来，强占为己有。

代宗永泰元年，侯希逸以左仆射入朝天子。韩翃被任命为沿书金部员外郎。侯希逸与淄青将领入京，韩翃随行。

一到长安，韩翃怀着旧情，便去了法宁寺寻找柳氏，柳氏已不知去向。韩翃郁郁不乐，叹息不已，思念不止。

一天，韩翃路过京城龙首岗，偶然遇到一辆华丽的牛车，上面坐着一位千娇百媚的美人，形象很像柳氏，车后跟着两名女奴。韩翃便尾随车后。车上果然是柳氏，她已发现了韩翃，便叫停车，向韩翃招呼道："得非韩员外乎？某乃柳氏也。"

两人分别十年，千般怨恨，万般思念，交织在互相投视的四道目光中。柳氏苦于身边有许多随从人员，不宜交谈，转嘱在她身边的侍候的女奴，将自己失身沙吒利的实情密告韩翃，并约请韩翃第二天早晨在道正里门相见。

第二天清晨，柳氏乘车来到约定地点，韩翃已经等候在那里。柳氏没有下车，只从车上抛给韩翃一朵五合花。五合花是柳氏亲手用白色绢结成的，花蕊中包裹着捍囊，香气馥郁。白色，象征她对韩翃感情的真纯；五合，象征着酸、甜、苦、辣、辛五果之味，无言地泣诉自己所经受的五味之苦；香囊，是祝愿韩翃吉祥美好。接着，柳氏就回车向韩翃挥手告别说："与君从此永别，希望留下诚挚的纪念！"

韩翃手捧五合花，怔怔地说不出一句话，只是目不转睛地望着柳氏，柳氏在车上不断探身挥手，轻袖摇摇，香车辚辚，渐渐远去。韩翃站在那儿，直到看不见了，这才如同失魂落魄一样，大大地痛哭了一场，神情迷乱地往回走。

韩翃回来以后，一直郁郁不乐，心中思念着柳氏。朋友来约请韩翃吃酒，他勉强赴宴。宴席上有一名淄青武将叫许俊，曾和韩翃一同在侯希逸的幕会中共事。许俊看出韩翃的精神状态不对，追问韩翃说："有什么难处，我一定帮助您。"韩翃不得已，如实说出了二十多年前进京考进士时相识柳氏的历史。满座宾朋听了无比感慨、同情，并对沙吒利的强盗行径表示义愤。许俊当场激奋地向韩翃说："请你写几个字邀请柳夫人，我可以立即把她送到你面前来。"

该准备的都准备了，许俊按照胡人武将的装束，全副武装起来，打扮成了胡族将领，骑一匹快马，直奔沙吒利的将军府。许俊观察等候沙吒利出府办事，走出府门大约一里多路的时候，策马直冲沙吒利的军府，口中大呼："将军中了邪气，派我来召请夫人。"军府中的卫士、仆人都向他让道，没有人敢抬头看他。柳氏闻讯，走出后房，来到大堂上见许俊。许俊向柳氏出示了韩翃的亲笔信，并说："我专程来接您，请夫人上马。"说完，便挟住柳氏，飞身跃上马鞍，旋风一般冲出沙吒利的将军府。片刻之后，许俊便带着柳氏来到韩翃的酒席前，将柳氏交给韩翃，满座又惊又喜。柳氏到了这地步，难遏旧情，上前与韩翃握手相对涕泣。大家庆贺他们团圆，又痛饮了一番，然后散去。柳氏从此回到了韩翃的身边。

韩翃将柳氏劫回之前，柳氏实际上已经成了胡族将领沙吒利的宠爱夫人。沙吒利在当时是有功之臣，不是等闲人物。韩翃、许俊劫回柳氏，万一事情被察觉，难免大祸临头。韩翃、许俊心中害怕，便一同拜见侯希逸，请求侯希逸帮助。侯希逸十分震惊，见事已至此，只好向皇上写了一份奏书，向皇上说明柳氏原是韩翃之妇，在安史之乱中失散，柳氏出家为尼，被将军沙吒利抢去。现在柳氏已经回到韩翃身边，特此向皇上报告，请求皇上做出最高裁决。皇上看在侯希逸身为老将重臣，便下达了诏书：判定"柳氏宜归韩翃"。有了皇帝的诏书，韩柳团圆，终算有了保障。

章台柳，作为一名平凡的妓女，在历史上反响很大，一直播迁到明清历代的诗词中。

第十六章　万里桥边女校书

多才女校书，红笺犹艳传。

唐进士胡曾《赠薛涛》诗云：

万里桥边女校书，枇杷花下闭门居。扫眉才子知多少，管领春风总不如。

女校书指唐蜀中名妓薛涛。妓女而称校书，自薛涛始。万里桥，据唐《元和郡县图志》，在成都县南八里，东西横跨锦江之上。蜀使费祎聘吴，诸葛亮饯之于此桥。费祎叹道："万里之路，始于此桥。"因而名此桥为"万里桥"。枇杷花下，指薛涛居处浣花溪。浣花溪一名百花潭。杜甫诗《怀锦水居止》云："万里桥南宅，百花潭北庄。"则百花潭在万里桥南。今成都市东南望江楼有薛涛井，在锦江畔。

薛涛，字洪度，本长安良家女，随父宦游，流落蜀中，遂入乐籍。辩慧工诗，有林下风致。韦皋为剑南西川节度使、成都尹，常召薛涛侍酒赋诗，称为"女校书"。

薛涛承韦皋宠爱，出入车舆，诗传四方，芳名甚著。求见薛涛的官吏很多，赠送的金帛不知凡几。而薛涛"性亦狂逸，遗金帛往往上纳"。这就惹怒了韦皋，不准薛涛再与那些狎邪官吏来往，也不召薛涛再到幕府侍酒赋诗。薛涛"乃呈《十离诗》，情致动人"[1]，复被宠召。谭正璧先生尝证《十离诗》非薛涛所作。

宋王谠《唐语林》记薛涛欢喜说笑。一天，韦皋座上宾客如云。黎州刺史（黎州属于剑南道。此刺史为韦皋的下属）提议作千字文，每人说四个字，字中要带禽、鱼、鸟、兽，否则要罚酒。这位刺史起了一个头："有虞陶唐。"

有虞氏为舜，陶唐氏为尧。他说罢很得意，觉得既说了两个圣人，又"有鱼"。他将"有虞氏"当成了"有鱼氏"，反而自诩道："我这四字中有鱼。"

坐客忍住笑，也不说破。

下一个该薛涛了，薛涛道："佐时阿衡。"

黎州刺史振声道："薛校书四字无禽鱼鸟兽，该罚。"

薛涛忍笑道："衡字尚有小鱼子，使君'有虞陶唐'都无一鱼。"

宾客忍不住了，一齐放声大笑。那位黎州刺史却怔怔地不知他们在笑什么。

薛涛的嘲谑，不仅显出了她的极佳才调与慧黠，而且显出了她的狂逸不拘性格。

这里有一个问题未为前人注意。据《旧唐书·韦皋传》载，韦皋于唐德宗贞元元年（785年）出任剑南西川节度使，在蜀二十一年，死于任上。卒年为贞元二十一年（顺宗永贞元年，805年）。卒时，年六十一。薛涛进出韦皋幕府，该为何年、何龄呢？

《南部新书》说到宪宗元和之初，薛涛好制诗笺一事。元和共十五年（806—820年）。穆宗长庆初，元稹寄给薛涛的诗，尚称薛涛为"碧玉"。薛涛有一首五言绝句，题为高骈席上作。而高骈在懿宗咸通年间（860—874）才做刺史、节度使。自德宗贞元二十一年（805年）至懿宗咸通元年（860年），是五十五个春秋。

---

[1]　[五代]何光远:《鉴诫录》卷十《蜀才妇》,清嘉庆十年虞山张氏照旷阁刻学津讨原本。

由此可知，薛涛在贞元二十一年即韦皋卒年，只能是一个十余芳龄的雏妓。她进出韦皋幕府，也只能是在韦皋死前几年中。

元稹是个风流才子。元诗与白诗并称，号为"元和体"。元才子之名是他进《连昌宫词》，宫里喊出来的。宪宗元和初年，他做了监察御史。元和四年（809年）"奉使东蜀"①，慕薛涛之名，专程前往成都浣花溪拜访。当时薛涛拒绝相见，后来经人鼎力帮助，才得睹芳姿，并受到青睐。穆宗长庆初，元稹被"召入翰林，为中书舍人、承旨学士"②，薛涛闻讯，曾造小幅松花笺百余幅，题诗赠给元稹。元稹寄《离体诗》回赠薛涛，有云：

> 长教碧玉藏深处，总向红笺写自随。

这时的薛涛年龄仍然未到花信。

宪宗元和以来，薛涛退居浣花溪，着女道士服，汲井水为小幅松花笺，已有"薛涛笺"之名。即元稹所称的"红笺"。薛涛每题诗于笺上，故元稹说"总向红笺写自随"。她更加出名了。

薛涛有一首《高骈席上作》，这已到懿宗咸通时期，为薛涛晚年之作。诗云：

> 闻道边城苦，今来到始知。好将筵上曲（一作"羞将门下曲"）唱与陇头儿。

按高骈于懿宗时，做过陇右道秦州刺史及剑南西川道节度使、观察使等。别看他是武将，《旧唐书·高骈传》说他"幼而朗拔，好为文"，这也许是薛涛与他有来往的原因，《高骈席上作》写到"边城""陇头"，当作于高骈任秦州刺史时。薛涛在晚年仍然外出，应酬作诗，可知她一直保持

---

① [后晋]刘昫等：《旧唐书》卷一百六十六《元稹传》，中华书局，1975年，第4331页。

② [后晋]刘昫等：《旧唐书》卷一百六十六《元稹传》，中华书局，1975年，第4333页。

着她狂逸不拘的性格。元稹所谓"碧玉深藏"，胡曾所谓"枇杷花下闭门居"，也只能说是她平日的家居情况。可她并未从此隐居世外，专做女道士。

《高骈席上作》，寥寥二十字，充分表现了薛涛对戍守陇上的军士的深切同情。

薛涛诗，今存《洪度集》一卷。她不仅擅长写绝句，而且擅长写律诗。写得最好的，被认为是七绝。今举《送友人》和《题竹郎庙》两首以见：

> 水国蒹葭夜有霜，月寒山色共苍苍。谁言千里自今夕，离梦杳如关塞长。（《送友人》）
> 竹郎庙前多古木，夕阳沉沉山更绿。何处江村有笛声，声声尽是迎郎曲。（《题竹郎庙》）

真可谓情、景兼胜，是抒情的高手。

薛涛的七言律诗失传的多，因此人们很少知道她也是个七律名家。如《谒巫山庙》云：

> 乱猿啼处访高唐，路入烟霞草木香。山色未能忘宋玉，水声犹是哭襄王。朝朝夜夜阳台下，为雨为云楚国亡。惆怅庙前多少柳，春来空斗画眉长。

这诗是悼古人，也是伤自己，情景交融，浑然一片，又何在她的七绝之下？

如此说来，无论五绝、七绝或七律，她都擅长。

前人云：自韦皋至李德裕入川，凡历十一镇，薛涛均以诗知名。将她摆到唐代诗人中，谁能说她的诗差人一等呢？

薛涛对后世的影响很大。《鉴诫录》记何光远说："蜀出才妇。"《齐东野语》载周密云："蜀娼能文，有薛涛遗风。"似乎可以这样说：唐以后蜀中才妓都是薛涛的传人。

薛涛笺则更为后世的人们所乐道。薛涛井在浣花居中，明包汝《南中纪闻》中说：

> 每年三月初三日，井水浮溢。郡人携佳纸向水面拂过，辄作娇红色，鲜灼可爱。但止得十二纸。过岁闰则十三纸。此后遂绝无颜色矣。

这传说虽不足信，但却渗透了人们对薛涛与薛涛笺的赞美与向往之情。

王士祯《陇蜀余闻》记明朝时，蜀王府作亭于薛涛井上，用栏杆保护。"每以三月三日汲水造笺二十四幅，以十六幅进御，余不尽以上已造也。今其法亦不传。井旁一石盆犹在，中刻镂花鸟极工"。薛涛大概没有想到她造出的薛涛笺，后世会有人仿制进呈皇帝吧？

"扫眉才子知多少，管领春风总不如"。薛涛诗、薛涛笺管领春风有多少年呢？恐不会少于"五百年"。

第十七章　小姑居处本无郎

（谈平康、北里、章台、瓦子、勾栏、青楼、花舫）

平康巷陌深，情郎梦中寻。

妓女居处，叫教坊、平康、北里、青楼、章台、瓦舍、勾栏，等等。误入花间，不明里弄，便坠花阵，出不来了。

官妓等第，往往因妓女的居处而分。这要从唐朝教坊的宫妓说起。

《教坊记》说："妓女入宜春院，谓之'内人'，亦曰'前头人'"，又说："楼下戏出队宜春院人少，即以云韶添之。云韶谓之'宫人'，盖贱隶也。"又说："平人女以容色选入内者，教习琵琶、三弦、箜篌等者，谓搊弹家。"由此可知唐朝开元、天宝期间，宫妓便有三等，居处不同。内人或前头人为一等，居宜春院；宫人为二等，居云韶府；搊弹人为三等，另居宫内他处。

住在宜春院的宫妓，又有分别。《新唐书·礼乐志十二》说明皇既知音律，又酷爱"法曲"，选坐部伎子弟三百，教于梨园，号"皇帝梨园弟子"。宫女数百，亦为梨园弟子，居宜春北苑。《明皇杂录·逸文》也说："天宝中，上命宫女数百人为梨园弟子，皆居宜春北苑。"住在宜春北苑的宫妓梨园弟子，是上上等。杜甫《观公孙大娘弟子舞剑器行》云："梨园子弟散如烟，女乐余姿映寒日。"说的便是住在宜春北苑的宫妓。

《乐府杂录》说大历中，有红红者，本将军韦青姬，以精于曲乐为代宗所知，召入宜春院。宫中号"记曲娘子"，后来做了昭仪。由一等宫妓升为宫妃。

再看宫外。《开元天宝遗事·天宝上·风流薮泽》说："长安有平康坊，妓女所居之地，京都侠少萃集于此。兼每年新进士以红笺名纸，游谒其中，时人谓此坊为风流薮泽。"

平康坊即平康里。又有北里。《北里志·海论三曲中事》说："平康里入北门，东回三曲，即诸妓所居之聚也。"以平康里在此，故曰北里。平康妓都住在北里三曲中。

北里三曲即南曲、中曲与北曲。第一、二等官妓居于南曲与中曲。《北里志·海论三曲中事》说："二曲中居者，皆堂宇宽静，各有三数厅事，前后植花卉，或有怪石盆池，左右对设，小堂垂帘，茵榻帷幌之类称是。"条件优越。住在北曲的官妓就很可怜，被称为"卑屑妓"。

唐名妓李娃居平康鸣珂曲，不知为南曲抑或为中曲。

北里在唐指平康坊入北门东回三曲。但北里之名，由来已久，非唐才有。曹植《七启》云："扬北里之流声，绍阳阿之妙曲。"阮籍《咏怀》云："北里多奇舞，濮上有微音。"成公绥《啸赋》云："收激楚之哀荒，节北里之奢淫。"唐之所以将官妓所居平康坊三曲称为"北里"，是因为北里妓乐，闻名魏晋，而平康三曲又当北门，以北里称之，最恰当不过。

长安又有章台街。章台之名，秦已有之。《资治通鉴》秦昭王六年记楚怀王至咸阳，朝章台。章台为宫名。《汉书·张敞传》记张敞"无威仪，时罢朝会，过走马章台街"，孟康注："在长安中"。则汉长安有章台街。或谓张敞走马所经为章台下街。

唐长安也有章台街，名妓柳氏居此，有"章台柳"之称。《异闻录》云："韩翊将妓柳氏归置都下，三岁不迓，寄以诗曰：'章台柳，章台柳，昔日青青今在否？'"韩翊将妓柳氏归置都下（长安）而呼之为"章台柳"，即将柳氏安置在章台街或章台下街居住，以街名呼之。唐妓女居于平康北里，章台街非妓女居处。但由于名妓柳氏住过，有"章台柳"之名，后人遂称妓院所在地别名"章台"。

平康、北里、章台，后世泛指妓女居地。平康妓、北里妓、章台妓非必住在长安的平康、北里、章台也。

宋世以来，"名教坊为勾栏"①，则教坊与勾栏合流。

按吴自牧《梦粱录》卷二十《妓乐》说："绍兴年间，废教坊职名。如遇大朝会、圣节、御前排当及驾前导引奏乐，并拨临安府衙前乐人，属修内司教乐所集定姓名，以奉御前供应。"衙前，役名。衙前乐人由勾栏妓女中征发。需要时，充御前供应，即充当教坊职名未废以前教坊女妓的角色。故《事物异名录》谓宋世以来，名教坊为勾栏。意为勾栏代替了教坊的职责。

北宋汴京有"京瓦伎艺"。孟元老《东京梦华录》卷五《京瓦伎艺》说：

> 崇、观以来，在京瓦肆伎艺：有张廷叟、孟子书。主张小唱：李师师、徐婆惜、封宜奴、孙三四等，诚其角者（角，显露头角，即名妓）。嘌唱弟子：张七七、王京奴、左小四、安娘、毛团等。……

瓦肆中五花八门，什么人都有。妓女为其一。

"瓦"是什么意思呢？

《都城纪胜·瓦舍众伎》说："瓦者，野合易散之意也，不知起于何时。"按《辽史·刑法志》说："首恶之属，没入瓦里。"《辽史·营卫志》说："官卫有瓦里七十四。"是瓦里在辽，为罪犯家属没入之处。既没入瓦里，便充当官妓。此后宋代娼寮时有"瓦子"之名，就是沿用辽的名称。

《武林旧事》卷六有"瓦子勾栏"。所记临安瓦子勾栏有北瓦等二十三处。且说：

> 如北瓦、羊棚楼等，谓之"游棚"。外又有勾栏甚多，北瓦内勾栏十三座最盛。或有路岐，不入勾栏，只在要闹宽阔之处做场者，谓

---

① ［清］历荃：《事物异名录》卷十四《宫室部·妓宅》，清乾隆刻本。

之"打野呵"。此又艺之次者。

"勾栏"在"瓦"中。勾栏为妓院，瓦子往往亦被视为娼寮。瓦子勾栏自宋以来，成了妓女居处的通称。"勾"有"曲"义。

《武林旧事》对"瓦子勾栏"有个夹注，说明了瓦子勾栏的隶属关系："城内隶修内司，城外隶殿前司。"如与《梦粱录》所记联系起来看，就可知宋瓦子勾栏为教坊的承袭。

明乎此，便可了解宋时除了瓦子勾栏外，何以又存在大量的平康妓了。

《武林旧事·歌馆》写道：

> 平康诸坊，如上下抱剑营、漆器墙、沙皮巷、清河坊、融和坊、新街、太平坊、巾子巷、狮子巷、后市街、荐桥，皆群花所聚之地。外此诸处茶肆，……及金波桥等两河以至瓦市，各有等差，莫不靓妆迎门，争妍卖笑，朝歌暮弦，摇荡心目。

这则记载表明到了宋朝，凡妓女居住的营、墙、巷、坊、街、桥，都可叫平康坊。宋平康诸坊娼妓，依旧是有乐籍的官妓，但带有更多的"市妓"色彩。《武林旧事》将临安平康诸坊置于"歌馆"条下，诸妓"朝歌暮弦，摇荡心目"，直有压倒勾栏歌妓之势。如唐安安，名不在李师师下。

宋时已出现了酒楼妓女。宋酒楼卖淫业，有官营的，也有私营的。官营的不景气，私营的兴旺发达。

《武林旧事》记临安有两种酒楼。和乐楼等十一楼并是"官库，属户部点检所，每库设官妓数十人，各有金银酒器千两，以供饮客之用"。所谓"库"，为酒库。楼也可称库，如和乐楼为"宫南库"。生意清淡，"聊以粉饰太平"。

熙春楼等十八楼就不同了。《武林旧事·酒楼》列了十八楼楼名之后，写道：

　　　　已上皆市楼之表表者。每楼各分小阁十余，酒器悉用银，以竞华
侈。每处各有私名妓数十辈，皆时妆祛服，巧笑争妍。夏月茉莉盈
头，春满绮陌。……歌管欢笑之声，每夕达旦，往往与朝天车马相
接。虽风雨暑雪，不少减也。

　　官营的叫官库，私营的叫"市楼"。官库每库设官妓数十人，市楼则
"每处各有私名妓数十辈"，自非官家酒楼妓女所能及。"私名妓"三字说
明了宋朝不仅有了私妓，而且在私妓中出现了名妓。

　　元黄雪蓑著《青楼集》，为俳优作小传。青楼亦为妓女居处的通称，
由来甚早。曹植《美女篇》有"借问女安居，乃在城南端，青楼临大路"
之句。刘邈《采桑行》直云："倡女不胜愁，结束下青楼。"李白的《观妓
诗》写道："对舞青楼妓，双鬟白玉童。"杜牧的《遣怀诗》写道："十年
一觉扬州梦，赢得青楼薄幸名。"可知诗人早把妓女居处称作"青楼"。元
有《青楼集》，清有《青楼梦》，青楼之为妓居，更著于前。但妓女却不一
定住在楼上，所住楼也不一定为青色。

　　明初，朱元璋于南京"建十六楼以处官妓。轻烟、淡粉、重译、来
宾，称一时之盛事"[1]。明周吉甫《金陵琐事》上卷《咏十六楼集句》具
体记述了十六楼的名称为：南市、北市、集贤、乐民、讴歌、鼓腹、清
江、石城、来宾、重译、淡烟、轻粉、鹤鸣、醉仙、梅妍、翠柳。而晏振
之《金陵春夕诗》称为"花月春江十四楼"，遗南市、北市，到周吉甫作
《金陵琐事》，则诸楼已尽废，独南市楼尚存。

　　这十六楼的性质与宋官营酒楼设官妓招徕宾客正同。

　　明成祖迁都北京，燕都官妓所居有东院、西院、前门数处。

　　据《五杂俎》载，明中叶以后，"娼妓布满天下"。大致分为三类：一
类属于京师教坊官，要交脂粉钱。一类属于郡县，被称为乐户，但听使

_____

①［清］余怀:《板桥杂记》"序"，上海中央书店，1936年，第1页。

令。这两类都是官妓。再一类是"私窠子"或私窑子，数不胜数。娼妓中心在南都。举世艳称的名妓朱无瑕、郑无美、马湘兰、赵令燕、顾媚、董白、卞玉京、李香诸人，都是天启、崇祯时候白门翘楚。

明初南都十六楼自成祖迁都后，或废或存。明末，"存者惟南市、珠市及旧院而已。南市者卑屑所居，珠市者间有殊色，若旧院则南曲名姬，上厅行首皆在焉"①，名妓都住在旧院。

清初废官妓，中叶以后，私人经营的娼妓一行，得到了发展。平康、北里、勾栏、青楼作为妓院通名，仍旧保留下来。

妓女所居又有"花舫"，以清朝珠江花舫为最著。花舫即水上勾栏，或称"画舫"。但花舫人们一听便知为妓女所居，"画舫"则非妓女居处，而为清歌侑酒的船艇。

有不少书名中带有"画舫录""花舫记"。如《秦淮画舫录》、《扬州画舫录》（李斗著，乾隆五十八年出版，有袁枚序）、《吴门画舫录》、《吴门画舫续录》、《画舫余谈》（捧花生著，嘉庆年间出版）、《珠江花舫记》（王韬著）等等。这些书写的都是金陵、扬州、苏州、广州等地妓女。能称画舫、花舫的，必定是近河、近湖、近江之地。画舫或花舫给妓女的生活带来了一个新的天地。

"神女生涯原是幻，小姑居处本无郎。"平康、北里、章台、青楼、勾栏、花舫的神女，送一便迎两，谁人是情郎？她们生活在梦幻中。花朵年龄一过，梦，无论是绯色、灰色，也就破灭了。

---

① ［清］余怀：《板桥杂记》"序"，上海中央书店，1936年，第1页。

第十八章　妓女与诗、词、曲

　　唐诗、宋词、元曲在中国文学史上素负盛誉。作家被看作文学巨匠。可是唐诗、宋词与元曲的传播，却靠了妓女。没有她们的歌喉，朝鲜人何知有白居易的《长恨歌》？有井水处何知有柳永词？元代杂剧如果没有表演者，那就只好束之高阁。由唐诗一变而为宋词，宋词又一变而为元曲，最大的功臣，应该说不是文人，而是妓女。

　　且听我细细道来。

　　唐朝是诗歌的黄金时代。唐诗是能唱的，而唱者为歌妓。唱诗在唐是一种风俗习惯，宋王灼《碧鸡漫志》说得很详细。王灼云：

　　　　唐时古意亦未全丧，《竹枝》《浪淘沙》《抛球乐》《杨柳枝》乃诗中绝句，而定为歌曲。故李太白《清平调》词三章，皆绝句。元、白诸诗，亦为知音者协律作歌。白乐天守杭，元微之赠云："休遣玲珑唱我诗，我诗多是别君辞。"……乐天亦醉戏诸妓云："席上争飞使君酒，歌中多唱舍人诗。"……旧说开元中诗人王昌龄、高适、王之涣诣旗亭饮，……一伶唱昌龄二绝句，一伶唱适绝句。……须臾，妓唱之涣诗（"黄河远上白云间，……"）。以此知唐伶妓（取）当时名士诗句入歌曲，盖常事也。

　　白居易的《长恨歌》，长安妓唱之，汉南妓唱之。伶妓取唐诗人诗歌入于歌曲，使唐诗得以远播，不是成了传播唐诗的大功臣吗？

至于唐朝妓女所作的诗歌，被收入《全唐诗》的也有不少。其中以蜀妓薛涛为最有名。她在高骈席上作了"闻说边城苦"一首五言绝句，第三、四句说："好将筵上曲，唱与陇头儿。"这是自制自唱①。

越妓刘采春写了六首《啰唝曲》。一首云：

> 不喜秦淮水，生憎江上船。载儿夫婿去，经岁又经年。

不喜、生憎、经岁、经年虽然重复，却活画出儿女子口吻。《啰唝曲》是可唱的，制者、唱者都是刘采春。

再如无姓名的武昌妓所写《续韦蟾句》：

> 悲莫悲兮生别离，登山临水送将归。武昌无限新栽柳，不见杨花扑面飞。

沈德潜云："上二句集得好，下二句续得好。"②

中唐以后，新文体"词"产生，妓女有绝大的功劳。

六朝清商乐余波，至唐而绝。妓乐多用五七言诗代替。但如果全依五字一句、七字一句来唱，总有不好唱处，因此应用"和声"。并和声作实字，便成了长短句。《全唐诗》中说：

> 唐人乐府，元用律、绝等诗，杂和声歌之。其并和声作实字，长短其句以就曲拍者，为填词。

词即由此产生。而"并和声作实字，长短其句以就曲拍"的，却是歌妓。唐歌妓实为由诗到词的架桥者与先行者。她们创作的乐谱也就是

---

① 薛涛另见第十六章"万里桥边女校书"。
② [清]沈德潜：《唐诗别裁集》卷二十《续韦蟾句》，清乾隆二十八年教忠堂重订本。

词谱。

由歌妓而诗人。白居易作《忆江南》，刘禹锡又"和乐天《春词》，依《忆江南》曲拍为句"（和词题注），表明诗人步歌妓之后，走上了按谱填词的道路。到了晚唐，温庭筠诸人为迎合妓女心理，力"逐弦吹之音，为侧艳之词"[1]，纷纷按谱填词。词遂进入了它的成熟时期。但这仍旧存在着妓女的促成之功。今存《花间集》，收有温庭筠诸家之词。花间者，妓丛也。下录温庭筠《菩萨蛮》一首：

> 南园满地堆轻絮，愁闻一霎清明雨。雨后却斜阳，杏花零落香。
> 无言弹睡脸，枕上屏山掩。时节欲黄昏，无憀独倚门。

唐宣宗爱唱《菩萨蛮》，温庭筠《菩萨蛮》词较多，宣宗每使宫嫔歌之。宫嫔人人爱唱，温庭筠名声大噪。宫嫔者，宫妓也。

宋朝大词人常为妓女的座上客。他们为妓女填词作曲，妓女为他们的作品吹弹歌唱，形成一种难分难解的关系。无女妓，宋朝怎能成为词的黄金时代？

北宋大词人柳永（柳三变）《鹤冲天》云："忍把浮名，换了浅斟低唱"。他为妓女填词，妓女也求他填词。宋翔凤《乐府余论》说：

> 耆卿失意无俚，流连坊曲，遂尽收俚俗语言，编入词中，以便伎人传习，一时动听散播四方。

为妓女填词而尽收俚语，遂使其词借管弦与歌喉越传越广。叶梦得《避暑录话》卷下又说：

> 柳永字耆卿，为举子时，多游狭邪，善为歌辞。教坊乐工每得新

---

[1]［后晋］刘昫等：《旧唐书》卷一百九十下《温庭筠传》，中华书局，1975年，第5079页。

腔，必求永为辞，始行于世。

柳永词无妓人不能播散。妓人新腔无柳永不能行世。二者之间的密切关系，显而易见。

其时，"有井水处皆能歌柳词"。《吹剑续录》说："柳郎中词，只好十七八女孩儿，按执红牙拍，歌'杨柳岸，晓风残月'。"柳词唱遍天下。"十七八女孩儿"，妓也。

再说周邦彦，精于音律，亦喜流连坊曲，与镇安坊名妓李师师情同师徒。他写了两首词：《少年游》与《兰陵王》。李师师唱给宋徽宗听，前一首得罪了宋徽宗，几致丧身；后一首为徽宗寿，徽宗不仅赦了他，且用他领大晟乐府[1]。

陈郁《藏一话腴》谓，周邦彦"以乐府独步，贵人、学士、市侩、妓女皆知其词为可爱"。周邦彦词与妓女的关系，实不下于柳词。

宋代妓女能词者十之七八，能唱也能作。《苕溪渔隐丛话》后集卷四十《丽人杂记》记广汉营妓僧儿为汉守送行，作《满庭芳》见意云：

> 团菊苞金，丛兰减翠，画成秋暮风烟。……两度朱幡雁水，全胜得陶侃当年。……

《词苑丛谈·纪事三》记有施酒监者，与杭妓乐宛结好。施尝赠以《卜算子》词，乐宛答云：

> 相思似海深，旧事如天远。……若是前生未有缘，重结、来生愿。

你说，宋朝妓女，可不可以称为女词人？

---

[1] 详见第二十章"李师师与宋徽宗、周邦彦、宋江"。

　　王书奴说："我看古今最不守旧，随时代风气为转移者，莫如娼妓。时代尚诗，则能诵诗作诗，时代尚词，则能歌词作词，时代尚曲，则能歌曲作曲"①。这话说得很好。元朝进入了曲的时代，妓女与曲又结成了不解之缘。

　　元朝的妓女都会唱曲，有的且会作曲。《青楼集》记元代坊曲中善唱杂剧的有顺时秀、南春宴、司燕奴、天然秀、国玉第、天锡秀、王奔儿、平阳奴、赵偏惜、金兽头、王玉梅、李芝秀、朱锦绣、小玉梅、赵真真、李娇儿、张奔儿、翠荷秀、汪怜怜、米里哈、顾山山、李芝仪、女童童、帘前秀、燕山秀、荆坚坚、李定奴，可谓多矣。顺时秀"杂剧为闺怨最高，驾头诸旦本亦得体"。天然秀"闺怨杂剧为当时第一手，花旦驾头亦臻其妙"。赵偏惜"旦末双全"。李芝秀赋性识慧"记杂剧三百余段"。朱锦绣"杂剧旦末双全，而歌声坠梁尘"。李娇儿"花旦杂剧特妙"。时人视张奔儿为"温柔旦"，李娇儿为"风流旦"。燕山秀"旦末双全，杂剧无比"。

　　善唱诸宫调的有赵真真、杨玉娥、秦玉莲、秦小莲。秦氏二莲"善唱诸宫调，艺绝一时，后无继之者"。

　　善唱慢词的有解语花、小娥秀、王玉梅、李芝仪、孔千金。

　　善小唱的有真凤歌、李芝仪、李心心、杨奈儿、袁当儿、于盼盼、于心心、吴女、燕雪梅、小娥秀。

　　善合唱的有于四姐，"合唱为一时之冠"；金莺儿，"搊筝合唱，鲜有其比"。

　　专工南戏的有龙楼景、丹墀秀。"龙则梁尘暗簌，丹则骊珠宛转。"

　　元代戏曲可谓包罗万象。诸宫调为金代产物。慢词产于北宋。小唱李师师是名家。祝允明《猥谈》记载："南戏出于宣和之后，南渡之际，谓之温州杂剧"。在元朝均与杂剧并行于世。杂剧合动作、言语、歌唱三者而成，为元代戏曲中心。而当时娼妓几无一人不通杂剧，元代杂剧之盛，

①　王书奴：《中国娼妓史》，生活·读书·新知三联书店上海分店，1988年，第192页。

与娼妓的诵习传播关系之密切，又可想见。

明代自嘉靖以后，金陵坊曲中的娼妓，大都能诗。

冒伯麟集郑如英（字无美，小名妥）、马湘兰、赵彩姬（字令燕）、朱无瑕（字泰玉）之作为《秦淮四美人选稿》。郑如英居金陵旧院，韶丽惊人，手不去书，有《述怀诗》。马湘兰南曲中与赵彩姬齐名。马湘兰有诗二卷，王伯毅为之序。赵彩姬名冠北里，冒伯麟刻其诗附于马湘兰之后。朱无瑕为桃叶渡边女子，淹通文史，工诗善书。"万历己酉年，秦淮有社，会集天下名士，泰玉（朱无瑕字）诗出，人皆自废。"①她有《绣佛斋集》，当时人比之马湘兰。

其他如赵燕如、崔嫣然、郝文珠、桃叶女郎沙宛在、金陵娼家女杨玉香等莫不能诗。对元曲来说，这又是一变。明朝自前七子李梦阳、何景明等人以来，倡导文必秦汉，诗必盛唐。后七子李攀龙、王元美出，其势益张。坊曲娼妓遂又趋于吟诗或作诗一途。

明末妓女能诗②。

诗、词、曲之所以能成为唐、宋、元文学的代表，妓女的功劳实不可没。

---

① [清] 钱谦益：《列朝诗集》闰集卷四《香奁下·朱无瑕》，生活·读书·新知三联书店上海分店，1989年，第666页。

② 详见第二十七章"晚明才女出花丛"。

第十九章　嫖客与妓女

官吏为嫖客，历代最多闻。

嫖客中何种人最多？曰官吏。何种人历朝不衰，为妓院常客？曰官吏。何种人最荒唐最无耻？曰官吏。

六朝家妓时代以前不谈，因为妓在家门。从唐朝谈起。

王书奴云："唐代官吏狎娼，上自宰相节度使，下至庶僚牧守，几无人不从事于此，并且任意而行，奇怪现象百出。"[1]

长安教坊女妓是天子的禁脔，官吏不敢染指，但唐朝乐营遍于全国，官吏到一地，乐营中的妓女便成了他们的猎物。举例言之。

故吏部沈公某与张好好。杜牧《张好好》诗序："牧太和三年佐故吏部沈公江西幕，好好年十三，始以善歌来乐籍中。后一岁，公移镇宣城，复置好好于宣城籍中。"为取乐竟转移妓女乐籍。

李尚书与韶光、媚川。宋阮阅《诗话总龟》卷二十三《寓情门》记媚川，歙州酒录事。尚书李擢守歙，颇留意，而已纳营妓韶光。罢州日，与吴员交代托令存恤。临发共饮，不胜离情。有诗曰："经年理郡少欢娱，为习干戈间饮徒，今日临行更交割，分明留取媚川珠。"将妓女媚川交割给后任吴员，亦少有。吴员答诗有"韶光今已输先手，领得蠙珠掌内看"之句。他总算得到了媚川。

---

① 王书奴：《中国娼妓史》，生活·读书·新知三联书店上海分店，1988年，第84页。

御史裴质与灼灼。宋张君房《丽情集》"寄泪"条:"灼灼,锦城官奴(官妓)。御史裴质与之善。裴召还,灼灼每遣人以软红绢聚红泪为寄。"

薛宜僚与段东美。会昌中,薛宜僚以左庶子充新罗册赠使,从青州泛海,遭恶风雨泊邮传一年,属情于乐籍中的段东美。当地节度使即以段东美置于驿中,以侍薛宜僚。后薛宜僚至外国染疾死,榇回青州,段东美抚棺一恸而卒。故事哀艳动人,可薛宜僚以册赠使而中途狎妓,未免荒唐。

韦皋与薛涛。何光远《鉴诫录》记韦皋镇成都日,薛涛每承宠爱。唐衔命使臣每至成都,便求见薛涛。薛涛狂逸,亦与之周旋。触怒了韦皋,韦皋于是不许薛涛从官。薛涛作《十离诗》,才复蒙宠召[1]。

白居易、元稹与玲珑。《尧山堂外纪》记玲珑为余杭歌者,白居易"作郡日,赋诗与之"。时元稹在越州,"重金邀去,月余始还,赠之诗"。并且寄了一首诗给白居易。诗云:"休遣玲珑唱我词。我词都是寄君诗。明朝又向江头别,月落潮生是去时。"二人同狎一妓。

宋龚明之《中吴纪闻》记白居易"为郡时,尝携容满、张态等十妓,夜游西湖武丘寺,尝赋纪游诗"。清赵瓯北《题白香山集后》诗云:"风流太守爱魂消,到处春翘有旧游,想见当时疏禁网,尚无官吏宿娼条。"后一句是唐代官吏肆无忌惮好冶游的原因之一。

然而,宋朝对于官吏狎娼,禁令甚严,而官吏狎娼风气,比之唐朝,尤有过之。连宋徽宗也狎娼呢。

宋朝权臣狎妓荒唐透顶。像:

王黼,《靖康遗录》云:"于后园聚花石为山,中列四巷,俱与民间娼家相似,与李邦彦辈游宴其中,朋邪狎昵。"请假归咸平焚黄,"画舫数十,沿路作乐"[2]。

秦熺,《老学庵笔记》云:"绍兴中秦熺亦归金陵焚黄,临安及转运司舟舫尽选以行。……平江(苏州)当运河,结彩楼数丈,大合乐,官妓舞于其上,缥缈若在云间。熺处之自若。"

---

① 另见第十六章"万里桥边女校书"。
② [宋]陆游:《老学庵笔记》卷五,清嘉庆十年虞山张氏照旷阁刻学津讨原本。

贾似道，《宋史纪事本末》云："日纵游诸妓家，至夜即宴游湖上。"既做宰相，"进娼优奉帝（度宗）为游宴"。

这就无怪乎文人如欧阳修、苏轼等人的浪漫冶游了。

金朝官吏狎妓不给钱，由荒唐进入无耻。金刘祁《归潜志》卷六云：

> 御史大夫合住因事过宿，牙虎带，馆之酒肉，使妓歌于前。及夜因使其妓侍寝。迟明将发，令妓征钱，合住愕然。牙虎带因强发其箧，取缯帛悉以付妓。曰："岂有官使人而不与钱者乎？"合住无以对而去。

像合住这样的白嫖官吏，在金朝恐怕比比皆是。牙虎忽带看不惯，作了护花使者。他还曾"时使一妓佩银符屡往州郡取贿赂"。

《金瓶梅》记西门庆酷嗜鞋杯，按明顾元庆《云林遗事》云：

> 杨廉夫耽好声色，一日，与元镇（号云林）会饮友人家，廉夫脱妓鞋置酒杯其中，使坐客传饮，名曰"鞋杯"。元镇素有洁癖，见之大怒，翻案而起，连呼龌龊而去。（《说郛》续二十一洁癖。元镇为倪瓒字。）

则"鞋杯"起于元朝官吏的狎妓行径中。当时尚未盛行，故倪瓒看不惯，大呼龌龊而去。鞋杯的出现，表明官吏狎妓愈演愈无聊，愈无耻。

明朝对官吏狎妓亦有禁令，但与宋一样，有令如同无令，宰相可以狎妓，守土官吏也可以狎妓。朝廷不管其事。

清朝将明朝等同具文的"律凡文武官吏宿娼者，杖八十"，拿来应用。由于一面废官妓，一面禁官吏宿娼，情况比之明朝确要好一些。可是，一到私娼兴起，禁令废弛，亲贵官僚狎娼之风立趋大盛。

同治嫖院①是一个特殊事件，可以不论。至若洪钧之恋赛金花，持节出使英国，携之而去，载振之恋谢珊珊，某二爷之恋苏宝宝，竟曾轰动北京。北地胭脂，如双凤（大金凤、小金凤）、二姐、万人迷，王公大人拜倒于裙下的，也是争先恐后。海某内务府郎中以昵万人迷倾其家②。后来的督军，每一督军最少有姬妾十人以上。这还不够，私娼、女优、打鼓的、良家女子，几无一不嫖。真可谓荒唐绝伦。

官吏嫖妓，既是阶级矛盾，又是官民矛盾，而以后者为表现形式。

至于商人嫖妓，在官妓时代，只能拾官吏的遗唾。白居易《琵琶行》所云"名属教坊第一部"，"老大嫁作商人妇"是也。商人涉足妓丛，惟近代私妓兴起，始趋于兴盛。

如果说古代官妓营业以歌舞为主，则近代私妓营业以卖淫为主。"鸨儿爱钞"，看嫖客但从钱财着眼，商人乃得乘时而入。但对妓女来说，"钱"是一个字，"情"又是一个字。情投意合而又多金，常以喜剧收场。钱与情如果发生矛盾，对重情的妓女来说，宁重情而舍钱，这就必然要与鸨母发生矛盾，以悲剧收场。当然，也有与鸨母一致重钱的妓女。嫖客囊尽，才知为妓女的虚情假意所骗。但无论哪一个妓女都不想一辈子过妓女生活，总想择人而从之，不可能长久与鸨母保持一致。

《聊斋志异》写了一个故事，杭州名妓瑞云将迎客，对假母蔡媪说："价由母定，客则听女自择之。"她想两全。母乃定价十五金，自此富商贵介日接于门，而瑞云独钟情于余杭贺生。贺生家仅中赀，不能娶她。母见她择婿数月，不得一人，将强夺之而未发。幸得"仙人"之助，先弄黑了瑞云，贺生才能买之而归。仙人恢复了瑞云的洁白。这个故事是说要两全，既满足假母的贪欲，又遂顺妓女择婿的心意，是很难办到的。除非有情又有钱。

俞曲园《右台仙馆笔记》记汉皋妓李玉桂钟情李孝廉，这位孝廉春风失意，旅食京华，不能娶她。"有富商某，艳其色，强委千金于其假母，

---

① 详见第三十六章"同治嫖院"。

② 进步书局编辑所：《清代声色志》，进步书局，1916年，第93页。

劫之去"。李玉桂仰药死。鸨儿重金，姐儿重情，结果铸成悲剧。

也有两全的。淞北玉鲇生。王韬《海陬冶游录》记有妓朱湘卿，"雪肤花貌，旖旎温柔，工词曲，知书识字，丰度娴雅"。有贾客某人"愿致湘卿于金屋，姬（朱湘卿）亦心焉许之"。不料"某词林来沪，续与姬有割臂盟"，变成三角恋爱。贾客设一计，诡言游云梦，与朱湘云同乘马车而出，将她藏在别墅中，不叫她回妓院，写好婚帖，办理结婚手续，朱湘云遂归于他。这个商人算是有钱又有情的人，而朱湘云对他亦非无情。鸨母因他有钱，亦无话说。此故事以喜剧收场。也许是传统的贱商贾的思想作怪，人们竟可惜"绝代名花，一旦忽为沙吒利折去"。

这个富商与某词林争一妓，因使诡计而胜利。但无论商人怎样富，却斗不过巨阀。王韬《淞滨琐话》记沪上名妓吴佩香"艳帜独张，而巨阀富商争掷缠头锦者无数，惟恐不得其当。卒为有力者篡去"。有力者，巨阀也。商斗不过官。

妓院经营方式，在官妓时代，有所谓召妓侑酒，在近代有所谓出局或叫出条子。

出局即为妓女应嫖客之邀，出外或侍宴佐酒，叫"酒局"，这与古代召妓侑酒相同。或陪赌，叫"牌局"。或陪看戏，叫"戏局"。嫖客如在妓馆、书寓、酒馆或戏园召妓前来，则称"叫局"或"叫条子"。叫局一般要先填写"局票"，然后派人送给妓女本人。妓女出局，老板往往派大脚娘姨或小大姐跟随，谓之"跟局"。一客叫二妓谓之"双局"，一妓连续收到局票，从甲处直接到乙处，谓之"转局"。夜晚出局叫"夜局"。陪客到天明叫"天明局"。

这是就官、商等高级嫖客与"清吟小班""长三书寓"等高级妓女而言。低级妓女在门口、路上站关拉客，何叫局、出局之有乎？

妓女所得"局钱"，如果妓女是没有人身自由的"讨人身体"，须全交老板（掌班或班主），除去花捐、杂税外，由老板与龟鸨（领家）订约分成。这类妓女要受官家、掌班及其直接主人领家的三重剥削。如果妓女是有相对自由的"自家身体"，可直接与掌班老板订约分成，但花捐、杂税自付。情况并不比讨人好多少。

嫖，从嫖客来说，除了明末东林党人、复社人物另有所寄之外，无论官商，全从感官刺激出发。在妓女面前，他们是衣冠禽兽。唐宋元、白、欧、苏诸公，风流则风流矣，可同样作了感官的俘虏，理性思维都落于不好此道的王安石之后。从妓女来说，她们处于被侮辱、被蹂躏的地位，但正因为如此，她们是人不是兽。古代妓女柳如是能毁家纾难①，近代妓女如汉皋李玉桂，视千金如粪土，仰药殉情。谁能说她们不是人类中的佼佼者？

---

① 见第三十一章"女中丈夫柳如是"。

第二十章　宋代的李师师

色艺压群芳，骂贼何壮烈！

《李师师外传》记李师师为北宋汴京东二厢永庆坊染局匠人王寅的女儿，母亲生下她便死了，王寅以菽浆代乳喂她，得不死。汴京风俗，凡男女出生，父母疼爱，必将他或她舍身于佛寺。王寅将他的女儿抱到宝光寺舍身，一个老僧看了看此女，打禅机道："此何地，尔来耶？"

王女从未哭过，这时忽然"哇"的一声哭了起来。老僧抚摸她的头顶，啼才止。王寅喜道："是女真佛弟子。"

为佛弟子的，俗呼为"师"。从此以后，王女就叫"师师"。

师师四岁时，王寅犯罪入狱，死于狱中。师师为娼籍李姥收养，从了李姥的姓，才叫李师师。李师师与李姥一直住在汴京镇安坊。此坊为汴京平康诸坊之一。

李师师长成后，"色艺绝伦，遂名冠诸坊曲"。诸坊泛指平康诸坊，曲者勾栏也。

宋徽宗时，市肆酒税，日计万缗。金玉缯帛，充溢府库。搜海内奇花异石，筑离宫于汴城之北，名为"艮岳"。帝王的贪欲是无穷已的，徽宗久而生厌，想作微行，为狎邪之游。内押班有个寺人（宦官、太监）叫张迪，未入宫前，为汴京狎客，往来于平康诸坊与瓦子勾栏之间，认得李姥和李师师，向徽宗夸赞并诱惑说："镇安坊陇西氏师师色艺无双，何不游之?"

晋时，陇西李氏为著姓，好事者往往称姓李的为陇西氏。

徽宗怦然心动，第二日即命张迪带去紫茸二匹，霞毹二端，瑟瑟珠二颗，白金二十镒，向李姥诡称："大贾赵乙愿过庐一顾师师。"

李姥忽得重金，喜得眉开眼笑，连声应诺。

暮夜，徽宗易服杂于四十多个内侍中，出东华门约二里，便到了镇安坊。徽宗独与张迪进入李师师家，其他内侍潜伏等候在外面。李姥出迎，进以时果数种。张迪辞退，徽宗延颈张望良久，未见李师师出来。李姥引徽宗至一小轩，窗外新篁参差弄影，轩内陈设很雅致。徽宗坐了一会，李姥又引他至后堂，桌上摆着鹿炙、鸡酢、鱼烩、羊签、香子稻米饭。徽宗吃了一些，仍不见伊人倩影。李姥又请徽宗沐浴，徽宗辞谢，李姥至徽宗前耳语道："儿性好洁，勿忤。"

徽宗不得已，只好随李姥至一小楼下浴室中沐浴。浴罢，李姥又引徽宗至后堂进果汁，而李师师终未出来一见。坐了很久，李姥执烛引徽宗进了一间房子。房中一灯荧然，独不睹李师师在。过了半晌，才见李姥拥着一姬姗姗而来。《李师师外传》描写徽宗面前的丽人：

> 不施脂粉，衣绢素，无艳服，新浴方罢，娇艳如出水芙蓉。见帝意似不屑，貌殊倨不为礼。

这时，李姥又向徽宗耳语道："儿性颇愎，勿怪。"

徽宗不答，凝视着李师师，但觉李师师"幽姿逸韵，闪烁惊眸"。

徽宗忍不住说话了，问她多少年纪，李师师不答。李姥引着他们进了另一间房，又向徽宗耳语道："儿性好静坐，唐突勿罪。"

说罢下帷而出。

李师师取下壁间的一张琴，放在几上。她端坐几旁，弹了一出《平沙落雁》之曲。轻拢漫捻，流韵淡远。徽宗不觉为之倾耳。

三曲一过，忽闻鸡啼，天色已曙。徽宗急急披帷而出。吃了少许李姥为他准备的点心，走到门外，立有内侍护卫他还宫。

《李师师外传》记下了这次未交语的初会日期："时大观三年八月十七日事也"。

徽宗走后，李姥埋怨李师师说："赵人礼意不薄，汝何落落乃尔？"

李师师怒道："彼贾奴耳，我何为者？"

李姥笑道："儿强项，可令御史里行。"

未几，汴京人言籍籍，都知道了皇上驾幸陇西氏一事。李姥闻言大惧，哭着向李师师说："洵是（诚然如此），夷吾族矣！"

李师师镇定地道："无恐。上肯顾我，岂忍杀我？且畴昔之夜，幸不见逼，上意必怜我。惟是，我所窃自悼者。实命不犹流落下贱，使不洁之名，上累至尊。此则死有余辜耳。若夫天威震怒，横被诛戮，事起佚游，上所深讳，必不至此，可无虑也。"

果然，陇西氏安然无恙。

次年正月，徽宗派张迪送给李师师大内珍藏的蛇蚹琴一张。琴古而漆黄黑，有纹如蛇之蚹。又赐白金五十两。

三月，徽宗又微行至李师师家，李师师俯伏门阶迎驾。徽宗甚喜，执着她的玉手令起。李姥躲避，徽宗宣她来见，以"老娘"呼之。并说："一家子无拘畏。"李姥拜谢，引徽宗至一座刚落成的大楼。李师师伏地叩请徽宗赐额。恰好楼前杏花盛放，徽宗写了"醉杏楼"三个"瘦金书"字，赐给李师师。徽宗的瘦金书，多少人求之不可得，陇西氏有荣焉。

少项置酒，李师师侍侧。徽宗赐李师师坐。命鼓所送蛇蚹琴为弄梅花三叠。徽宗边饮边听，赞美连连。这次没有终席，徽宗便离去。

九月，徽宗以"金勒马嘶芳草地，玉楼人醉杏花天"名画一幅，赐给李师师。又赐藕丝灯、暖雪灯、芳苡灯、大风衔珠灯各十盏，鸬鹚杯、琥珀杯、琉璃杯、金偏提各十个，月团、凤团、蒙顶等茶叶百斤，各色珍饼数盒，黄白金各千两。这时宫中已盛传皇上宠爱平康妓李师师一事，郑皇后谏道：

妓流下贱，不宜上接圣躬。且暮夜微行，亦恐事生叵测。愿陛下
自爱。

徽宗点头答应，逾年不再复出。然而通问赏赐，未曾停过。

宣和二年，徽宗复至李师师家，见赐给李师师的那幅画，悬挂在醉杏
楼中，注目良久，忽然回顾李师师，戏道："画中人乃呼之欲出耶！"

即日又赐给李师师辟寒金钿、映月珠、环舞鸾青镜、金虬香鼎。无一
不是稀世珍宝。此夜，终于一亲芳泽。次日，复赐李师师端溪凤咮砚、李
廷珪墨、玉管宣毫笔、剡溪绫纹纸。赐李姥钱一百千缗。

张迪私向徽宗进计："帝幸陇西，必易服夜行，故不能常继。今艮岳
离宫东偏有地，衷延二三里，直接镇安坊。若于此处为潜道，帝驾往还
殊便。"

徽宗闻言，立即同意，并将"为潜道"一事交给张迪去办。宣和四年
三月，徽宗始从潜道私会李师师。赏赐不断，计前后所赐金银钱缯帛器用
食物等不下十万。

徽宗尝于宫中集宫眷等宴坐。韦妃私问道："何物李家儿，陛下悦之
如此！"

徽宗道："无他。但令汝等百人改艳妆，服玄素，令此娃杂处其中，
迥然自别。其一种幽姿逸韵，要在容色之外耳。"

未几，徽宗禅位给钦宗，自号为"道君教主"，退处太乙宫。佚游之
兴于是而衰。

李师师闻讯对李姥道："吾母子嘻嘻，不知祸之将及。"

李姥道："然则奈何？"

李师师道："汝第勿与知，唯我所欲。"

正在此时，金人启衅，河北告急，李师师将徽宗前后所赐金钱，呈牒
开封府，愿入官以助河北军饷。并贿赂张迪等人，托他们代向上皇请求，
许她弃家为女冠。上皇答应了她，将北郭的慈云观赐给她居住。二人情
缘，至此方了。

可是，邪恶势力并未放过这个改穿道服的风尘女子。金兵攻破汴京，主帅闳嬇索取李师师甚急，说是金主知李师师之名，必欲生得之。傀儡张邦昌在慈云观找到了李师师，要把他献给金营。据《李师师外传》载，李师师骂道：

> 吾以贱妓，蒙皇帝眷宁，一死无他志。若辈高官厚禄，朝廷何负于汝？乃事事为斩灭宗社计。今又北面事丑房，冀得一当为呈身之地。吾岂作若辈羔雁赘耶？

遂脱金簪自刺咽喉不死，折而吞之，一代红颜，从此香消玉殒。

李师师的人格，毕竟比张邦昌之辈高尚多了。她的死很壮烈，被俘到五国城的道君皇帝听到李师师骂贼自戕，也不禁涕泣之汍澜。

在李师师与宋徽宗交往过程中，有两个插曲，值得一叙。

张端《贵耳集》写道：徽宗一次到李师师家，房中先有一人。此人为大词家周邦彦。他知道徽宗来了，躲入床下。徽宗携来新橙一颗，对李师师说："这橙是江南初进来。"

遂与李师师谑语。说的话都被躲在床下的周邦彦听去。周邦彦隐括成《少年游》一词。前云："并刀如水，吴盐胜雪，纤手破新橙。"后云："城上已三更，马滑霜浓，不如休去，直是少人行。"周邦彦将这首词送给李师师，徽宗重临，李师师因歌此词。徽宗问是谁作，李师师回道："周邦彦词。"

徽宗大怒，坐朝责问蔡京道："开封府有监税周邦彦者，闻课额不登，如何京尹不案发来？"

蔡京莫名其妙，找京尹询问。京尹道："惟周邦彦课额增羡。"

蔡京善于奉迎皇帝，对京尹说：既然皇上说了周邦彦课额不登，就不能奏呈"增羡"，那会忤旨。只有如上意办理。

圣旨下："周邦彦职事废弛，可日下押出国门。"，

隔一二日，徽宗复到李师师家，不见李师师，问李姥，李姥说送周监

税去了。徽宗坐至初更，李师师方回，愁眉泪睫，憔悴可掬。徽宗愠声道："尔往哪里去?"

李师师奏道："臣妾万死，知周邦彦得罪，押出国门，略致一杯相别，不知官家来。"

徽宗问道："曾有词否?"

李师师奏道："有《兰陵王》词。"

《兰陵王》词，今"柳阴直"者是也。徽宗命李师师"唱一遍看"。李师师道："容臣妾奉一杯歌此词为官家寿。"

《兰陵王》词至末段"凄恻。恨堆积。……沉思前事，似梦里，泪暗滴"，声尤激越，《樵隐笔录》谓，"惟教坊老笛师能倚之以节歌"。曲终，徽宗大喜道："周邦彦不但是一个大词人，而且是个大音乐家，声律极变化之能事。"他立命周邦彦为大晟乐正。

李师师与周邦彦实为词曲益友，非李师师不足以尽周词的声律，非周邦彦不足以尽李师师的歌喉。李师师早已有意推荐周邦彦了。她是借歌周词进言。周、李年龄相差较大，关系等于师生。

李师师还曾向徽宗介绍过梁山泊主宋江，

宋江降宋，现在已为历史学界一致承认。至于通过什么途径，则有多说。在《水浒传》中，宋江受招安，是通过李师师，向徽宗表示："六六雁行兼八九（一百零八将），只等金鸡消息。"小说家言，不能说无可取处。

且说，某年上元之夜，宋江扮成一个员外，与柴进、燕青等来到李师师家。李师师低唱苏东坡"大江东去"词。宋江乘着酒兴，索纸笔来，磨得墨浓，蘸得墨饱，拂开花笺，对李师师道："不才乱道一词，尽诉胸中郁结，呈上花魁尊听。"

宋江落笔，遂成乐府词一首，道是：

天南地北，问乾坤何处可容狂客？借得山东烟水寨，来买凤城春色。翠袖围香，绛绡笼雪，一笑千金值。神仙体态，薄幸如何消得？

想芦叶滩头，蓼花汀畔，皓月空凝碧。六六雁行连八九，只等金鸡消息。义胆包天，忠肝盖地，四海无人识。离愁万种，醉乡一夜头白。①

　　李师师反复看过，不晓其意。宋江正想把心腹衷曲告诉李师师，请李师师要求徽宗招安，突报徽宗由潜道来了，宋江只好离去。

　　后来又通过燕青找到李师师，把上次来的是何人，来意在哪里，向李师师说明。李师师将燕青做为兄弟介绍给徽宗，徽宗从燕青处了解一切，宋江受招安这才成功。

　　不意陇西氏又做了汴京朝廷与山东烟水寨之间的居中人。

　　李师师最后做了道姑，骂贼而死。你说她值不值得人们尊敬？文天祥曾骂徽、钦为"卖国之君"，妓女李师师的情操，比这两个皇帝高出又何止千百倍！

　　《宣和遗事》后集谓李师师为被废的李明妃，"在后流落湖湘间，为商人所得"。此则无证。

---

　　①［明］施耐庵：《水浒传》第七十二回《柴进簪花入禁苑，李逵元夜闹东京》，明容与堂刻本。

第二十一章　宋朝的官营酒巴间

谁知王安石，变法创酒吧？

宋王栐《燕翼贻谋录》记王安石变法，实行官卖酒制度，"命娼女坐肆作乐，以蛊惑之。小民无知，竞争斗殴，则又差兵官列架仗以弹压之，曰'设法卖酒'"。这是一种由官府出面经营酒巴间的制度。所以名之为"酒巴"者，此种官营酒店有娼女坐肆作乐，以广招徕故也。王安石的思想倒很开放，但律己甚严，某次自金陵过苏州，知苏州刘原甫设宴招待，列营妓于庭下，王安石"作色不肯就坐"[①]，刘原甫只好撤去营妓。不像欧、苏诸公挟妓漫游。

《燕翼贻谋录》记南宋官卖酒用妓作乐，无复弹压之制，而"设法"之名不改。酒巴的兴旺发达，把北宋的但命娼妓坐肆作乐，远远抛到后头去了。

耐得翁《都城纪胜·酒肆》记官家诸酒库寒食节与中秋节前后，开酤煮酒与开酤新酒，也就是一年搞两次开张，仪式盛大。诸酒库：

> 各用妓弟乘骑作三等装束，一等特髻大衣者，二等冠子裙背者，三等冠子衫子裆裤者，前有小女童等，及诸社会，动大乐迎酒样赴府

---

① [宋]赵令畤：《侯鲭录》卷三，清乾隆三十七年至道光三年长塘鲍氏刻知不足斋丛书本。

治，呈作乐，呈伎艺杂剧。三盏退出，于大街诸处迎引归库。

《梦粱录》卷二记有"酒样"牌子，"以三丈余高白布写'某库选到有名高手酒匠，酝造一色上等浓辣无比高酒，呈中第一'，谓之'布牌'。以大长竹挂起，三五人扶之而行"。此种做广告的方式，可谓空前绝后。嗜酒好色者，无不坠入彀中，"最是风流少年"，看到美人骑在马上，"沿途劝酒，或送点心。间有年尊人，不识羞耻，亦复为之，旁观哂笑"。凡逢这样一天，诸酒肆皆"结彩欢门，游人随处品尝，追欢买笑，倍于常时"。

《都城纪胜·酒肆》又说官酒库有东酒库、西酒库、南酒库、北酒库、南上酒库、西子库、中酒库、南外库、东北库、北外库。其他则有西溪并赤山九里松酒库等，官酒库可谓多矣。每一座官酒库都开设了酒楼，"若欲赏妓，往官库中点花牌"。花牌上写有妓名，《梦粱录》卷十记"诸库皆有官名角妓，就库设法卖酒"。欲买一笑，径往库内点花牌可也。想点谁便点谁，惟意所择，惟金是衡。

官酒库买笑妓女除官妓外，尚有私妓。《梦粱录》卷二十写"妓乐"，有她们的姓名。其言云：

> 景定以来，诸酒库设法卖酒，官妓及私名妓数内，拣择上、中甲者，委有娉婷秀媚，桃脸樱唇，玉指纤纤，秋波滴溜，歌喉宛转，道得字真韵正，令人侧耳听之不厌。官妓如金赛兰、范都宜、唐安安、倪都惜、潘称心、梅丑儿、钱保奴、吕作娘、康三娘、桃师姑、沈三如等，及私名妓女如苏州钱三姐、七姐、文字季惜惜、鼓板朱一姐、媳妇朱三姐、吕双双、十般大胡怜怜、婺州张七姐、蛮王二姐、搭罗邱三姐、一丈白杨三妈、旧司马二娘、裱背陈三妈、展片张三娘、半把伞朱七姐、轿番王四姐、大臂吴三妈、浴堂徐六妈、沈盼盼、普安安、徐双双、彭新等。后辈虽有歌唱者，比之前辈，终不如也。

私名妓女不少。这些在官酒库中"设法卖酒"的私名妓女，是应官差而来。条件是上、中甲之中"娉娉秀媚，桃脸樱唇，玉指纤纤，秋波滴溜，歌喉宛转，道得字真韵正"者。

或谓酒巴起于西方资产阶级。观宋时酒类由官府专营，在酒库、酒楼中设置妓乐，且有点花牌，可知宋时已有近世所谓酒巴。开创者为神宗时期的宰相、改革家王安石。即此一项可知王安石的魄力确非当时人所能及，其意旨在为国家增加收入，与其他新法之设，目的一致。但酒巴既由官府经营，官吏打妓女秋风，就不可避免。

第二十二章 气质美如兰，才华馥比仙

（宋台州营妓——严蕊）

才捷追子建，品高惭晦庵。

南宋初年，在台州营妓中，有一个才女姓严名蕊，字幼芳。不仅貌羞春花，才比易安，而且品格高超，道学家朱熹想借她来报私怨，被她严词拒绝受杖几至于死，后被岳飞之子救免。

严蕊有捷才，直可追七步成诗的曹植。年纪轻轻，不到二十，尝于七月七日鹊桥初架之夕，宴请宾客，有谢士卿者，为南渡豪客，命严蕊即席作词，且指定以其姓"谢"字为韵。酒方行，严蕊已成《鹊桥仙》一首，词云：

> 碧梧初出，桂花才吐，池上水花微谢。穿针人在合欢楼，正月露玉盘高泻。蛛忙鹊懒，耕慵织倦，空做古今佳话。人间刚道隔年期，怕天上方才隔夜。

词成，满座皆惊，想不到妓女中也有大词人。谢士卿大为钦佩，留连台州半岁之久，临别倾囊相赠。

学人唐仲友（唐与正）知台州，很赏识严蕊，曾请她来州衙，时值桃花盛开，唐仲友道："闻你即席赋《鹊桥仙》，才思的敏捷震惊四座。现在我命你赋《红白桃花》，以半炷香为限。"

侍者点起一炷香，片刻，严蕊即成《忆仙姿》一首。香才燃去一星点。词云：

> 道是梨花不是，道是杏花不是。白白与红红，别是东风情味。曾记，曾记，人在武陵微醉。

唐仲友惊讶莫名，半晌道："吾今始知风尘中自有奇人奇女，卿使我不敢再以官品自视高人一等矣。"

朱熹提举浙东，以使节行部至台州。这位道学大师与唐仲友有私怨，台州既在他"提举"之下，竟撕下了他的道德脸孔，觉得是报复的一个好机会。他得知营妓严蕊与唐仲友有来往，心中狂喜。宋朝禁止官吏狎妓。仁宗嘉祐以前，尚只规定"提刑点狱不得赴妓乐"。张舜民《画墁录》记载，神宗熙宁以后，"监司率禁，至属官亦同"。唐仲友如与严蕊有私情，便得丢官坐牢。但必须有严蕊的供状，以作证据。朱熹一来觉得唐仲友与严蕊必有奸情，二来以为即使未有奸情，一个妓女，还不是威吓一下，即可就范，还怕她不承认。他竟奏参唐仲友与妓女严蕊为滥，把严蕊捉去拷问，要她承认。严蕊被打得皮开肉绽，凛然道："朱大人不是以道学享誉朝廷吗？怎可用强逼迫一个弱女子承认她未曾做过的事。没有就是没有，我不能因为免受皮肉之苦，诬陷唐大人。"

"与我打！"这时的朱熹已完全不是个道貌岸然的儒家君子，而变成一个想以刑法逼供的酷吏了。

严蕊就是不招，最后只有收监。

严蕊"系狱月余，虽被垂楚，而语不及唐，然犹不免受杖"。关关打打，朱熹得到了什么呢？什么也没有得到。他于心不甘，将严蕊"移籍绍兴"，置于越州监狱，进行拷问。狱吏见她被打得可怜，私下劝她招供。且说："唐仲友与你非亲非故，你何必为他受罪？你招认了，马上就可以放你回台州。"

严蕊断然道：

> 身为贱妓，纵与太守滥，亦不至死罪。然是非真伪，岂可妄言以污士大夫？虽死不可诬也。[①]

狱吏只是摇头，但心中不得不佩服这位妓女的人品。

朱熹倡导"革尽人欲，复尽天理""理一分殊"，譬如释氏所言"月印万川"。可是他自己却未革尽人欲、复尽天理，否则，为什么要用严刑逼迫一个妓女诬陷与他仅有私怨的唐仲友？天理者，君臣、父子、夫妇、兄弟、朋友五伦之道也。理一分殊，月印万川，他想把这种天理移植到万民心目中去，可他却忽略了在他的头脑中，是否有此天理？

人们很奇怪，谢士卿、唐仲友都知爱才，朱熹何以对严蕊竟无一点怜才之意？须知朱熹只将严蕊看作一个妓女，并未将她看作才女。朱熹于文学有他自己的主张。长谷真逸《农田余话》云：

> 宋南渡后，文体破碎，诗体卑弱，惟范石湖、陆放翁为平正。至晦庵（朱熹）诸子，始欲一变时习，模仿古作，故有神头鬼面之论。

朱熹既要革尽人欲，诗词抒情之作，自然也在他革除之列。在他看来，模仿古作，即使神头鬼面，也势在必行。至于严蕊的词作，他怎么可能欣赏？

我这里无意否定朱熹是一个哲学家、教育家。

真如严蕊所说，她罪不至于死。朱熹毕竟不敢将她打死。离任却不肯将严蕊放出来。

此事连孝宗都知道了。未几，朱熹改除。后任官岳商卿（岳霖）是岳飞之子。岳商卿毕竟不愧为名将之后，了解到严蕊的冤情，一日，他将严蕊提出监狱，命严蕊作词自陈。严蕊当堂成《卜算子》一首。词云：

---

① ［清］徐釚著，王百里校：《词苑丛谈校笺》卷七《纪事二》，人民文学出版社，1988年，第395页。

不是爱风尘，似被前缘误，花落花开自有时，总赖东风主。去也终须去，住也如何住？若得山花插满头，莫问奴归处。

岳商卿随即判令她脱籍从良。这时的严蕊仍在盛年。此词"不是爱风尘"句已有脱出风尘之意。经此磨折，她觉悟了。

宋朝虽说对官吏宿娼有限制，可是连徽宗也"犯奸作科"，他不是去嫖李师师吗？权臣如王黼、秦熺等都曾狎妓，沿途作乐，谁敢禁止他们？朱熹诬台州守唐仲友与官妓严蕊为滥，纯出私怨，岂知严蕊宁折不挠，打死也不以妄言污好人。朱熹可算触尽了霉头。严蕊真可当得起"气质美如兰，才华馥比仙"十字。

第二十三章　花国选美

花国选美女，歌哭娟妓心。

人们说选美起于西方，这话也不尽然。东方的中国也有选美活动，不过限于花国，不像西方普及于各个阶层。

花国评选美女的活动，始于理学产生的宋朝，盛于理学发展的明朝。这也许是物极必反的原则在起作用。

选美，顾名思义，应选者须在两人以上，才有选择的余地，才能排定名次。如果只有一人应选，就无所谓选美了。再者，选举人也应当在两人以上。个人品评与选举尚有差距。根据这个准则，南宋翁元广品评二十八名花国妓女，只可说个人品评。《醉翁谈录·戊集》云：

> 丘郎中守建安日（建安为南宋建宁府治），招置翁元广于门馆，凡有宴会，翁必预焉。其诸妓佐樽，翁得熟谙其姿貌妍丑，技艺高下，因各指一花以寓品藻之意。其词轻重，各当其实，人竞传之。

"姿貌妍丑"与"技艺高下"是翁元广评美的两条标准。他一共品评了二十八名妓女，每一名妓女以一种花比拟，并题诗一首，在古代诗品、画品之外，独出蹊径，创为"花品"。通俗一点说，即"妓品"。如第一名：吴玑。红梅。喻清艳而为花籍之魁。"云样轻盈雪样清，琼瑶蕴藉月精神，羞同桃李夸姿媚，独占人间第一春。"

"花籍之魁"，即花魁，亦即花国冠军。

翁元广的品评是他一个人的品评。明嘉靖、隆庆间，金坛曹大章创"莲台仙会品"，集名流吴伯高、梁辰鱼等人品藻诸姬。这是选美。曹大章在《莲台仙会品》中对入选的十三名妓女的姓名、字号、品目、花名作了记录。其后，曹大章又作《秦淮士女表》，共列十四名妓女，增加了评语，补记了居址。十四名中有十三名与《莲台仙会品》同。下依《说郛》续四十四所载曹大章《秦淮士女表》"士女品目"，列之以见：

女学士。王赛玉。紫薇。旧院后门街。"嬴楼国色原名玉，瑶岛天仙旧是王。"

女太史。杨缪姬。莲花。旧院纱帽巷。"旧家虢国还秦国，希世吴璆共楚璆。"

女状元。蒋兰玉。杏花。旧院鸡鹅巷。"丽质人如玉，幽香花是兰。汉宫宜第一，秦史合成双。"

女榜眼。齐爱春。桃花。旧院长板桥。"六宫独倾国，一笑可留春。"

女探花。姜宾竹。西府海棠。旧院前门上。"风月宜为主，心情共此君。"

女会元。徐琼英。梅花。旧院道堂街。"飞琼归月态，云英捧玉情。"

女解元。王玉娟。（花名缺）旧院后门上。"璠玙蕴藉昆山璧，明丽婵娟倚月宫。"

女会魁。赵连城。芍药。旧院大街上。"连城重良璧，飞舞美纤腰。"

女会魁。陈玉英。绣球。旧院厂儿街。"芳英春驻色，雅调玉飞声。"

女解元（改女魁）。陈文姝。桂花。旧院红庙边。"万（旧）里陈宫重结绮，高情朱阁细论文。”

　　女经魁。张如英。芙蓉。旧院石桥街。“含英娇灼灼，真性自如如。”

　　女经魁。蒋文仙。葵花。旧院大街上。“文姿本超俗，仙籍近题名。”

　　储材。陈琼姬。蕙草。（居址缺。评语缺。）

　　储材。王蕊梅。芝草。（居址缺。评语缺。）

　　明嘉、隆间，花榜何以一时盛了起来呢？《中国妓女生活史》的作者武舟有个解说很好。他说：那些主持花榜和参与品题的名流，如曹大章、吴伯高、梁辰鱼等，“或者是科场上与仕途中的失意者，或者是鄙视功名而无意科举者。他们带着不满现实的满腔怨愤出入于青楼酒馆，狂歌痛饮，借以消愁解忧。他们开设花榜的行为本身就是对社会的一种示威和揶揄，因而他们把官场科场最荣显的头衔毫不吝啬地赐给了妓女，把大自然最美丽的名花名卉献给了妓女，并且还以诗的评语去赞美她们。”

　　我想还可以补充一点，明嘉靖、隆庆以后，资本主义萌芽，市民阶层兴起，《金瓶梅》一类小说产生。花榜于此时兴盛起来，有它的必然性。

　　万历年间，花国选美由秦淮发展到了北京。冰华梅史有《燕都妓品》之作（见《说郛》）。新都梅史叙云：“以此侠比金陵莲台仙会而谑浪过之。”秦淮花榜从此不得专美于花国。

　　明天启元年，潘之恒作《金陵妓品》（亦见《说郛》），将三十二名妓女分四类品评。一曰品，典则胜；二曰韵，丰仪胜；三曰才，调度胜；四曰色，颖秀胜。

　　明崇祯年间，桐城孙武公（名克咸）于牛女渡河之明夕，大集诸姬于金陵方密之侨居水间，选花国状元。《板桥杂记》“王月”条记是夕：

　　四方贤豪，车骑盈间巷，梨园子弟，三班骈演。阁外环，列舟航如堵墙。品藻花案。设立层台，以坐状元。二十余人中，考微波（珠市名妓王月字）第一。登台奏乐，进金屈卮。南曲诸姬，皆色沮，渐逸去。天明始罢酒，次日各赋诗纪其事。

珠市本为金陵的二等妓女所居处。孙武公先将王月藏起，选花国状元时突然出之，得登状元座。南曲本为金陵一等名妓所居地。王月以二等妓女被选为状元，无怪南曲诸姬会神色沮丧，偷偷溜走。这次选美，突破了妓女的等第，是一个发展。

入清，在地方妓女的乐籍尚未废除时，苏州虎丘曾进行两次花国选美活动，盛况空前。一次在顺治十三年，一次在顺治末年。《清稗类钞·娼妓类》"妓有花榜"条记这两次选美活动说：

> 顺治丙申秋，松江沈某（沈休文）至苏，欲定花榜，与下堡全又文招致苏、松名妹五十余人，选虎丘梅花楼为花场，品定高下，以朱云为状元，钱端为榜眼，余华为探花……自胥门迎至虎丘，画舫兰桡，倾城游宴。
>
> 顺治末，苏州有金某者，……复集全吴名妓，品定上下，为胪传体，即花榜也。约于某日，亲赐出身，自一甲至三甲，诸名妓将次第受赏。虎阜，其唱名处也，倾城聚观。

到顺治末年，将入选的妓女分出一甲、二甲、三甲，而于一甲中又定出状元、榜眼、探花，由主持人亲赐出身，简直就像朝廷考进士一样。一被列入为一甲第一名（状元），立刻身价千倍。

自清初废除妓女乐籍，花国选美活动停止。其后私娼兴起。到了同治光绪年间，又出现花国选美活动。惟其时民主革命运动已经抬头，这时候的选美已失去任何积极意义，而成为消极无聊的粉饰品了。

同治年间，有兔痴道人者，摘红雪词题《二十四女花品图》于海上。画眉楼主复偕同人为《续花品》，以李佩兰为群芳之冠。《续花品》后，有公子放所定丁丑（光绪三年）《上海书仙花榜》，列名妓二十八人，而以一花比一姝。如"一丽品。王逸卿。芍药。'独擅风华，自成馨逸。'"各区品目，并列评词。公子放《书仙花榜》后，有《沪北词史金钗册》，乃曼陀罗词客所定。仿《红楼梦》正册、副册、又副册之例，凡取三十六人。此外复有吴兴纫秋居士用《红楼梦》人名以比名妓，各系前人诗句。如李佩兰为黛玉，"自是君身有仙骨"。这真要叫曹雪芹啼笑皆非，拍案大骂何物狂徒，竟敢以妓女比黛玉，玷污绛珠仙草。光绪十五年己丑，兰陵惆怅子所定沪上"书寓花榜"和"曲中花榜"各十名，分出了艳榜与艺榜。艳榜十名是姚婉卿、徐雅仙、陆月舫、周小红、朱蕊卿、史湘云、殷墨兰、朱素贞、周小翠、张书玉。曲榜十名是李黛玉、金彩娥、顾兰荪、谢宝云、蔡桂生、王素芳、薛定锦、赵玉卿、花桂馥、许小红。休说名列花榜，就可时运亨通。据王韬《淞滨琐话》，这二十名花榜名妓到后来也是"风流云散，天各一方"。像书寓花榜第八名朱素贞，"矢脱风尘，愿从米贾"。曲榜第一名李黛玉，终作"纨扇之捐"，远适汉皋。花榜并未给她们带来什么幸福，因为她们毕竟是被人贱视的妓女，无论怎样红，也只在一时。她们本身也并未为花榜所惑，朱素贞的"矢脱风尘"，便足以说明。

光绪丁酉己亥间，兴中会已经成立，戊戌变法如火如荼（丁酉年后即戊戌年，戊戌年后为己亥年）。上海《游戏报》主笔李伯元，竟有兴趣开出艳榜三科之选。一为花榜，一甲张四宝、金小宝、祝如椿三人，二甲蔡新宝等三十人，余为三甲。二为武榜，一甲王秀兰、金小卿、小如意。二甲王秀林等十八人，三甲王蔼卿等十八人。俱以能歌著名。己亥年复开叶榜，一甲阿三、妹妹、阿毛三人，二甲薛宝钗等三十六人，余悉置三甲。皆海上长三书寓中做侍儿者。李伯元此举是受清廷欢迎的，因为可把人们由支持变法、革命引入品评妓女一途。

花国选美有它的特殊性与时代性。取而代之的将是另一种性质不同的普及于各阶层的选美活动。

第二十四章　宫妓杨金英革命

伟哉杨金英，魅影震宫廷。

革谁的命？革明朝嘉靖皇帝的命。革命者为谁？宫妓杨金英、张金莲。这是历史上一次破天荒的革命。

明朝的皇帝根本不把妇女当人看。大臣犯罪，妻女没入教坊。凡妇女犯罪，去衣裸杖，种种侮辱，不一而足[①]。

皇宫怎样？

明嘉靖朝的邵太妃曾经叹道：

> 宫中女子，饮食起居，不得自由，如长系之囚，毫无生人乐趣。[②]

何止如此。明英宗第二次做皇帝，代宗（景帝）被废，旋即死于西宫。英宗竟让代宗后宫唐氏等人，为代宗殉葬。最后连代宗的废后汪氏，也要殉葬，亏得有人说：汪氏是被废的人了，且有两女尚幼，陛下你就可怜她吧。汪氏这才保住了一命。

明朝已经走到曹雪芹所说的"末世"，废之已久的活人殉葬制度竟又

---

① 见第五章"铁蹄下的妇女"。

② 童煦：《中国后妃列传》，工人出版社，1987年，第496页。

出现。"生于末世运偏消"，女子的命运何其悲惨！

明世宗嘉靖是个道教迷、神仙迷。吃丹药当糖果，金丹吃多了，发燥，变得喜怒无常、刚愎自用，经常杖打大臣与宫女。而按明制，受杖的要去衣裸杖。这纯粹是侮辱。明朝的君臣关系已经发展到了主奴关系的地步。嘉靖以别支为皇帝，要追尊本生父母为皇考、皇太后，官吏群起反对，甚至哭宫。明朝有廷杖制度。嘉靖命锦衣卫当场用廷杖打死大臣十八人，其他人充军的充军，夺俸的夺俸。嘉靖对待大臣如此，对待后宫女子，更可想而知。

嘉靖与张、方二妃在皇后宫调笑，陈皇后气得将茶杯摔在地上。嘉靖大怒，走上去就是一脚。陈皇后已经怀孕，这一脚正好踢在腹部，陈皇后小产了，自己也因此丧了命。嘉靖神情冷漠，似乎死了个儿子再加上皇后，算得什么？后宫佳丽有的是！

陈皇后死了，嘉靖立了张妃为皇后。嘉靖叫张皇后祭蚕神，于西苑养蚕。不料竟闹了蚕灾，蚕一齐死掉。张皇后又久久不怀孕，嘉靖一怒之下，把她废掉，又立方妃为皇后。以后倒霉的就是方皇后了。

嘉靖有一次出巡，带着端妃、罗田万玉山道士陶仲文和许多宫人。车到卫辉，有旋风绕车回旋。嘉靖向陶仲文问道："此风主何吉凶？"

陶仲文道："主火。"

果然，这天晚上嘉靖歇息的行宫起了火，宫人死了很多。嘉靖却怀疑是宫人放的火，要烧死他，用廷杖逼供，不知又打死多少宫人。

端妃姓曹，嘉靖很喜欢她，带她出巡。端妃受了风寒，嘉靖要打骂宫人。嘉靖到黄河要祭河神，到嵩山要祭嵩岳尊君，神坛摆迟了一点，祭品稍有不全，嘉靖又要打骂宫人。宫人中已经有人密谋造反了。但自卫辉行宫失火，嘉靖加强了戒备，宫人无法下手。

嘉靖想要个儿子，总算没有落空，方皇后不生，王贵妃却替他生了个儿子，被立为皇太子。嘉靖回到北京后，命皇太子监国，自己想在陶仲文指导下，专事静摄，以求长生。那时皇太子才五岁。太仆卿杨最以为不可，立被嘉靖命锦衣卫杖毙于殿廷。

　　且说宫人中有个名叫杨金英的，十岁便入了宫。宫人也就是宫妓，或皇家家妓。崔令钦《教坊记》记载，唐云韶的妓女称"宫人"，且谓"盖贱隶也"。杨金英是不是罪人的家属没入后宫为宫妓，因无确证，不敢妄拟。但自入宫起，什么事她都看到过，经历过。如陈皇后母子的惨死、张皇后的被废、廷杖的妄加于大臣和宫人及自己的身受，怎能不激发她对皇帝的仇恨？

　　一天晚上，嘉靖静摄心动，去找端妃。端妃却不在宫中，嘉靖入定睡去。黑暗中有两个宫妓摸了进来，内中一人立刻用一个绳圈套在嘉靖的脖子上，两手用力拉紧。嘉靖闷哼一声，醒了过来，只见面前立着一个宫妓，像是杨金英。觉得颈子上很难受，透气不出，只能用手指指，似乎是说："你！你！"刹那间连舌头也伸出来了，马上就要"嗝屁"。可是绳圈却碰到一个结子，仓皇间拉不下去。正在这时，来了救星。

　　"人都跑到哪里去了，连灯也不点一个。"

　　宫妓一听，知是端妃回来了。放掉绳子，转身就走。

　　"谁？"端妃一声惊呼，只见两条黑影跑出了宫外。

　　端妃赶忙点亮宫灯，倏见嘉靖躺在床上，颈上套着绳子，舌头伸出。她大喊一声："不好了，有刺客，皇上被勒死了！"

　　她竟忘了去解开嘉靖颈上的绳子。

　　方皇后、妃嫔、宫女、锦衣卫都来到了端妃的寝宫。皇后解开了嘉靖颈间的绳套，摸摸嘉靖的胸脯，仍有微弱的跳动，立即命人唤来太医急救。

　　方皇后命内监张佐等逮捕可疑的宫妓审问，一连打死了好几个宫妓，也问不出所以然。审问仍在继续，宫女仍有无辜枉死的可能。这时突然有一个宫妓站出来说道："不要打了，嘉靖是我用绳子勒的，只恨没有把他勒死。"

　　张佐一看，原来是杨金英。他冷笑着尖声道："没有这样简单吧，你一个小小的宫妓，怎敢谋害天子？供出你的幕后指使人！"

　　"没有指使人。我恨他无缘无故就用棍子打我，罚我跪一天；我恨他踢死陈皇后母子；我恨他……"

"不准再说了！"张佐尖声大吼道。他喝令手下人"替我打！替我打！脱掉她的衣服！"

"慢着！"这时又走出一个宫妓，张佐一看，是张金莲。张金莲道："勒死嘉靖，是我和杨金英姐姐定的计谋。这个皇帝对我们女人太坏！"

张佐尖着嗓子叫道："好哇，又多了一个。本监不怕你们不招出幕后人来。"

他命令手下剥掉她俩的衣服，裸露身体，用棍杖痛击。直打得皮开肉绽，两人就是不开口。他换用别种刑具，也无结果。最后忽然尖笑一声道："有了！"

他提起笔写了一张供词，读读觉得很满意，叫手下人捉住杨金英、张金莲的指头，先在印泥上按了按，便印到供词上去。

方皇后接到杨金英、张金莲的供词，上面竟有受曹端妃、王宁嫔指使字样。皇后一想，"是了，皇上在端妃寝宫遇刺，当然是端妃的计谋。皇上的舌头伸出，她以为已经死了，才大喊大叫。"她不再追问根由，竟代嘉靖传旨："收曹端妃、王宁嫔、杨金英、张金莲悉磔于市。"

这一道圣旨给方皇后自己带来了厄运。嘉靖一醒过来，就问："端妃在哪里？"

方皇后一愣，忙将杨金英、张金莲的供词拿给嘉靖看。嘉靖道："这桩事，杨金英、张金莲是做得出来的，因为她们恨朕。至于说端妃、王宁嫔不至于无缘无故想把朕勒死。端妃现在哪里？"

方皇后嗫嚅着说道："当时陛下眼不能张，口不能言，妾已传陛下的旨意将她们处死。"

嘉靖大惊，一跳而起道："你把她们都杀了？"

方皇后不语。嘉靖伸手道："将端妃的供词给我看。"

方皇后这一下才知事情弄糟了，她哪有端妃的供词？只得说："张佐只拿来杨金英和张金莲的供词。"

"啪"的一声，方皇后脸上出现了五道指痕。嘉靖吼道："没有供词，怎能杀人？好个贱人，你妒忌端妃，竟敢传朕旨意，将她杀害，委实可恶。"

他痛打着方皇后，恨不能一下子将她打死。方皇后大哭道："皇上就是将妾打死，妾也还不了皇上一个端妃。"

方皇后虽然没有死，但被遗弃了。嘉靖移到西苑万寿宫居住，四面有锦衣卫守卫，不准任何一个女人进入西苑万寿宫，以免有第二个杨金英对他不利。《明史·世宗纪》中对此事有记述。内云嘉靖：

> 自二十年遭宫婢变，移居西内，日求长生，郊庙不亲，朝讲尽废，君臣不相接，独（陶）仲文得时见，见辄赐坐，称之为师而不名。

他真可谓"孤家寡人"一个。能进入万寿宫，除了真人陶仲文，连皇后也不行，何谈他人。方皇后于嘉靖二十六年，默默地死去。

杨金英、张金莲事件对后世的影响很大。明朝皇帝无不担心宫婢行刺，连清朝的皇帝都被这两位奇女子行为所震慑。《清宫遗闻·穆宗垂殁之状》云：

> 宫禁故事，天子欲行幸诸妃嫔宫，先时由皇后传谕某妃嫔，饬令伺候，然后大驾始前往。谕必钤皇后玺。若未传谕，或有谕而未钤玺，大驾虽至，诸妃嫔得拒弗纳。此盖沿明代旧制。明世宗自杨金英谋逆后，始为此制，以防不测耳。

《清宫遗闻·宫中之秘密》云：

> 宫中秘密，有出人意计外者。如皇上宿某宫中，召某妃某宫进御，当值内监，则往彼赤体毡裹，背负而来。或曰此明制。或曰世宗为宫人刺毙，是以此制至雍正后甫有之。

自嘉靖以后，杨金英的阴影在宫中游荡。明、清两代皇帝，害怕宫人中突然又出来个杨金英，立下制度，进行防备。杨金英是个宫妓，你说她伟大不伟大？

附记：关于杨金英的事情，《明史·后妃传》记载太简略。为使这位奇女子不没于世，作者根据史籍之文，作了一些想象。

第二十五章　圣女马湘兰

风尘多侠妓，何用钱刀为？

明万历年间，有吴人王伯谷者，以诗名。一日，他来到金陵秦淮河板桥西一处地方，但见池馆清疏，花石幽洁，不觉心旷神怡，信步走进一条曲廊，岂知触目尽是树林。他怕迷路，正想回头，忽闻羯鼓琵琶与金缕红牙之声相间而作，他奇道："难道我误入仙居？"

他循着乐声走去，见一座亭子，隐于修篁中，四面镂花雕刻。他走近窗棂，朝内窥视，睹一艳丽美女，吐词流盼，正在教诸小鬟吹弹歌舞。他大为惊异，诧道："此何人欤？得非太真（杨玉环）再世？此何地欤？得非梨园重现？"

他停立久之，忽闻声轻笑道："哪里来的'呆子'，在窗间偷窥仙子？偷听仙乐？"

王伯谷一惊，见是一垂髫小鬟，两眼像黑葡萄似的，睫毛又长，含笑望着他，梨涡浅现。他忙道：

"敝人苏州王稚登（伯谷的字），游胜境失路。闻仙乐之声，信步至此，望恕偷窥之罪。"

接着一揖到地。

"原来是王伯谷先生，妾闻先生诗名久矣，快请进厅！"说话的竟是教小鬟吹弹歌舞的丽姝。她立在大厅门首，白衫白裙，飘然如蟾宫嫦娥，话声如春莺溜啭。

王伯谷讶道："不意敝名竟达仙听！敢问仙子芳名？"

丽姝道："贱妾马湘兰。一妓耳，怎敢当仙子之称。"

王伯谷一怔，又向马湘兰深深一揖道："姑娘芳名久著。姑娘的幽兰画为稀世奇珍，敝人有幸偶得一幅，犹珍藏于书斋中。今见姑娘一似幽兰，真可谓人与画俱胜。以姑娘的人品与画技，也只有湘兰之名才可以当之。"

垂髫小鬟笑道："小姐腿都立酸了，别再兰、兰、兰的，请进内坐吧！"

王伯谷拘谨地随着马湘兰走入厅中，只感幽兰之香阵阵袭来。歌声作霓裳羽衣之曲，十余小鬟在翩翩起舞。他心中暗道：

"这是瑶池还是天台？是天上还是人间？我是哪辈子修来的仙缘，得至此地与仙子相亲？"

他坐在厅中，竟不知日之将夕。

忽然厅门人影一闪。

"谁？"垂髫小鬟问道，莲步移向门边。

"墨池郎，你又来了！"小鬟诧道。

"请他进来。"是马湘兰的声音。

墨池郎一脸懊伤，立在马湘兰身前，马湘兰两只杏眼直瞅着他。他呐呐道："我真该死，姑娘送给我的一百两银子，叫我买书读，鼓励我上进。朋友拖我进赌场，我千不该万不该跟着他走，不仅全部输光，而且倒欠一百两。我，我，我……"

"你辜负了小姐的一片心意，你不是人。"小鬟气道。

"小琴，再给他二百两银子，一百两还赌债，一百两买书看。"马湘兰道。她忽然站立起来，冷声又道："墨池郎，你要珍惜自己，不可再上赌场。如果不能金榜题名，这里决不允许你再来。"

墨池郎忽然掩面痛哭失声。

"轻钱刀如粪土，马姬果然名不虚传！"王伯谷在忖想。

墨池郎走了。马湘兰请王伯谷吃晚饭。席上二人谈起诗词，王伯谷发现她在诗词上功底也甚厚，唐诗背诵如流，不由叹道："姑娘既是画家，又是诗人；既是音乐家，又是舞蹈家。敝人如能得姑娘为诗友，平生之愿足矣！"

马湘兰轻笑道："妾求之不得。能与先生为诗友，是妾之幸。"

从此，王伯谷在金陵流连忘返。马湘兰偶染风寒，王伯谷每日都来看她。她也强打精神，与王伯谷论诗论词。感情日有增进。一夕，马湘兰忽道："先生如不嫌弃，湘兰愿以身相委。"

王伯谷一怔道："能得姑娘垂爱，王伯谷三生有幸。你我年龄相差虽只十余岁，但我已有妻室。我绝不能以小妾、小星相处姑娘，那是亵渎。姑娘不仅是才女，而且是侠女。只恨我与姑娘相逢之晚。"

马湘兰见他相拒，遂呜咽道："妾阅人多矣，无如君者。妾非君不嫁，此生不能如愿，愿待来生。"

王伯谷婉言道："姑娘又何苦如此呢？我愿毕生与姑娘为诗友，时相过从。金陵我会常来，也望姑娘到苏州去，我将以平生知己相待。"

马湘兰破涕为笑道："真的，我到苏州去，你能以平生知己相待？"

王伯谷笑道："湘兰轻钱刀，伯谷重然诺。你如来苏州，我天天陪你游名胜，请你吃苏菜，你道可好？"

马湘兰娇声道："好啊！这可是你说的，到时你不陪我、请我，看我饶你。"

气氛变得活跃起来。这天，二人竟谈到深夜。

王伯谷久客思家，要回苏州。马湘兰设宴饯行。时值初秋，寒雨连降。席间，马湘兰取出一串珍珠，向王伯谷道："近年五谷不登，路多饿死的人。这串珍珠，妾请你换成银两，差官府可靠熟人救济饥民。"

王伯谷闻言避席一揖，肃然起敬道："伯谷先代饥民谢过侠女。"

马湘兰笑道："过去这样久，你还未喊我一声兰妹。"

"兰妹！"王伯谷又是深深一揖。

马湘兰道："好久不唱南曲了，你要走，兰妹唱一曲为你送行吧！"

小鬟调好丝竹，乐声悠扬而起。马湘兰唱道：

病骨淹长昼，王生曾见怜。时时对箫竹，夜夜集诗篇。

王伯谷一愣，暗道："这唱的不是她与我近日的流连吗？声音既清且悲，可裂金石！"忽又听她唱道：

寒雨三江信，秋风一夜眠。深闺无个事，终日望归船。

唱到最后一句，声音哽咽，几乎唱不下去了。伯谷听得泪湿衣衫。

"贤妹唱得太好了，真不愧南曲第一家。但唱来太悲伤。我辈虽为性情中人，但我却不愿你伤感，这会有害于你的健康。"

马湘兰哽咽着说："诗与曲都未取名，请兄长为题。"

王伯谷想了一想道："叫《怆别》如何？"又笑道："金陵与苏州有船只直航，我会乘船再来秦淮，也盼贤妹乘船前去苏州阊门，这样，我们两个都不会'终日望归船'了。"

自王伯谷走后，马湘兰便杜门谢客。有多少王孙公子慕名而来，欲求一见而不可得。也有人要以万金聘她为正室，她婉言拒绝。她心中想的、梦中念的只有王伯谷一人。

光阴荏苒，时间在不知不觉中过去了三十年，马湘兰两鬓青丝已经斑白。她的一往深情，仍然系在王伯谷身上，应了她此生非王伯谷不嫁之誓。她的旧院女友，都对她尊敬异常。有些人骂勾栏中人朝三暮四，她们觉得马湘兰为她们争了一口气。王伯谷的朋友有感于她情如金石，不可移易，竟以"圣女"或"情圣"相称。

明神宗万历甲辰秋，马湘兰突然接到一份大红请帖，是王伯谷写来的，内称某月某日是他的七十初度之日，请她赴宴。她高兴极了，立刻打点去苏州。

马湘兰自金陵买舟前往，把她教的"梨园弟子"一齐带去。王伯谷出阊门外迎接。这次聚会，竟然"燕饮累月，歌舞达旦，为金阊数十年盛事"①。

临别前夕，马湘兰与王伯谷泛舟游于太湖。月朦胧，水朦胧，山朦胧，人朦胧。马湘兰叹道："这一个多月的相聚，是我平生最快乐的日子。千里长篷，没有不散的筵席。明天我就要走了。"她从怀中拿出一卷诗，又道："这卷诗是我平日所作，今以相赠。"

王伯谷双手接过，正容道："还有什么礼物比你写的诗更珍贵呢？我会作为传家之宝，代代传下去。"他从怀中取出一块墨玉，中间微凹，送给马湘兰道："微物不成敬意。这块玉石得自昆仑瑶池，可作聚墨画兰写诗之用。"

马湘兰道："墨玉为玉中之宝。我是无家可传的，但我将把它带入……"

王伯谷截口道："我知道你要说什么，但不许说。"

湖风吹过，马湘兰似感到有点寒冷，靠在王伯谷身上，目光如雾，望着远处东洞庭山的淡影，忽然低声道："东洞庭山真美，他年我能葬在那里，该有多好！"

王伯谷怔怔地看着她。

吴门归来不久，马湘兰便病倒了。她自知不起，唤来小琴。这个当年尚在髫龄的小鬟，已经成了中年美妇，管着马家事务。马湘兰道："看来我的病难好。家中财产可以分作两份，一份救助水旱灾民，一份作为弟子费用。伯谷会来金陵，你可与他商量。"

小琴泣道："你别说了，你的病会好的，伯谷先生一定会赶来看你。"

马湘兰笑道："生死我已看开。一个人能有所成就，做些好事，也就不枉来人世间走一趟了。你别哭！"

小琴却哭得更厉害。

一日，马湘兰忽命小琴在佛堂中点上灯，并为她送来洗浴水。浴后，

①［清］钱谦益：《列朝诗集》闰集卷四《香奁下·马湘兰》，生活·读书·新知三联书店上海分店，1989年，第665页。

她换上新衣，将王伯谷送给她的墨玉藏入怀中，端坐于佛堂上，竟瞑目而逝。此年她五十七岁。

两日后，王伯谷赶到，抚棺痛哭道："我来迟了，不及见贤妹最后一面。但贤妹的音容将永远存在我心中。"

小琴布置了灵堂，正中白幔，一幅幽兰。王伯谷手捧祭文，哭道：

　　岁在甲辰，秋风萧瑟，木落寒潭。吴门王伯谷特备鲜花美酒，致祭于湘兰仙子之灵，而哭之以文曰：昔游金陵，误入仙关。忽闻羯鼓与金缕齐奏，琵琶与红牙相间。歌声清越，舞影翩跹，几疑梨园重现，翻思仙子控鸾。中有一人，如初春早莺，吐词芬芳，美目流盼。其人谁欤？仙姬湘兰。孤标傲世，才登仙班。风尘流落，轻钱刀如粪土；士友相过，重然诺如丘山。秦淮怆别，一曲清歌，泪落斑斑。两地相思，三十春秋，岁何漫漫？犹念昔日，灯前细语，我长君少，卿当为我先吊；焉知今天，时易事非，素车白马，反教玉树先残？睹霜雪之欲降兮，何飙风之惨惨？念芳魂之渺渺兮，徒涕泪之潸潸。呜呼，昔逢伊人，此情何极！今吊池馆，锥心摧肝……（拟意）

他哭倒在地，读不下去了。

王伯谷与小琴按照马湘兰的遗言，处理了后事。王伯谷想起马湘兰欲葬东洞庭的话，将她的灵柩运往太湖东洞庭山安葬。葬后，将马湘兰的遗作整理为两卷，作了序言，未及出版，而王伯谷亦逝矣，遗命葬东洞庭山马湘兰墓侧。

好事者云：每到月白风清之夜，可见湖上船影，可闻歌管、吟哦、敲棋之声。人以为马湘兰、王伯谷也。

清汪中有《述学·别录·经旧苑吊马守真（马湘兰）文》，语及"天生此才，在于女子，百千年里，犹不可期，奈何钟美如斯，而摧辱之至于斯极哉！"才女而沦为妓子，又岂马湘兰一人乎？

第二十六章　风尘肮脏违心愿

红豆嗟飘零，女侠是寇湄。

明末有个保国公，官高，门大，势重，听说金陵秦淮河白门一带，美女如云，竟不辞万里，自北京迢迢南下，来白门选美。刚下船，见一个十八九岁的姑娘站在河边看船。他一注目，不由心中一怔，暗道："北京哪儿见过这样俏丽的姑娘！站在那里如弱柳随风，何等风流！"

他上前笑问道："姑娘贵姓？"

姑娘懒得睬他，嘴一撇，向侧边走开了。

保国公打听到此女姓寇名湄，字白门，是妓女之一。心想："纵使是良家女也逃不脱我的掌心，何况你是妓女呢。"

一日，他穿起国公服，带了红顶子随从，备了三百两银子，来到寇家。寇家姐妹哪见过这么大的官和跟班，一个个吓得惊慌失措。只听国公爷张开大嘴道："本官看中了你家女子寇湄，选取为妾，三百两银子是你们的安家费。"

突见寇湄走出来骂道："你不就是那天在河边问我贵姓的人吗？原来你是个人贩子，想把我买走，门都没有。"

一个随员大喝一声道："大胆，怎敢侮辱国公爷？讨打！"

保国公将手一挥道："女孩子懂什么，别吓了她。"他叫随从把银子放在桌上，拉住寇湄道："跟我走吧！"

寇湄甩脱了他的手，怒声道："跟你走？没那么容易。谁要你的臭钱？"她将银子往地下一推，当啷啷撒了一地。一双玉手往腰上一叉，圆睁双目。

保国公浑身乱颤，不能假装大度了。他嚎叫道："反了，你敢跟我国公顶嘴，简直是胆大如天。来人！"

随员一齐拥上。

"替我把这贱婢绑了，架上船去。"

寇湄怎能逃脱此厄？寇家姊妹也只能看着寇湄哭叫撕咬，被架了出去。

寇湄就这样到了北京。

好事来了。李自成打下北京，保国公当了俘虏，家产被抄没。寇湄凑集了三百两银子，来到监牢，以"探监"为名，要求见保国公一面。看守答应了她的要求。保国公忽见寇湄来探监，涕泪交流道："我的妻妾一个个卷铺盖逃走，惟恐拿得不多。你是我凭势力强夺来的，却来监牢探望于我，我真不知要怎样才对得住你？"

寇湄皱眉道："你别误会了，我不是怜悯你今日的处境才来，而是我要来得明，去得白。你在我家强抛下三百两银子。"她取出银子往牢中地下一掷道："现在还给你。"

寇湄携一小婢，匹马南归。一日，她终于回到秦淮寇家，很多人来看她，问东问西，真是：

　　邻里满墙头，感叹亦唏嘘。

寇湄经过此番遭遇，思想有很大的变化。余怀《板桥杂记》说她：

　　归为女侠，筑园亭，结宾客，日与文人骚客相往还。酒酣耳热，或歌或哭，亦自叹美人之迟暮，嗟红豆之飘零也。

一夕，寇湄于秦淮灯船上设宴，文人骚客来了不少。寇湄在宴席上摆了一个铜炉，燃起檀香，香气满舱。酒过半巡，寇湄道："今夕灯船之会，无以娱佳宾。寇湄为一首古诗配了曲子演唱，谨向来宾请教。"

一女弹起琵琶，寇湄应声唱道：

> 四坐且莫喧，愿听歌一言。请说铜炉器，崔嵬象南山。
>
> 上枝以松柏，下根据铜盘。雕文各异类，离娄自相联。
>
> 谁能为此器？公输与鲁班。朱火燃其中，青烟扬其间。
>
> 从风入君怀，四坐莫不叹。香风难久居，空令蕙草残。

她越唱越悲，唱到"空令蕙草残"时，竟泣不成声。这时，有位扬州孝廉大言道："寇姑娘以南曲唱出这首古诗'四坐且莫喧'，既应景，又见情，可称一绝。敝人新丧配偶，寇姑娘如能从我，终不令蕙草空残也。"

坐客都用诧异的眼光望着这位孝廉。寇湄道："谢谢你的称赞，寇湄不愿作人妇。"

这次灯船宴聚之后，那位孝廉每日都到寇家献殷勤，设信誓，下保证。寇湄毕竟年轻，经不起他的花言巧语与死活纠缠，答应了他的要求。他欢欢喜喜把寇湄载往扬州，原想觅地藏娇，哪知一上岸，忽见一个年约三十许、满头珠翠的妇人操刀而立。孝廉一愣。

"我就知你久住金陵不归，一定是给妖女迷住了。今日果然带来了一个贱婢，我决不让你称心如意。不是我，便是你，我与你拼了！"妇人大吼道。

她操刀而上，孝廉连连后退，脸无人色，断续地道："有……话好……商……量。"

寇湄原来呆在那里，这时突然拔下头上金钗，脱去手上玉镯，掷之于地，怒声道："原来你在骗我。什么新丧配偶，全是鬼话，我算认识你这个人了。"回头就走。

"白门，你不能。"孝廉在叫，脚步也在动。

妇人俯身拾起金钗和玉镯，赶上去一把揪住孝廉的耳朵，喝道："好个情郎，白门叫得真甜，还想追去呢。你替我滚回去！"

她扯住孝廉的耳朵进了一扇大门，"砰"的一声，把大门关上。

一场闹剧，就这样结束。寇湄雇舟回金陵，一路心潮起伏不停。

"孝廉是我碰到的第二个男人。说是孝廉，实是无赖。上次被国公强行买去，这次被孝廉骗到扬州，难道天下的官吏都是这种官吏？天下的男人都是这种男人？……"

她想得太多了，觉得头在发痛。

从此以后，她交人特别谨慎，等闲人休想进寇家的门。装束也改了，她洗尽铅华，淡妆素裹，但却使人更加感到她别具一种自然美。

福王朱由崧在金陵即位，文士于寇家聚会。内中有个韩生，慷慨激昂道："想不到一年两个大变。李自成进北京，思宗皇帝自缢煤山。吴三桂为了陈圆圆，又引清兵入关。中华将为夷狄之土，痛哉！我炎黄子孙，不能执干戈以卫社稷，要此七尺之躯何用？"说罢，他竟痛哭起来。

另一生道："福王即位南京，大明一脉尚存，韩兄不用伤悲。"

韩生忽然抬头，泪光莹然道："可是马士英、阮大铖为奸于内，史阁部孤守于外，我看南京也保不住啊！"

寇湄觉得韩生颇有见识。猛闻"啪"的一声，韩生拍案而起，大声道："此正我辈报国之时也。清兵如果南进，韩某必抛头颅，洒热血，保卫我大明半壁江山。进而克服幽燕。"

寇湄觉得他有点哗众取宠，又觉得他不失为一个血性男儿。

次年，清兵南下，扬州失守，史可法殉难，金陵惶惶不可终日。韩生日日都到寇家，俨然以护花使者自命。

清军兵临南京城下，钱谦益以礼部尚书迎降，韩生在寇湄面前，大发牢骚，先骂马士英、阮大铖，后骂钱谦益。他道："马士英、阮大铖本为阉党，不急国难唯利是图。金陵危急，他们逃了。钱谦益自命为风流教主，成天在女人堆里打转，哪计国难当头？清兵一到，竟献城投降。可恨呀可恨！若能路遇，我必手刃此獠。"

金陵归了清朝，妓家哪个不怕？有个男人韩生自告奋勇，要保护寇湄，且出言慷慨，涕泗滂沱，寇湄不自觉地对他发生了好感。一夕，寇湄竟留住韩生，不让他走，且自动投怀送抱。韩生乍惊美人在抱，不知是在人间，还是在天上？他紧紧拥住寇湄，寇湄却悲泣道："我终于找到了一个可以信赖的男人，这个人就是你，你就恣意爱怜吧！"

二人热恋了一个多月，韩生间或有一天、两天不来。两个月过去，韩生足迹不至寇门。寇湄病了，叫小鬟去请韩生。这次韩生来了，不仅剃了发，而且穿了清朝的官服。坐未暖席，便借故辞去。

"这人就是我认识的第三个男人吗？"寇湄在怀疑，在愤慨，在自伤，在悲泣。

入夜，隔壁小婢房中忽然传来韩生的笑语，寇湄大叫一声"罢了"，人昏倒过去。

寇湄死了，她出生人间，没有得过一丝真情，一点温暖。她带着对世道、对男人的痛恨，撒手离开这个使她感到冷如玄冰的世界。

钱谦益《金陵杂题》咏寇湄诗。诗云：

> 丛残红粉念君恩（君指明帝），女侠谁知寇白门？黄土盖棺心未死，香九一缕是芳魂。

第一、二句是赞寇湄思明，匹马南归，不愧为一代女侠。第三、四句是说寇湄有她的追求。在生时虽未如愿，但心却未死。那一缕香烟，不就是寇湄的芳魂吗？

第二十七章 晚明才女出花丛

晚明江南地，才女在花间。

明朝季世，花国名妓，几无不是能诗、能文，能琴、棋、书、画的才女。才女出花丛，对世道是一个讽刺。当时才女何以尽在花国呢？崇祯皇帝说过两句话："我朝以大臣子女罚入教坊，究是虐政。"这两句话说出了明朝名妓的一个来源。明时籍大臣子女入教坊，而她们大都是有文化素养的人。何况明末又是一个大动荡的时代。有文化素养的妓女感叹身世，哀伤国运，能不见之于诗文吗？今将旧籍所见明末诗妓一一拈出，庶几乎为吾国才女小传，另辟一栏，不使湮沉。其特著者如陈圆圆、董小宛、柳如是、李香君、顾横波，另有专篇。此间但略及之，以见其盛。

秦淮：

董小宛：余怀《板桥杂记》云："董白，字小宛，一字青莲。天资巧慧，容貌娟妍。七八岁时，阿母教以书翰辄了了。少长，顾影自怜。针神、曲圣、食谱、茶经，莫不精晓。性爱闲静，遇幽林远涧，片石孤云，则恋恋不忍舍去。"诗，今知有"签语"一首：

忆昔兰房分半钗，如今忽把信音乖。痴心指望成连理，到底谁知事不偕。

此诗当为顺治八年新婚不久，冒辟疆他去，己身为清兵所劫时之作。感伤指望成连理，到底谁知事不谐。

李香君：侯朝宗（方域）《李姬传》云：李香君侠而慧，皎爽不群。"十三岁从吴人周如松受歌《玉茗堂四传奇》（《玉茗堂四梦》），皆能尽其音节。尤工琵琶词，然不轻发也。"尝阻止侯朝宗结交阮大铖，谓"以公子之世望，安事阮公？公子读万卷书，所见岂后于贱妾耶？"侯朝宗下第，李香君"置酒桃叶渡，歌琵琶词以送之"。李香君说："公子才名文藻，雅不减中郎（蔡邕）。中郎学不补行，今琵琶所传，词固妄然，尝昵董卓，不可掩也。公子豪迈不拘，又失意，此去相就未可期，愿终自爱，不忘妾所歌琵琶词也。"琵琶词，《琵琶记》之词。《琵琶记》为高则诚所作杂剧（南曲），演述赵五娘与蔡邕之事。李香君唱此曲，意在劝告侯朝宗勿昵董卓之辈，堪称"侠而慧"三字。

顾眉生：《板桥杂记》云："顾媚，字眉生，又名眉。庄妍靓雅，风度超群，鬓发如云，桃花满面，弓弯纤小，腰肢轻亚。通文史，善画兰，追步马守真而姿容胜之。时人推为南曲第一家。有眉楼，绮窗绣帘，牙签玉轴，堆列几案，瑶琴锦瑟，陈设左右，香烟缭绕，檐马丁当。"后归合肥龚芝麓尚书。来向她求诗文与画兰的很多，"缣笺动盈箧笥，画款所书"皆作"横波夫人"，因而又有顾横波之号。

马湘兰：名守真，小字玄儿，又字月娇。以善画兰花，故湘兰之名独著。所居在秦淮胜处。教诸小鬟学梨园子弟，羯鼓琵琶声与金缕红牙声相间。性喜任侠，时时挥金以赠少年。步摇条脱每每在当铺出当，从不顾及。有诗二卷。王伯谷叙其诗说："轻钱刀若土壤，居然翠袖之朱家；重然诺如丘山，不忝红妆之季布。"[1]录二首以见：

① ［清］钱谦益：《列朝诗集》闰集卷四《香奁下·马湘兰》，生活·读书·新知三联书店上海分店，1989年，第665页。

自君之出矣，不共举琼卮。酒是消愁物，能消几个时？①

周吉甫《金陵琐事·诗话》谓："何减唐之鱼玄机、李季兰乎？"

病骨淹长昼，王生曾见怜。时时对兰竹，夜夜集诗篇。寒雨三江信，秋风一夜眠。深闺无个事，终日望归船。②

朱无瑕：字泰玉，桃叶渡边女子。幼学歌舞，举止谈笑，风流蕴藉。长而淹通文史，工诗善书。万历己酉（三十七年），秦淮有社，会集天下名士。朱泰玉诗出，人皆自废。有《绣佛斋集》，当时人以比马湘兰。录《春闺怨》一首以见：

学语新莺惊梦起，红妆满树依桃李。年华不管是风情，十二栏干长独倚。

赵彩姬：字今燕。南曲中与马湘兰齐名。冒伯麟说："余从十二名姬中见今燕诗，顷游秦淮，知其尚在，屏居谢客……故为刻其诗附于湘兰之后。"③《送王仲房归长安》云：

暮雪江南路，孤城尊酒期。殷勤折杨柳，还向去年枝。

郑如英：字无美，小名妥。韶丽惊人，亲铅椠之业。与期莲生善，寄《长相思》用十二字为目，酬和成帙。《雨中送期莲生》云：

①［清］钱谦益：《列朝诗集》闰集卷四《香奁下·马湘兰》，生活·读书·新知三联书店上海分店，1989年，第665页。

②［清］钱谦益：《列朝诗集》闰集卷四《香奁下·马湘兰》，生活·读书·新知三联书店上海分店，1989年，第665页。

③［清］钱谦益：《列朝诗集》闰集卷四《香奁下·赵今燕》，生活·读书·新知三联书店上海分店，1989年，第665页。

执手难分处，前车问板桥。愁从风雨长，魂向别离消。客路云兼树，妆楼暮与朝。心旌谁复定，幽梦任摇摇。

寇湄：字白门。钱牧斋诗云："寇家姊妹总芳菲，十八年来花信迷。今日秦淮恐相值，防他红泪一沾衣。"从此诗可知寇家多佳丽，白门为其一。寇白门"能度曲，善画兰，粗知拈韵，能吟诗"①。

宋蕙湘：秦淮女也，兵燹流落，被掳入军。至河南卫辉府城，题四绝句于壁间。怆凉感慨，尤胜须眉。下全录之：

风动江空羯鼓催，降旗飐飘凤城开。将军战死君王系（喻南京之破），薄命红颜马上来。

广陌黄尘暗羃鸦，北风吹面落铅华。可怜夜月箜篌引，几度穹庐伴暮笳。

春花如绣柳如烟，良夜知心画阁眠。今日相思浑似梦，算来可恨是苍天。

盈盈十五破瓜初，已作明妃别故庐。谁散千金同孟德，镶黄旗下赎文姝。（此用曹操以千金赎蔡文姬之典，期有所遇，亦可哀也欤。）②

诗后跋云：

被难而来，野居露宿，即欲效章嘉故事，稍留翰墨，以告君子，不可得也。偶居邸舍，索笔漫题，以冀万一之遇。命薄如此，想亦不可得矣。秦淮难女宋蕙湘和血题于古汲县前潞王城之东。潞王城，潞藩府第也。③

---

① [清]余怀：《板桥杂记》中卷《丽品·寇湄》，上海中央书店，1936年，第19页。

② [清]余怀：《板桥杂记》附录《宋惠湘诗》，上海中央书店，1936年，第27—28页。

③ [清]余怀：《板桥杂记》附录《宋惠湘诗》，上海中央书店，1936年，第28页。

董小宛与她同命运。可是宋蕙湘后来无闻。虽遭际不同，但同样都是红颜薄命。宋蕙湘能留下此四首绝句，亦足以传世留芳。

卞玉京：名赛，一名赛赛。后为女道士，自称"玉京道人"。"知书，工小楷，善画兰、鼓琴，喜作风枝袅娜，一落笔画十余纸"[1]。后遇乱至吴门，在吴作道人装束。吴梅村有《听女道士卞玉京弹琴歌》，所云："昨夜城头吹筚篥，教坊也被传呼急。碧玉班中怕点留，乐营门外卢家泣。私更妆束出江边，恰遇丹阳下渚船。剪就緅贪入道，携来绿绮诉婵娟。"[2]正是写卞玉京遇乱流离入道这一段经历。

吴梅村对卞玉京十分钟情，钱牧斋在吴，欲为吴、卞二人撮合，但无结果。吴梅村家藏稿五十八《诗话》对卞玉京才情言之甚详，录之如下，以见此秦淮又一才女。

> 女道士卞玉京，字云装（当为作道装后所字），白门人也。善画兰，能书，好作小诗，曾题扇送余兄志衍入蜀一绝云："剪烛巴山别思遥，送君兰楫渡江皋。愿将一幅潇湘种，寄与春风问薛涛。"……玉京明慧绝伦，书法逼真黄庭，琴亦妙得指法。余有《听女道士弹琴歌》及《西江月·醉春风填词》，皆为玉京作。

惜哉此姝，生不逢时，后竟长斋绣佛，死葬吴门惠山祇陀庵锦树林。

卞敏：《板桥杂记》云：卞玉京"有妹曰敏，顾而白，如玉肪，风情绰约，人见之如立水晶屏也。亦善画兰鼓琴。对客为鼓一，再行即推琴敛手，面发赪。乞画兰，亦止写条竹枝兰草二三朵，不似玉京之纵横枝叶，淋漓墨沈也。然一以多见长，一以少为贵，各极其妙，识者并珍之"。才调不减其姊卞玉京。

马如玉：字楚玙，本姓张，家住金陵南市，往居旧院，从假母之姓为

---

①［清］余怀：《板桥杂记》中卷《丽品·卞赛》，上海中央书店，1936年，第13页。

②［清］余怀：《板桥杂记》中卷《丽品·卞赛》，上海中央书店，1936年，第13页。

马。"凡行乐伎俩，无不精工。熟精《文选唐音》，善小楷八分书及绘事，倾动一时士大夫。"①受戒于栖霞苍霞法师，易名妙慧。《红楼梦》妙玉之流也。诗存六首，其一云：

> 郎乘仙槎趁晚风，妾乘油壁入云中。寻常一样天边月，临水登山便不同。②

沙宛在：字嫩儿，自称"桃叶女郎"。有《蝶香集·闺情绝句》一百首。录一首以见她的才情：

> 白燕双双入幕频，梨花香遍雪为茵。夜来纵有游仙梦，不作乌衣巷里人。③

杨玉香：金陵娼家女，年十五，色艺绝群。与闽人杨景清题诗唱和，遂许嫁杨景清。诀别六年，杨景清后南游，舟泊白沙，每夜见杨玉香于舟中，欢好如平生。天将晓，不复见。杨景清至金陵相访，云已死矣！此真《聊斋》故事也。录诗一首以见：

> 锦画龙香独掩门，琵琶声下月黄昏。愁心正恐花相笑，不敢花前拭泪痕。④

---

① [清]钱谦益：《列朝诗集》闰集卷四《香奁下·马如玉》，生活·读书·新知·三联书店上海分店，1989年，第666页。

② [清]钱谦益：《列朝诗集》闰集卷四《香奁下·马如玉》，生活·读书·新知·三联书店上海分店，1989年，第666页。

③ [清]钱谦益：《列朝诗集》闰集卷四《香奁下·沙宛在》，生活·读书·新知·三联书店上海分店，1989年，第666页。

④ [清]钱谦益：《列朝诗集》闰集卷四《香奁下·杨玉香》，生活·读书·新知·三联书店上海分店，1989年，第667页。

　　以上都是金陵妓女，都能诗能画能歌能舞。晚明金陵诗坛、艺坛，实为妓女所占，愧煞当时才子。写《中国文学史》，甚宜将晚明金陵诗坛的翘楚妓女补入。

　　其他地方也有诗妓艺妓，才名不在金陵名妓之下，如吴中名妓柳如是、陈圆圆。当时名士如冒辟疆、侯方域、钱谦益、吴梅村多与妓女来往，且为她们写诗作词。冒董、侯李、钱柳、吴卞的爱情故事脍炙人口。

第二十八章　白门柳

金陵横塘路，乌啼白门柳。

明朝季世，举世艳称的名妓董白（董小宛）、李香（李香君）、顾横波（顾媚）等，皆被称为这个时期的"白门翘楚"。妓中且有以"白门"为名的，如寇白门。清初，顾横波所从的尚书合肥龚芝麓，有《白门柳传奇》行于世①，清末又有《白门新柳记》《白门衰柳记》，所记均为秦淮妓女。近世又有小说《白门柳》，误以吴门名妓柳如是为"白门柳"。白门，人们但知指金陵。然而出自何典，则很少有人知道了。

按《宋书·明帝纪》泰豫元年有云：

> 宣阳门，民间谓之白门，上以白门之名不祥，甚讳之。尚书右丞江谧尝误犯，上变色曰："白汝家门！"谧稽颡谢，久之方释。

此即白门之由来。白门者，建康之宣阳门也，民间呼之为"白门"。

民间何以把宣阳门喊作"白门"呢？原因在宣阳门为建康西南门。《淮南子·地形训》：

> 西南方，曰编驹之山，曰白门。（注：西南，月建在申，金气之

---

① ［清］余怀：《板桥杂记》中卷《丽品·顾媚》，上海中央书店，1936年，第11页。

始也。金气白，故曰白门。）

这说得很清楚了，将西南门喊作白门，是民俗，民虽不懂《淮南子》，但五行之说，却是懂得的。

宋明帝忌讳白门，明末妓女却以白门为名字（寇白门），皇帝不如妓女。

宣阳门（白门）南朝宋世为篱门。齐初始筑城墙，《南齐书·王俭传》记齐高帝以紫极殿故材为宣阳门，王俭与褚渊、王僧虔联名上表，以为不可。又云：

> 宋世外六门（包括宣阳门）设竹篱，是年（建元二年）初，有发白虎樽者，言"白门三重门，竹篱穿不完"。

齐高帝因此改立都墙。门名如旧。这里，须将秦淮河流向说一下。

《金陵览古》"秦淮"条说："由桃叶渡而西南为秦淮……历二十四航，逾镇淮、饮虹二桥，出西水关，注入江。因秦所凿，故名秦淮。"

秦淮河最热闹的一段，是穿朱雀航，过朱雀门（建康正南门）后，至西水关的一段。宣阳门（白门）在朱雀门西，前临秦淮，恰当秦淮热闹地段。

《金陵览古》"秦淮"条有"南国繁华古擅场，长淮流水接横塘。千家帘幕烟花重，五月笙歌罗绮香"句。自江口沿淮而上筑有堤坝，谓之"横塘"。所谓"长淮流水接横塘"是也。横塘两岸，"楼台分峙，亭榭参差。每夏秋时，仕女竞集，画帘锦幕，麝馥兰薰，火树银花，光夺桂魄。吴船载酒，鼓吹喧呼。或爱深渌水，或长歌阳春。游者苦目不周玩，情不给赏"。

这热闹非凡的一段，江口一段，江水澎湃，游人心惧。朱雀航一段为禁区，最最热闹之处，舍宣阳门（白门）东西莫属了。白门之名因而大著。游人直目建康（金陵）为"白门"了。

"白门柳"三个字则出自齐郁林王隆昌时所产生的清商曲辞《杨叛儿》与唐李白诗。

《乐府诗集·杨叛儿》序云：

> 《唐书·乐志》曰：《杨伴儿》，本童谣歌也。齐隆昌时，女巫之子曰杨旻，少时随母入内，及长，为何后宠。童谣云："杨婆儿，共戏来所欢。"语讹，遂成杨伴儿。
>
> 《古今乐录》曰：《杨叛儿》送声云："叛儿教侬不复相思。"

《乐府诗集》载有无名氏《杨叛儿》八首，其第二首云：

> 暂出白门前，杨柳可藏乌。欢作沈水香，侬作博山炉。

唐李白作《杨叛儿》诗，将此四语翻作：

> 君歌杨叛儿，妾劝新丰酒。何许最关人，乌啼白门柳。乌啼隐杨花，君醉留妾家。博山炉中沉香火，双烟一气凌紫霞。

"暂出白门前，杨柳可藏乌"，变化成"何许最关人，乌啼白门柳"。

李白的《金陵送张十一》诗也有"春光白门柳，霞色赤城天"之句。此为"白门柳"三字最早的出处。

《杨叛儿》中的"侬"与"妾"有"妓"意。白门前为秦淮，"柳"本秦淮堤上柳。而"乌啼隐杨花，君醉留妾家"句，又将杨花与妾家相连。后之好事者遂名秦淮妓女为"白门柳"。将"白门柳"三个字作书名，以龚芝麓的《白门柳传奇》为最早。

唐有"章台柳"。此柳为妓女，韩翊姬也。章台为长安街名。"章台柳"为韩翊姬柳氏专称。而"白门柳"则泛指金陵秦淮诸妓了。

可却有人将明末吴门名妓柳如是当作"白门柳"。这或许是明末名妓集中于秦淮，而柳如是又姓柳造成。王书奴所写《中国娼妓史》第五章第十七节便将柳如是列入"白门翘楚"中。近人小说《白门柳》且以柳如是为主角。他们是不是搞错了呢？

前人写的有关柳如是的传记，如王书奴所引的《绛云楼俊遇》、钮琇的《觚剩》及最详实的顾苓《河东君传》等，都说柳如是为"吴中名妓"，所记柳如是嫁钱谦益以前去过的地方也只有嘉定、杭州等处而无金陵。

柳如是早期事迹在诸传中不明。陈寅恪先生著《柳如是别传》，字数达八十余万。陈书一出，所有前人传记都黯然失色了。柳如是早期事迹在陈书中得到了钩沉。通看陈书，也无一语说到柳如是为秦淮名妓。由此可以断定以柳如是为"白门翘楚"或"白门柳"，显然错误。

或云"白门柳"亦可作妓女的通称，固不论其居于何处。然而与柳如是同时代的，并与柳如是同在苏州住过的玉峰名妓陈圆圆，就没有"白门柳"之名。要说通称，平康妓、北里妓可作各地妓女的通称，而白门柳则只能作金陵秦淮妓女的通称。

白门柳翘楚：明嘉靖、隆庆间，名列花榜的有王赛玉、杨璆姬、蒋兰玉、齐爱春、姜宾竹、徐琼英、赵连城、陈玉英、陈文姝、张如英、蒋文仙、陈琼姬、王蕊梅、王玉娟。明朝晚季有董小宛、李香君、顾媚、寇白门（名湄）、马湘兰、赵彩姬、朱无瑕、郑如英、马如玉、郝文珠、沙宛在、杨玉香、王月、李十娘、葛嫩、李大娘、卞玉京、卞敏、马娇、马嫩、小马嫩、王节、宋蕙湘。

以上主要依据为余怀《板桥杂记》。至于珠泉居士《续板桥杂记》所列，则未引入。《白门新柳记》与《白门衰柳记》所载，则为清朝晚季白门娼妓。

第二十九章　董小宛与董鄂妃

万乘若敝屣，妾命如尘埃。

董小宛名白，字小宛，一字青莲。张明弼《冒姬董小宛传》说她是明末"秦淮乐籍中奇女"。余怀《板桥杂记》也有记述。董小宛七八岁时，母亲陈氏"教以书翰辄了了"。到十一二岁，竟出落得"神姿艳发，窈窕婵娟，无出其右。至针神曲圣食谱茶经，莫不精晓"。才华绝世。性格上爱静，爱山水。曾与母亲离开秦淮到吴门半塘住过，得与冒辟疆"梦值"于曲栏花下。此后，董小宛又去过西湖、白岳、黄山等地。母死，在半塘"抱病赁居以栖"①。冒辟疆忽至，遂以身相托。一度与冒辟疆观竞渡于镇江北固山，轻衫飘举，人们以为"江妃携偶踏波而上征"。别后董小宛归秦淮。冒辟疆诸事既了，至秦淮与董小宛共同演出《燕子笺》，为董小宛落籍。因得钱牧斋等人之助，办妥一切手续，将董小宛娶回如皋家中为侧室。有关的人中，有个"大帅"，此"大帅"值得一考。

冒辟疆的《影梅庵忆语》，提及董小宛"壬午得签"，签云：

忆昔兰房分半钗，如今忽把信音乖。痴心指望成连理，到底谁知事不偕。

---

① [清]余怀：《板桥杂记》中卷《丽品·董小宛》，上海中央书店，1936年，第12页。

"分半钗"是说兰房定情但又分离。"信音乖"是说一直没有得到冒辟疆的消息。因此"成连理"徒成了"痴心指望"。"到底谁知事不偕"，是说未等到冒辟疆回如皋，已发生了变故。"事不偕"，成连理的事不谐也。全签的意思是定情不久，重又别离。因此才有兰房分钗的事。岂知冒郎一去不归，音信杳然。加以变故忽生，痴心指望成长久夫妻，连理并蒂，竟变成一场空梦。

不是"定情别""新婚别"，何须兰房分钗？如果结成连理已有许多年，何来"痴心指望成连理"这样的话语？到底不偕，也只有未成连理或刚成连理又告别，才能解释。"签"是假托，实际为事故发生后，董小宛的一首抒情诗，追忆诗。

《影梅庵忆语》有"三月之杪，余复移寓友波沂友云轩，久客怀家正剧"的话，表明确有分别。《影梅庵忆语》接着又说"余甫著枕，便梦还家，举室皆见，独不见姬（董小宛）"。他于梦中大呼"岂死耶？"而又说董小宛"亦于是夜梦数人强之去"。表明在他未回家前，确有变故。但说董小宛"与余形影交俪者九年，至辛卯岁二日长逝"，则与签语及"数人强之去"的话不合。这有冒辟疆自己的苦衷。

"签语"明是"数人强之去"那年所写，所以才有"到底谁知事不偕"之句。亦即辛卯年（顺治八年）所写。而冒辟疆为了要说董小宛与他形影交俪九年，才将董诗说成是"签语"，并移到壬午年（崇祯十五年）。自壬午到辛卯恰为九年。由辛卯年上推九年，移到壬午年，便移到了顺治登基、清兵叩关前一年。至于董、冒兰房分钗在哪一年，从"签语""信音乖"与《影梅庵忆语》"久客怀家"的话来看，当在辛卯年以前一二年间，绝不会早到清兵入关之间。

按清世祖顺治有贵妃董鄂氏。《清宫遗闻》卷一说：董小宛"被掠于北兵，辗转入宫，大被宠眷，用满洲姓，称董鄂氏。辟疆即以其被掠之日为其亡日（辛卯献岁二日）"。甚不得已也。

董小宛被掠，说法较多。有一说为洪承畴计取，但为顺治之弟博穆博果尔所得。顺治八年亲政，册立皇后吴克善女博尔济吉特氏。这年顺治十四年。顺治与皇后无感情，见到弟妇董小宛惊为天人，情不能已，竟横刀夺爱。《清史稿·后妃传》记董鄂氏（董小宛）"年十八入侍，上眷之特厚，宠冠后宫"。将顺治八年（辛卯）董小宛十八岁被掠入侍的真实年龄，加上冒辟疆所云结成连理已有九年的虚数，恰是冒辟疆为董小宛卒年安排的年纪——二十七岁。反过来，以二十七减去九，所得恰为董小宛被掠入侍顺治的年纪——十八岁。

冒辟疆为什么要说结成连理已有九年，董小宛卒年二十七呢？须知上推九年，恰恰推到顺治即位前面一年。即推至明崇祯十五年壬午。这一上推，不仅躲开了顺治，而且躲开了清朝。董小宛就与董鄂妃无干了。须知董小宛入侍顺治，连与董小宛有过瓜葛的顺治之弟博穆博果尔都被顺治除掉。如果顺治知道董小宛本是冒辟疆刚娶的侧室，则冒辟疆的人头难保。此即《清宫遗闻》所说冒辟疆的"甚不得已"之处。他必须摆脱与"董鄂妃"的关系，摆脱的方法就是在结缡上、董小宛的年龄上与结局上散布迷雾。而最紧要的一着，便是将董小宛与他结缡推到顺治前一年去。

我有几个很有力的证据，可以证明董鄂妃确是董小宛。

其一，董鄂妃与董小宛不仅"病态"相似，而且性情、言行无一不合，两人就是一人。此证前人未留意，故无人谈及，特为之揭出如下。

昔日，在读《清史稿》与《影梅庵忆语》时，我曾将《影梅庵忆语》与《清史稿·后妃传·孝献皇后栋鄂氏传》所载顺治《行状》相比较，发现董鄂氏的性格与董小宛完全相同。不禁叹道："岂非一人耶？"

对婆婆态度。

《清史稿》云："后娴静循礼，事皇太后，奉养甚至，左右趋走。皇太后安之。"

《影梅庵忆语》说吾母太恭人等谓董小宛"德性举止，迥非常人。而姬之侍左右，服劳承旨，较婢妇有加无已。烹茗剥果，必手进。开眉解意，爬背喻痒"。这不就是《行状》说的"娴静循礼，事皇太后奉养甚至，左右趋走"吗？董小宛是以事冒辟疆母亲的态度来事顺治皇帝之母。

对夫婿态度。

《行状》记董鄂氏"事朕……晨夕候兴居，视饮食服御，曲体罔不悉。……中夜谦谦起视。朕省封事，夜分，未尝不侍侧。"

《影梅庵忆语》写董小宛服侍冒辟疆，"鹿鹿永夜。无形无声，皆存视听。汤药手口交进"。这不就是《行状》说的"事朕……晨夕候兴居，视饮食服御，曲体罔不悉"中夜起视，夜分侍侧吗？董小宛是以事冒辟疆的态度来事顺治皇帝。

生不用金玉，死不以珍物为敛。

《行状》记董鄂氏"至节俭，不用金玉"。死时"复属左右毋以珍丽物敛"。

《影梅庵忆语》记"姬（董小宛）不私铢两，不爱积蓄，不制一宝粟钗钿"。弥留时，"一身之外，金珠红紫，尽却之不以殉"。这当是生前向冒辟疆谈的私下语。你看，董鄂氏与董小宛的节俭性格，生不用金玉，死时尽却金珠红紫，不以为殉，活脱就是一个人。

世界上恐怕没有两个人会在性格上、言谈举止上、爱好上如此相像。这只有董鄂妃便是董小宛才可以解释。

其二，近读陈寅恪先生在《柳如是别传》中述及的董小宛之死，益信董鄂妃与董小宛为一人。钱牧斋有《病榻消寒杂咏》四十六首，第三十七首写董小宛。诗云：

> 夜静钟残换夕灰，冬缸秋帐替君哀。汉宫玉釜香犹在，吴殿金钗葬几回。旧曲风凄邀笛步，新愁月冷拂云堆。梦魂约略归巫峡，不奈琵琶马上催。

钱牧斋为冒辟疆知友，曾助董小宛脱籍，诗的可信性很高。陈寅恪先生说：从《影梅庵忆语》梦"数人强之去"的话，可知冒辟疆亦暗示小宛非真死，实被劫去也。观牧斋"吴殿金钗葬几回"之语，其意亦谓冒氏所记顺治八年正月初二小宛之死乃假死。清廷所发表顺治十七年八月十九日董鄂妃之死，即小宛之死，故云"葬几回"。否则钱诗辞旨不可通矣。死可以有假，坟墓也可以有假。造一个假墓，且会有人去哭，这种事情，笔记小说中屡见不鲜。钱牧斋"吴殿金钗葬几回"诗句，表明钱牧斋知道董鄂妃便是董小宛这个不是秘密的秘密。

其三，张明弼《冒姬董小宛传》写了壬午年两件事：一是董小宛与冒辟疆"于河亭演怀宁新剧《燕子笺》"；二是写钱牧斋为董小宛脱籍，并提及"时又有大帅以千金为姬与辟疆寿"，然后才是结缡。《燕子笺》为曾依附魏忠贤的阮大铖所作。《冒姬董小宛传》提及当时在金陵的冒辟疆诸友中，有吴次尾（吴应箕）、侯朝宗。而侯朝宗《李姬传》写到阮大铖以阿附魏忠贤为金陵"清议所斥，阳羡陈贞慧、贵池吴应箕实首其事，持之力"。则冒辟疆怎么可能甘冒天下之大不韪，于壬午即明亡前二年名士云集金陵时，与董小宛演出阮剧《燕子笺》？《曲海总目提要》记《燕子笺》其实完成于顺治元年福王在南京登基阮大铖入马士英幕之日，壬午年尚未脱稿。董、冒演出《燕子笺》这件事并非虚记，但演出时间必不在明亡之前，而只能在明亡与金陵福王政权幻灭之后。即在清朝。演出在结缡之前，演出在清，结缡亦必在清。婚前演出燕剧，为张明弼的伏笔，惜为人们所忽略。

"大帅"何人？查《明史》纪传，壬午年三大帅洪承畴在松山被俘降清，孙传庭在潼关对付李自成，左良玉在两湖对付张献忠，金陵无大帅。《清史稿·贰臣洪承畴传》记顺治二年，"上命承畴往驻江宁，铸给招抚南方总督军务大学士印，赐敕便宜行事"，此真大帅也，所驻之地恰为金陵。洪承畴本为明朝进士，对钱牧斋、冒辟疆等人是知道的，出千金为董、冒二人寿自有可能。而这件事发生于董小宛脱籍时，则董小宛脱籍出嫁冒辟疆不在明亡之前，而在明亡之后，又可知矣。

据此再看《清代野史》所载《董小宛别传》，便非全无征信了。《董小宛别传》谓"汉降臣洪承畴为两江总督，颇悬物色之赏，军士竞献美姬以媚主帅。洪氏熟闻江南佳丽地，秦淮一波，红桥片石，其香艳沁人，魂楚至是，尤慕寇白门、马湘兰、李香君、顾横波等盛名，求之俱不得"。既而思得董小宛，麾下佟某知其意，以兵劫之。董小宛掩袂娇啼，洪承畴诡称："子夫与逆案有关，事得白，则且送子归耳。"可他却载董小宛入都，辗转终入宫廷。看来他以千金为董、冒寿，已对董小宛留意了。

按《清宫遗闻》所云冒辟疆以董小宛被掠之日即顺治八年辛卯岁献二日，为董小宛亡日，则董小宛被掠在顺治八年春正月初二。洪承畴以顺治八年闰二月受命管都察院事，董小宛入京当在被掠两个月后。《清宫遗闻》"辗转入宫"之言，包括董小宛先为博穆博果尔王妃一段。但入宫侍顺治必在顺治八年这年之内。《清史稿》说董小宛以十八岁入侍，则辛卯年她为十八岁明矣。

《清宫遗闻》所载前人以董小宛、董鄂妃为一人，有如下证据：

一、《影梅庵忆语》追述董小宛言行，"凡一饮食之细，一器物之微，皆极意缕述。独至小宛病时作何状，永诀作何语，绝不一及。死后若何营葬，亦不详书。仅于哀辞中有云：今幽房告成，素旐将引，谨卜闰二月之望日，安香魂于南阡。数语而已，未足信据也。"

二、《影梅庵忆语》提及签文"到底谁知事不偕"，谓"今日验矣"。如果董小宛已病逝，"则当作悼亡语，不当云到底不谐今日验之语"。

三、《影梅庵忆语》自写其梦，还家独不见董小宛，用了"岂死耶"不确定之语。又说董小宛"于是夜梦数人强之去"。此中消息已露。《影梅庵忆语》至此而止，"以后盖不敢见诸文字也"。为什么呢？因为董小宛已成了皇贵妃。

四、吴梅村《题董小宛像诗》第八首有"墓门深更阻侯门"之句，"若小宛真病殁，则侯门作何解"呢？"岂有人家姬人之墓，谓其深更阻侯门者乎？"（按崔郊诗有"侯门一入深如海，从此萧郎是路人"句。）

五、又吴梅村《题董君画扇诗》，题列《题董小宛像诗》后，第六首有云："掌上珊瑚怜不得，却教移作上阳花。"则意思更为明显。上阳，皇宫也。

六、龚芝麓《题影梅庵忆语贺新郎》下阕有"碧海青天何限事，难倩附书黄犬，籍棋日酒年宽免。搔首凉宵风露下，羡烟霄破镜犹堪典，双凤带，再生蓊"之辞。所云"碧海青天""附书黄犬""破镜堪展"，皆生别语，而非悼亡之语。

如此说来，董小宛之为董鄂妃，是确定无疑的了。

但也有人否定董小宛之为董鄂妃。我所见到的否定文章，如孟森先生的《董小宛考》，根据冒辟疆所云董小宛的年龄与如皋影梅庵董小宛墓等，力言董鄂氏不是董小宛。这恰恰中了冒辟疆之计。

董小宛卒于顺治十七年，年二十七岁。这倒与冒辟疆所说董小宛年二十七卒相合。不过冒将年代拉到了顺治八年。

董小宛死后半岁，顺治出家。这又是一桩公案。

吴梅村有《清凉山赞佛诗》四首，咏顺治因董小宛之死，出家五台山清凉寺为僧，明白如画。如云：

> 西北有高山，云是文殊台。台上明月池，千叶金莲开；花花相映发，叶叶同根栽。王母携双成，绿盖云中来。

高山，五台山也。为佛教四大圣地之一，供奉文殊菩萨，有文殊台。花开并蒂，莲栽同根，喻爱情。双成，董双成也。寓董鄂氏（董小宛）的"董"字。西王母带着魂归瑶台的董小宛也就是仙女董双成到五台山来看出家于此的顺治皇帝来了。

> 陛下寿万年，妾命如尘埃。愿共南山椁，长奉西宫杯。……吾王慎玉体，对酒毋伤怀。

把"文殊台"与"陛下""吾王"相连，明指顺治到了五台山。妾命虽如尘埃薄，但愿陛下寿万年，对酒毋伤怀。关切之至，沉痛之至！

> 伤怀惊凉风，深宫鸣蟋蟀。严霜被琼树，芙蓉雕素质。可怜千里草，萎落无颜色。

又用"深宫""千里草"。提醒人们他写的是顺治与董小宛的爱情悲剧。"千里草"董字也。可怜董小宛已萎落无颜色矣!

戒言秣我马,遨游凌八极。八极何茫茫,日往清凉山。

五台山有清凉寺,云顺治曾出家于此。清凉山,清凉寺所在山也。诗人以穆天子遨游影射顺治出家五台山清凉寺,固极显然。

房星竟未动,天降白玉棺。惜哉善才洞,未得夸迎銮。

此云顺治未死。

惟有大道心,与石永不刊。以此获金轮,法海无波澜。

此云顺治得悟佛法,心海无波,庶几思董小宛之心,可以泯矣。

康熙曾四奉(或谓五奉)太皇太后(顺治母孝庄)和皇太后至五台山,虔礼诸寺。康熙、太皇太后、皇太后为何对佛教如此热诚?而于佛教为何又独对五台山文殊道场如此热衷?不就是因为顺治在那里么?康熙与祖母、母亲每至必屏去侍从,登高峰探望顺治。末次,顺治已经圆寂。康熙《清凉山诗》徒有"文殊色相在",不知伊人何在之叹。

但清史说顺治死了,又是怎么回事呢?《清宫遗闻》说董小宛:

不意入宫之后,竟以不寿卒。然世祖之于董贵妃,所谓君非姬氏,居不安,食不饱者也。乃红颜短命,世祖对之,忽忽不乐。未数月,遂弃天下,遁入五台山,削发披缁,皈依净土,……满洲族人,虽百方劝解,卒不能回。由是于十八年正月,谬谓世祖病殁。而以十四罪自责之诏下矣。

所谓顺治以十四罪自责之诏，并非遗嘱口吻。诏中切切以子道不终及母虑为言，前人已言及非生别似不能若是之深憾。此诏不但不能证顺治之死，且更为顺治撒手出走，提供了又一个证据。

董鄂氏既是董小宛，董小宛既是秦淮有名的官妓，顺治何以要裁革京师教坊女乐乃至各省官妓，就完全可以理解了。这却未为前人注意。

《古今笔记精华录》记明崇祯皇帝曾对袁妃说过："我朝以大臣子女罚入教坊，究是虐政。旦夕贼至，汝等将奈何？"明朝籍妇女入教坊，虐于前朝。我们现在还不知道董小宛之父为何人，她为何成了秦淮官妓，但官妓的痛苦生活，董小宛已遍尝了。她入宫后，与顺治情好既笃，必将对顺治产生影响。我疑董小宛之爱顺治不下于爱冒辟疆，恐与顺治决心废除官妓制度有关。董小宛于顺治八年入宫，此年初停教坊女乐。十三年董小宛被封为贵妃。十六年而顺治裁革女乐之旨下。京师教坊从此无女子。十七年董小宛卒，实际年龄为二十七岁。十八年新春刚过，顺治便出家为僧了。雍正废乐籍是顺治革女乐的继续。

从积极方面看，顺治与董小宛的爱情故事意义在于：

一、官妓开始退出历史舞台。

二、顺治以天子弃万乘如敝屣，较之贾宝玉撒手与四大家族决裂，民主性又有过之。

孟森《三大疑案考实》又说顺治出家为无稽之谈。后来，陈垣先生据汤若望《回忆录》、木陈忞《北游集》等，撰《汤若望与木陈忞》及《语录与顺治宫廷》两文，证明确有顺治出家的事，且已削发，经太后阻止。但只能阻于一时也。

第三十章　莫作中郎昵董卓，一曲琵琶警侯郎

一曲《琵琶》词，李姬名自香。

这篇谈谈李香君。

李香君是明末秦淮名妓之一，与董小宛、柳如是、顾媚、卞玉京同时。《板桥杂记》说她"身躯短小，肤理玉色，慧俊婉转，调笑无双。人名之为'香扇坠'"。但这枚'香扇坠'并不是可以随便让人悬挂在扇子上的装饰品。她有她的情操。看她送别侯朝宗（侯方域），劝侯朝宗莫作蔡邕之昵董卓，峻拒开府田仰，"香扇坠"应改作"铁扇骨"才对。

李香君的假母李贞丽颇有侠气，赌钱一夜，输千金毫不在意，交接的人物都是一时的豪杰。如阳羡陈贞慧，反对阮大铖、马士英最为激烈。李贞丽可以说是鸨母中的佼佼者。

李香君本名香，从小便随李贞丽。十三岁从吴人周如松学唱汤显祖的《玉茗堂四梦》。《玉茗堂四梦》：《紫钗记》《牡丹亭》《南柯梦》与《邯郸梦》。前二梦写士人遭遇，宦海浮沉。演唱都用昆山腔（昆曲），是南曲。四梦李香君唱来，都能尽其音节，丝丝合扣。但她似乎更喜欢元人高则诚的南曲《琵琶记》。侯朝宗为李香君作《李姬传》写道："尤工《琵琶》词，然不轻发也。"她常唱的是《四梦》。王书奴《中国娼妓史》引《板桥杂记》，谓李香"尤工琵琶"，丢掉"词"字，而"琵琶"二字又未打书名号，误矣。

《琵琶记》写的是赵五娘和蔡伯喈的故事。早期南戏中有《赵贞女蔡二郎》，徐渭《南词叙录·宋元旧篇》说是"里俗妄作"。《赵贞女蔡二郎》中的蔡伯喈（蔡二郎、蔡中郎）是一个"弃亲背妇"的人，《琵琶记》则将蔡伯喈改写成"全忠全孝"的正面人物。

戏曲并非历史，戏曲中的人物与历史中的人物是有差距的，分别只在多少大小。按《后汉书·蔡邕传》：

> 蔡邕，字伯喈，陈留圉人也……邕性笃孝，母常滞病。三年邕自非寒暑节变，未尝解襟带，不寝寐者十旬。母卒，庐于冢侧，动静以礼。……好辞章、数术、天文，妙操音律。……建宁三年，辟司徒桥玄府。……灵帝崩，董卓为司空，闻邕名高，辟之。称疾不就。卓大怒，詈曰："我力能族人，蔡邕遂偃蹇者，不旋踵矣。"又切敕州郡举邕诣府，邕不得已到署祭酒，甚见敬重。……初平元年，拜左中郎将（蔡邕被称为蔡中郎以此），从献帝迁都长安。……及卓被诛，邕在司徒王允坐，殊不意言之而叹，有动于色。……邕遂死狱中。

由此可知蔡邕既非"弃亲背妇"，也非"全忠全孝"的人。他和董卓的关系，造成了他个人的悲剧。女诗人蔡琰即蔡邕之女。

侯朝宗说李香君"略知书"，也许是替她作谦虚之词。其实李香君不仅熟晓《四梦》与《琵琶记》的词和曲，而且谙练文史，对蔡邕之昵董卓，别具识见。《琵琶记》并未写蔡邕和董卓的关系，李香君是从《后汉书》读到的。《李姬传》记她送别侯朝宗，曾说：

> 中郎学不补行。今《琵琶》所传，词固妄然，尝昵董卓，不可掩也。

这话表明她并不相信《琵琶》词，而相信《后汉书》。对《后汉书》所记蔡邕与董卓的关系，她以"昵"字称之，认为是蔡邕的一个不可掩饰的污点。这应当说是她的"史识"。

可贵的是，李香君能把她的史识用去观察时事与人物，作出判断，决定态度。

明末政界分为东林党与阉党两派。阉党虽将东林党打了下去，可是，自崇祯帝诛魏忠贤，阉党也遭到了覆灭的命运。有阮大铖者，尝阿附魏忠贤。阉党失败，屏居金陵，为清议所不齿。首先起来发难且持之甚力的，有两个人，一是阳羡陈贞慧，二是贵池吴应箕。为复社领袖人物。而陈贞慧是李香君的假母李贞丽的常客。这对李香君的影响很大。

侯朝宗是复社名士，于崇祯十二年己卯至金陵，与李香君相识，情好甚笃。李香君住在桃叶渡。一日，来了一位姓王的将军，说是闻侯朝宗之名，愿与侯朝宗结交。侯朝宗自然不好拒绝。这位将军竟每日带着酒食来邀侯朝宗同游。李香君看出了问题，对侯朝宗说："王将军很穷，不是结客的人，哪来那么多酒食？我看他要求与你结交，必有目的，你可主动问他，看他怎么说。"

侯朝宗觉得李香君的话有道理，问了三次，王将军才说："实不相瞒，复社诸君对阮大铖先生的压力太大。侯公子是复社名士，若能代为疏通，减轻复社对阮先生的压力，阮先生必有以报公子。"

侯朝宗竟拿不定主意，向李香君请教。李香君断然道："妾少从假母，识阳羡君（陈贞慧），其人有高义。闻吴君（吴应箕）尤铮铮。今皆与公子善，奈何以阮公（阮大铖）负至交乎？且以公子之世望，安事阮公？以子读书万卷，所见岂后于贱妾耶？"

侯朝宗闻言，向李香君一揖道："卿一语提醒梦中人，我知如何对待了。"

王将军又来了，侯朝宗装着醉卧不醒，王将军怏怏而去，从此不再来。

孔尚任《桃花扇》根据《李姬传》这段话，写了《却奁》一出。王将军由杨龙友代替。"却奁"，奁，妆奁，嫁妆也。侯朝宗同意接受阮大铖赠送给李香君的嫁妆，为阮大铖分解。李香君得知，拔簪脱衣，盛气却奁。

李香君的形象，较之于《李姬传》，就更加高大，鲜明。

> 侯朝宗 （白）原来如此。俺看圆海（阮大铖）情辞迫切，亦觉可怜。就便真是魏党，悔过来归，亦不可绝之太甚，况罪有可原乎？定生（陈贞慧）、次尾（吴应箕）皆我至交，明日相见，即为分解。
>
> 杨龙友 （白）果然如此，吾党之幸也。
>
> 李香君 （怒介，白）官人是何说话！阮大铖趋附权奸，廉耻丧尽，妇人女子，无不唾骂。他人攻之，官人救之，官人自处于何等也？（唱）[川拨棹] 不思想，把话儿轻易讲。要与他消释冤殃，要与他消释冤殃，也堤（提）防旁人短长。（白）官人之意，不过因他助俺妆奁，便要徇私废公；哪知道这几件钗钏衣裙，原放不到我香君眼里。（拔簪脱衣介，唱）脱裙衫，穷不妨，布荆人，名自香。

须知李香君本来就是"铁扇骨"，慧而侠，《桃花扇》与《李姬传》中李香君的形象虽有区别，本质却是一样的。

未几，侯朝宗下第辞归，李香君置酒桃叶渡，歌《琵琶》词以相送。她唱的是哪一段，《李姬传》无记载。《琵琶记》以《糟糠自厌》赵五娘所唱《孝顺歌》一段为神来之笔。情从境转，直堪断肠。"糠和米，本是两倚依，谁人簸扬你作两处飞？"与李香君送别侯朝宗情景有某些相似处。我疑就是这一段。

李香君似深知侯朝宗性格上的缺点。唱罢，对他说了一席话：

> 公子才名文藻，雅不减中郎（蔡邕）。中郎学不补行，今《琵琶》所传词固妄然，尝昵董卓，不可掩也。公子豪迈不羁，又失意，此去相见未可期，愿终自爱，无忘妾所歌《琵琶》词也。妾亦不复歌矣。[①]

---

① [清]张潮：《虞初新志》卷十三《李姬传》，上海书店，1986年，第250页。

　　话语十分明白：希望侯朝宗此去不要学蔡伯喈，依附董卓之辈。李香君于《琵琶》词本不轻唱。侯朝宗来后，为侯朝宗而唱；侯朝宗去后，即不复唱。李姬诚有心人也。

　　孔尚任写《辞院》，未将这段惜别唱《琵琶记》说蔡邕写入《桃花扇》。大概是为了尊重蔡邕或为了情节的连贯，因而割爱。殊不知这段惜别唱词与道白，最能表现李香君的才气、卓识与品格。

　　侯朝宗去后，有故开府田仰者，以金三百锾求李香君一见，为李香君所坚拒。田仰既惭且怒，对李香君百般中伤。李香君叹道：

　　　　田公宁异于阮公乎？吾向之所赞于侯公子者谓何，今乃利其金而赴之，是妾卖公子矣。[1]

　　李香君是铁扇骨，不是田仰的中伤所能撼动的。她就是不去，金三百锾被扔了回去。

　　《李姬传》写到这里结束。侯朝宗与李香君别后未见相见。入清之后，侯朝宗参加了顺天乡试，李香君依女道士卜玉京以终。

　　《桃花扇》写了《拒媒》一出，安排了侯朝宗与李香君重见于栖霞山，张道士撕破了曾染李香君鲜血被杨龙友点成桃花的扇子，喝道：

　　　　呵呸！两个痴虫，你看国在哪里？家在哪里？君在哪里？父在哪里？偏是这点花月情根，割他不断么！

　　到此结束侯李二人的爱情故事。

　　侯朝宗与李香君相识相聚，在崇祯十二年（1639年），即在明亡（1644年）前五年。《桃花扇》将二人相识拉到明亡清兴之交，大大增加了

---

　　① [清]张潮:《虞初新志》卷十三《李姬传》,上海书店,1986年,第250页。

戏剧的冲突性。场面阔大，人物形象尤其是男女主角被拔高。孔尚任选择李香君为《桃花扇》女主角，可谓独具慧眼。全剧写到南明弘光政权灭亡结束。侯朝宗投奔史可法，去了淮安；后被张道士喝醒，入道于金陵，保持了侯朝宗的完整性。

《桃花扇》于清康熙三十八年六月脱稿。于北京上演，殆无虚日。《桃花扇本末》记，此年秋夕，"内侍索本甚急，……午夜进之直邸，遂入内府"。次年三月，孔尚任因"疑案"被免去了户部主事一官。"疑案"，《桃花扇案》也。《桃花扇》中，亡国恨溢于言表。幸好当时文字狱还不厉害，孔尚任只被摘了官，未杀头，这已是不幸中的大幸。

第三十一章　女中丈夫柳如是

谁能忧国难？倾囊出名娼。

柳如是为明末吴中名妓，曾与陈圆圆、董小宛、卞玉京等相过从。英烈之气，却非陈圆圆、董小宛等所能及。她们都生活在明清交替风云突变的时代，各有前程。就柳如是来说，走的是反清复明之途，不知愧煞当时多少须眉，包括她最后所从的名士钱谦益在内。

柳如是的事迹，前人所写传记多有缺略。1980年，上海古籍出版社出版了陈寅恪先生的《柳如是别传》，字数多达八十余万。一代奇女生平事迹终于在陈先生笔下，清晰地反映出来。本篇仅就柳如是少小被卖为娼、与陈卧子的热恋及归钱后的复明活动，谈谈此一代奇女子。

各传所未载的早年柳如是，经陈书钩沉，已很清楚。

宋徵璧《含真堂诗稿》五《秋塘曲并序》，写到了柳如是少小流落与宋、陈等的一次会合。

　　宋子与大樽泛于秋塘……坐有校书，新从吴江故相家流落人间，凡所叙述，感慨激昂，绝不类闺房语。……陈子酒酣，命予于席上走笔作歌。

　　江皋萧索起秋风，秋风吹落江枫红，楼船箫鼓互容与，登山涉水秋如许。……较书婵娟年十六，雨雨风风能痛哭。自然闺阁号铮铮，岂料风尘同碌碌。绣纹学刺两鸳鸯，吹箫欲招双凤凰。可怜家住横塘路，门前大道临官渡。曲径低安宛转桥，飞花暗舞相思树。初将玉指醉流霞，早信平康是狭邪。……妇人意气欲何等，与君沦落同江河。……多卿感叹当盛年，风雨秋塘浩难极。

诗中所说"新从吴江故相家流落人间"一语，据陈先生考证，故相"惟有周道登一人适合"。钱肇鳌《质直谈耳》七《柳如之轶事》（之为是字之误），说："如之幼养于吴江周氏为宠姬。年最稚，明慧无比。"周道登群妾攻讦她"与周仆通"，因而被卖为娼。柳如是时年十四（崇祯四年）。横塘，陈先生考证并非金陵的横塘，而为吴江盛泽镇归家院水乡。吴江盛泽镇平康烟花之盛，并不亚于金陵的秦淮。横塘为泛指，非必金陵之横塘也。"较书婵娟年十六"，是说宋徵璧为之作《秋塘曲》之年（崇祯六年）柳如是为十六岁，已经流落两年了。

据《秋塘曲》，柳如是于座言谈"感慨激昂"，且曾出其所写诗章，可以看出柳如是年龄虽稚，但并非一个平凡的女少年。

《秋塘曲》中提到的陈大樽（号），即陈卧子（字），亦即陈子龙（名）。钮琇《觚剩》所记柳如是与陈卧子之间往来的一段话，但说柳如是感"盛泽固驵侩之薮"遂"易杨以柳而是其名。闻茸城陈卧子为云间绣虎，移家结邻，觊有所遇"尝"以刺谒陈"，而"陈严正不易近"①。似乎关系仅及于此。

按顾苓所撰《河东君传》，有"适云间孝廉为妾"一语。罗振玉《贞松老人外集》三《顾云美书河东君传册跋》谓顾传记柳如是"初归云间孝廉为妾，殆先适陈卧子，他记载所未及"。陈先生赞扬罗振玉以"云间孝廉"为陈卧子，"五十年前能作此语，可谓特识"。

柳如是本姓杨，名爱，为吴江盛泽镇归家院名妓徐佛养女，后转入周道登家为妾，被逐后流落人间，辗转数年，与当时名士陈卧子、宋徵璧等

---

① ［清］钮琇：《觚剩》卷三《吴觚·河东君》，清康熙临野堂刻本。

相往来。后至茸城与陈卧子共居了一个短时期（崇祯八年）。陈卧子有《湘娥赋》，陈先生考证当作于崇祯七年甲戌之后。此赋殆为柳如是而作。柳如是作奇文《男洛神赋》以酬之。赋序有"友人感神沧溟"、赋中有"协玄响于湘娥，匹匏瓜于织女"等语，可为一证。陈先生说："卧子正当少壮之年，才高气盛，子建赋'神光'之句，自是适当之形容。况复其为河东君心中最理想之人耶？宜其有'男洛神'之目也。"《觚剩》隐去柳如是与陈卧子之间这种密切亲昵的关系，原因很多，但不外家国两种。家指难容于陈家，国者，陈卧子以抗清兵而死节，有不得不隐的苦衷也。陈先生极口称赞陈与柳的遇合，他在《柳如是别传》中说："夫卧子以才子而兼神童，河东君以才女而兼神女，才同神同，其因缘遇合，殊非偶然者矣。"但不得其终，奈何？

至于柳如是易杨为柳，以是为名，据陈先生推测，或即受李白诗《杨叛儿》"乌啼白门柳，乌啼隐杨花"的影响。柳尚有"云娟"一名与"影怜"小字，影怜也被改为"隐"。她改姓易名，不在遇陈卧子之前，而在与陈卧子共居之后。

陈、柳感情弥笃，共居时热恋，分离后苦思，这从柳如是《梦江南》词与陈卧子《望江南》词即可知之。

柳如是《梦江南》题名《怀人》，有二十首之多。前十首皆言"人去也"，陈先生揭出"盖去与卧子同居之南楼即鸳鸯楼及游宴之南园"。后十首皆言"人何在"。最后一首云：

> 人何在，人在枕函边。只有被头无限泪，一时偷拭又须牵。好否要他怜。

此首为《梦江南》全部词中警策之作。其所在处乃在枕函咫尺之地。"泪痕偷拭"，"好否要怜"，绝世之才，伤心之语。《柳如是别传》中说，柳如是之所以离开陈卧子，在于"尽悉其家庭之复杂及经济之情势，必无长此共居之理"，去是主动离去。这二十首词从"梦"与"怀"而言，当为柳如是脱离陈卧子之后所作。陈卧子得读柳如是这二十首词后，作《双调望江南·感旧》以答之。词云：

> 思往事，花月正朦胧。玉燕风斜云鬓上，金猊香炉绣屏中。半醉倚轻红。何限恨，消息更悠悠。弱柳三眠春梦杳，远山一角晓眉愁。无计问东流。

柳如是词题为《怀人》，怀陈卧子也。陈卧子词题为《感旧》，感柳如是也。从这别离词中，我们可以看到柳如是与陈卧子感情是何等的深厚与真切！《觚剩》等笔记在二人之间设置的屏障，只是到了陈先生作《柳如是别传》，才被推倒。两人共居时间虽然短促，然而比之于钱谦益与柳如是的关系，密切尤有过之，而无不及。即就人品而言，钱亦不如陈，无怪二人会热恋。

柳如是后归钱谦益（崇祯十四年）。《觚剩》于钱有虚美之词。如云：柳如是昌言于人："天下惟虞山钱学士始可言才，我非才如学士者不嫁。"钱谦益刚刚丧偶，闻之大喜道："天下有怜才如此女子者耶，我亦非才如柳者不娶。"这叫"故甚其词"。柳如是心目中的才子实为陈卧子。

钱谦益当时已经"黝颜鲐背，发已鬖鬖斑白"，而柳如是才二十四岁，正当盛年。钱谦益也非无可取之处。《绛云楼俊遇》中说，他"以柳才色无双，小星不足以相辱，乃行结缡于芙蓉礼舫中……称之曰'河东君'。家人称之曰'柳夫人'"。并为柳如是于虞山筑绛云楼。

柳如是归于钱谦益，适值明亡清兴之时。其事迹的足可称道者，无过于南明福王政权覆灭后，劝钱谦益殉国。钱谦益降清后，又劝他回头，进行复明活动。

福王于南京立国，钱谦益做了礼部尚书。多铎兵南下，史可法于扬州殉难，南京为多铎所破。时为乙酉年（顺治二年）五月。柳如是正在南京。顾苓《河东君传》记有：

乙酉五月之变，君（河东君）劝宗伯（钱谦益）死，宗伯谢不能。君奋身欲沉池水中，持之不得入。其奋身池上也，长洲明经沈明抢馆宗伯寓中见之。因劝宗伯死，则宗伯以语兵科都给事中宝丰王之晋，之晋语余者也。是秋宗伯北行，君留白下。宗伯寻谢病归。

虞阳《说苑》本《牧斋遗事》记有：

乙酉五月之变，柳夫人劝牧翁曰："是宜取义全大节，以副盛名。"牧斋有难色。柳奋身欲沉池中，持之不得入。是时长洲沈明抢馆于尚书家，亲见其事，归说如此。后牧斋偕柳游拂水山庄，见石涧流泉，澄洁可爱，牧斋欲濯足其中，而不胜前却。柳笑曰："此沟渠水，岂秦淮河耶？"牧翁有忿容。

两则记载基本相同。只是后一则又多了一个濯足的故事，反映出柳如是对钱谦益的不能死节一直不满。若据顾公燮《消夏闲记》选存的"柳如是"条：

宗伯暮年不得意，恨曰："要死，要死。"君叱曰："公不死于乙酉，而死于今日，不已晚乎？"柳君亦女中丈夫也哉！

则到钱谦益暮年，柳如是犹以钱不死于乙酉之变为恨，确可以"女中丈夫"四字称之。

更可宝贵的是，柳如是并非徒恨钱谦益不能于乙酉年殉国，而在激励他回头，并帮助他投身到反清复明运动中去。这个问题在《柳如是别传》中得到了反映。

顺治七年三月，黄宗羲至常熟，馆于钱、柳绛云楼下。他来钱家目的何在呢？《鲒琦亭集》卷十一《梨洲先生神通碑文》写道：

公既自桑海中来，杜门匿景，东迁西徙，靡有宁居。又有上变于大帅者，以公为首。而公犹挟帛书，欲招婺中镇将以南援。

碑文提到的婺中镇将为马进宝。他来钱家，与"欲招婺中镇将"南援郑成功有关。

黄宗羲《思旧录》"钱谦益"条写他在钱家时：

> 一夜余将睡，公提灯至榻前，袖七金赠余曰："此内人（自注：即柳夫人）意也。"盖恐余之不来耳。是年十月，绛云楼毁，是余之无读书缘也。

柳如是赠金，不在金的多少，而在黄宗羲自己说的"恐余之不来"。柳如是参加了黄宗羲"欲招婺中镇将以南援"的密谋。黄宗羲的来临，使柳如是与反清志士联系上了，她当然希望黄宗羲能经常驾临她家，而不是仅此一次。赠金要求黄宗羲常来通信息，筹方略，充分表现了柳如是对复明运动的热诚。

黄宗羲于三月来钱家，五月，钱谦益即去婺州（金华），会见了马进宝。马进宝持观望态度，钱谦益不得要领而还。此事在钱谦益《有学集》中有记载。《有学集》卷三庚寅《夏五集》序云：

> 岁庚寅之五月，访伏波将军于婺州。

此以伏波将军马援喻马进宝，是得到了柳如是的鼓励。尽管游说没有成功，但事件本身却表明钱谦益在柳如是不知费了多少心血的激励下，终于站立起来了。劝浪子于回头，起懦夫于既降，柳如是岂不伟哉！

钱谦益《西湖杂感》二十首第十六首以"戎马南来皆故国，江山北望总神州。行都宫阙荒烟里，禾黍丛残似石头"之句，自伤他以乙酉五月迎降清兵一事。第十七首以"南国元戎皆使相，上厅行首作夫人。红灯玉殿催旌节，画鼓金山压战尘"之句，将梁红玉比作柳如是。表明钱谦益在柳如是的影响下，思想确有变化。柳如是的形象在他的脑海中，十分高大。

此后，钱谦益积极参加了复明运动。

金氏《牧斋先生年谱》"癸巳（顺治十年）"条写了一段话：

> 季春游武林，复往金华。先生《伏波弄璋歌》有"百万婺民齐合掌，浴儿仍用五铢钱"等句。按此盖劝伏波复汉也。（原注："壬辰、癸巳奔走国事，无诗。《武林观棋》及《伏波弄璋歌》，当是癸巳所作，并入敬他老人集者。又按，（李）定国退师，先生仍事联络，其志弥苦已。"）

然则，钱谦益前往婺州游说镇将马进宝复明，并不止一次。马进宝此人始终抱观望态度，首鼠两端。游说虽然无成，但经过了几次奔走，钱谦益毕竟以崭新的面貌，加入了反清复明志士之林。

明朝的最后一支力量是桂王朱由榔的力量。朱由榔于顺治四年称帝，年号永历。次年尽有两广云贵湖南江西四川之地。清朝倾全力进攻。顺治九年，李定国克复桂林，承永历帝之制，"以腊书"命钱谦益及前兵部主事严式"联络东南"。据《塔影园集》一《东涧遗老钱公别传》记载，钱谦益"乃日夜结客，运筹部勒，而定国师还"。关于钱谦益的活动，沈佳《存信编》作了如下记载：

> 永历六年（壬辰顺治九年）冬，谦益迎姚志卓、朱全古祀神于其家，定入黔请命之举。七年（癸巳）七月，姚志卓入贵筑行营，上疏安隆，召见慰劳赐宴，遣志卓东还，招信义兵海上。冢宰范矿以朱全古万里赴义，题授仪制司主事。八年（甲午）七月，遣内臣至厦门，册封漳国公郑成功为延平王。九年（乙未）三月，简封朱全古兼兵科给事中，视师海上。……是年春，海上有警，行营吏部尚书请遣使宣谕姚志卓，遂命全古。全古还吴，转渡江，由海门至前山洲。志卓已卒，全古宣敕拜奠。丁酉入楚报命。十三年（己亥）六月，延平王郑

成功率师围南京。

朱全古、姚志卓乃至郑成功的率师围南京与壬辰冬钱谦益迎朱全古、姚志卓至其家"定入黔请命之举"关系之密切可想而知。钱谦益复明举动的活跃，正表明他已由懦夫升华成了勇士。

柳如是于此役扮演了重要角色。钱谦益《投笔集·小舟惜别》云：

> 北斗垣墙暗赤晖，谁占朱鸟一星微。破除服珥装罗汉，（自注："姚神武有先装五百罗汉之议，内子尽橐以资之，始成一军。"）减损齑盐饷伙飞。（自注："张定西谓阮姑娘，吾当派汝捉刀侍柳夫人。阮喜而受命。舟山之役，中流矢而殒。惜哉！"）……将军铁槊鼓音违。（自注："乙未八月，神武血战，死于崇明城下。"）须眉男子皆臣子，秦越何人视瘠肥。（自注："夷陵文（安之）相国来书云云。"）

姚神武即姚志卓。钱谦益邀姚志卓、朱全古到家入黔请命之举，姚志卓奉命东还，召集义兵于海上。姚有先装五百罗汉，组成一军，以与清廷周旋之议。但组织一支军队，要很多钱。柳如是为之破除服珥，减损齑盐，尽囊以资之，始得建成一支反清复明队伍。这是毁家纾难。柳如是以一红颜奇女子，不让南宋末年文天祥毁家纾难，组成一支抗元大军，专美于前朝，值得史家大书特书。钱、柳晚年家境贫困，原因在此。钱谦益有这样一位夫人，能不舍生取义以抗清朝？

绛云楼毁于火灾后，钱、柳于顺治十一年甲午卜筑白茆港的芙蓉庄，亦名红豆庄。十三年（丙申）迁居于庄中。

顺治十六年（己亥）郑成功兵进南京。钱谦益滞留金陵，与有志复明的人物相与往返，以接应郑成功攻取南都的军队。"满师疑有内应，欲屠城"[1]。钱谦益的反清活动仍在继续。其后，郑成功取台湾，恢复中原的

---

① ［清］陈作霖：《金陵通传》二十六《郭维翰传》，清光绪三十年瑞华馆刻本。

希望渺然。钱谦益自白茆港移居城内旧宅，柳如是仍然留居芙蓉庄，望东海，认归舟，其心良苦！

钱谦益病重，柳如是才入城省视，进以枣汤。甲辰（康熙三年）五月二十四日，钱谦益卒。

人言钱家有钱，可是《柳南续笔》卷三"卖文"条却说：

> 东涧先生（钱谦益）晚年贫甚，专以卖文为活。甲辰夏卧病，自知不起，而丧葬事未有所出，颇以为身后虑。适醮使顾某求文三篇，润笔千金。先生喜甚，急倩予外曾祖陈公金如代为之，然文成而先生不善也。会余姚黄太冲（黄宗羲）来访，先生即以三文属之。……越数日而先生逝矣。

黄宗羲《思旧录·钱谦益》也记了这件事。可知钱谦益晚年家无余资，贫病交迫，不得不卖文以求生存。如果知道钱、柳为了复明，曾经毁家纾难，就不足惊异了。

可是钱谦益宗人当钱谦益一死，就来诈钱。《柳夫人遗嘱》说：

> 汝（柳女）父死后，先是某某（钱朝鼎）并无起头，竟来面前大骂。某某还道我有银，差遵王（钱遵王）来逼迫。遵王、某某皆是汝父极亲切之人，竟是如此诈我。钱天章犯罪，是我劝汝父一力救出，今反先串张国贤，骗去官银官契，献与某某。当时原云诸事消释，谁知又逼汝兄之田，献与某某。赖我银子，反开虚账来逼我命，无一人念及汝父者。家人尽皆捉去。汝年纪幼小，不知我之苦处。手无三两，立索三千金，逼得我进退无门，可痛可恨也。我想汝兄妹二人，必然性命不保。我来汝家二十五年，从不曾受人之气，今竟当面凌辱。我不得不死……

钱家宗人竟敢如此敲诈勒索，分明是欺柳如是为妓女，钱家除柳如是之外，别无他人。几个晚辈，何足道哉？

但柳如是是一个奇女子，并不好惹。她"密召牧翁及门人之素厚者，复纠家仆数辈，部署已定，立与誓曰：'苟念旧德，无喻此言。'咸应曰：'诺'。"柳如是遂出语族人："妾资已尽，不足为赠。府君之业故在，期以明日，杯酒合欢，所须唯命。"众人才作鸟兽散。第二日一早，群宗毕至。门关了起来，被埋伏的亲友、门人、家仆一网打尽，缚送官府。而柳如是则于荣木楼投环死矣。此年，柳如是四十七岁。她的死距钱谦益死不过一个月。

柳如是为什么要死？前人但云为宗人所逼。但柳如是既能一网打尽那些敲诈勒索的歹徒，似不会为这些歹徒的勒索不好对付而投环。我觉得她的死有三个原因。

其一，顺治十六年（永历十三年，己亥），清军陷云南省城，桂王（永历帝）走缅甸，郑成功攻取南京计划失败，东南一隅反清的军队陷于困境。顺治十八年（辛丑）郑成功退走台湾。吴三桂进兵缅甸，缅人执桂王以献。李定国邀击不遇，愤死。康熙元年（壬寅），吴三桂杀桂王于云南，明朝最后告终。郑成功死于台湾，子郑经嗣，力量已微。鲁王也死了，葬于金门。康熙二年，耿继茂攻取厦门。康熙三年，张煌言被俘身死。复明已经没有希望了，我生何为？

其二，也就在康熙三年，钱谦益死去。钱谦益虽然于顺治二年南京陷落时，一度变节，但以后则成了柳如是反清复明的同路人、良伴。他的死给柳如是的打击无疑是沉重的。茫茫神州，谁还能与她讨论计划联络志士以规图复明大业呢？

其三，宗人乘钱谦益的死，欺她是妓女，辱骂勒索交至。人情冷暖世态炎凉于此可知，这个世界已不值得她留恋了。

柳如是一代红颜奇女子。她的一生是悲剧式的一生，但可歌可泣，溢光浮彩。尤其是尽囊以助姚志卓组成反清复明义兵，达到了她一生光辉的顶点，值得历史家为她大书一笔。

第三十二章　冲冠一怒为红颜

迎来在战场，啼妆残红印。

清史专家萧一山说：歌妓陈圆圆"以一弱女而系二朝（李顺与爱新觉罗清）之兴亡，岂仅如梅村（吴梅村）所谓'一代红妆照汗青'者乎？"[①]对不对呢？请听笔者慢慢道来。

陈圆圆，《明史》作陈沅。本姓邢，母死，依于姨妈。姨妈姓陈，因从其姓。长成为"玉峰歌妓"。玉峰在今江苏嘉定。陆次云《圆圆传》说当时人赞美她"声甲天下之声，色甲天下之色"。总兵吴三桂慕她的名，载千金往聘之，不料已为崇祯皇帝田妃的父亲田畹得去，未免怏怏。陈圆圆呢？她知道吴三桂是个年轻的将军，要来聘她。田畹已届耄年，但势大，既然要她，她不得不屈从，可心里也是不快活的。陈圆圆尝为田畹"度流水高山之曲以歌之"，田畹击节相和，却不知陈圆圆伤悼知音之稀。田妃曾劝父亲将陈圆圆献给崇祯，父亲同意，对陈圆圆说了。"淡扫蛾眉朝至尊"，陈圆圆入宫见了崇祯帝。当时遍地烽火，崇祯哪有心思花在女色上，对之"穆然"，命她归去。

吴三桂受命守山海关，留在北京尚未启程，消息传出，陈圆圆忽对田畹说：

"当乱世而公无所依，祸必至，曷而（何不）缔交于吴将军，庶（庶

---

① 萧一山：《清代通史》，中华书局，1985年，第273页。

几）缓急有藉乎？"

田畹想想也对，但怕吴三桂无心与他攀交。陈圆圆又说："吴慕公家歌舞有时矣，公鉴于石尉（石崇），不借人看，设玉石焚时，能坚闭金谷邪？（金谷，石崇金谷园。）盍以此请（请入公家看歌舞），当必来，无却顾。"

田畹依从了她的话，请吴三桂来家"观家乐"。"吴欲之而故却"，三请而后至。田畹"出群姬，调丝竹，皆殊秀"。内中有个淡妆丽人，为群姬之首，轻鬒纤屐，绰约凌云，舒喉歌唱。每至迟声，歌珠累累，与兰馨并发，情艳意娇。吴三桂不觉神移心荡，故谓田畹道："此非所谓圆圆耶？洵足倾人城矣，公宁勿畏而拥此耶？"

田畹不知所答，命陈圆圆行酒。陈圆圆至席，吴三桂道："卿乐甚。"陈圆圆小语道："红拂尚不乐越公（杨素，红拂为杨素家妓），矧不逮（不如）越公者耶？"

后一句话骂了田畹。吴三桂心领神会，微笑向她点了点头。

饮宴正酣，警报连至，李自成迫近北京。田畹慌了，至吴三桂席前问道："设寇至，将奈何？"

吴三桂眨了眨眼，乘机道："能以圆圆见赠，吾当保公家先于保国也。"

田畹倒也干脆，一口答应。吴三桂即命陈圆圆拜辞田畹，择细马载之而去。事很突然，田畹虽爽然若有所失，但无可如何。

崇祯催促吴三桂赴山海关，吴三桂携陈圆圆欲行。他的父亲督理御营吴骧却怕崇祯知道，一怒之下，对他不利，劝他留下陈圆圆。吴三桂想到崇祯怒火一上，不问情由，连袁崇焕都杀，觉得父亲说得有理，遂留下陈圆圆，请父亲照料，他领兵向山海关而去。

李自成打下北京，崇祯帝自缢煤山，大顺朝在北京出现。这时的李自成以为大功告成，忘了往日的艰苦，见内宫粉色如土，问一内监道："上苑三千，何无一国色耶？"

内监道："先帝（崇祯）屏声色，鲜佳丽，有一圆圆者，绝世所希，田畹进帝而帝却之。今闻畹赠三桂，三桂留之其父吴襄第中矣。"

吴襄已向李自成投降，李自成闻内监言，即向吴襄索取陈圆圆，但陈圆圆已被送走。李自成抄了吴襄的家，钮琇《觚剩》故谓陈圆圆为"籍入"。实则先落入刘宗敏之手，而后归于李自成。

陆次云《圆圆传》载，李自成既得陈圆圆，"惊且喜，遽命歌"。陈圆圆唱昆曲。李自成对昆曲不能欣赏，蹙额道："何貌甚佳而音殊不可耐也？"

即命群姬唱西调（秦腔），自己拍掌以和之，"繁音激楚，热耳酸心"。他顾视陈圆圆道："此乐如何？"

陈圆圆苦笑道："此曲只应天下有，非南鄙之人所能及。"

李自成对陈圆圆很宠爱，因为知她本是吴三桂的人，"随遣使以银四万两犒三桂军"。吴三桂接到父亲吴襄的劝降信，谓李自成"许以通侯之赏"。吴三桂"欣然受命"。忽闻陈圆圆为李自成所夺，遂大怒按剑道："嗟乎！大丈夫不能自保其家，何以生为？"

他一面"作书与襄绝""缟素发丧"；一面"遣将乞师于清"，其动机"故皆由圆圆也"[①]。

吴梅村《圆圆曲》有"恸哭六军俱缟素，冲冠一怒为红颜"之句；谢四新《答吴三桂诗》有"丹心已为红颜改，青史难宽白发人"之句。他们都说吴三桂为崇祯发丧，乞师清廷，是为了陈圆圆。对不对呢？

明内臣王永章所著《甲申日记》（《古今笔记精华·史谭》录之）载有多封吴三桂写给他父亲吴襄的信，每一封信都问到了陈圆圆。

二十二日书云："并祈告知陈妾，儿身甚强，嘱伊奈（耐）心。"

第二书云："陈妾安否？甚为念。"

第三书二十五日发云："惟来谕陈妾骑马来营，何曾见有踪迹？如此青年小女，岂可放令出门？父亲何以失算至此？儿已退兵至关，预备来降（可知吴三桂确有降于李自成之心），惟此事实不放心。"

---

① ［清］钮琇：《觚剩》卷四《燕觚·圆圆》，清康熙临野堂刻本。

第四书二十七日发云："前日探报，陈妾被刘宗敏掠去。呜呼哀哉，今生不能复见！初不料父亲失算至此！昨乘贼不备，攻破山海关一面，已向清国借兵。本拟长驱直入，深恐陈妾或已回家，或刘宗敏知是儿妾，并未奸杀，以招儿降，一经进兵，反无生理，故飞禀问讯。"即使闻说陈圆圆为李自成将刘宗敏所掠，他犹抱希望于万一，未立即进兵，怕促成陈圆圆之死。

第五书云："奉谕，陈妾安养在宫（入宫之证）。但未有确实之说，究竟何来？太子既在宫中，曾否见过？父亲既已降顺（顺朝），亦可面奏，说明此意，但求将陈妾、太子两人送来，立刻降顺。"即使听到陈圆圆已入李自成宫，他犹自表示：只要将陈圆圆和崇祯太子送来山海关，他便"立刻降顺"。此"顺"指李自成顺朝。不作"投降归顺"李自成的"顺"。

你说吴三桂不降大顺而降清朝，是不是为了陈圆圆？

或说：吴三桂所以不降大顺，而降大清，是因为大顺为农民建立。吴三桂哪有此种观念？

吴三桂因陈圆圆故，改变态度，背顺而投清，结果造成了清兵的入关，顺亡而清兴。萧一山故有陈圆圆"以一弱女而系二朝兴亡"之叹。并说"谓圆圆为灭闯之先锋也可，谓为清室入主之原动力，亦无不可"[1]。历史的发展，有必然性，也有偶然性。他的话看似夸大，实则抓住了历史发展必然进程中的偶然性。而这一偶然性，使歌妓陈圆圆成了历史的名人。

吴三桂向清廷乞师的信，送到了多尔衮处。多尔衮立断：向山海关进兵。李自成挟崇祯皇帝的太子、宗室诸王、吴骧与陈圆圆东击吴三桂，于山海关内张两翼围吴三桂军数重，冲荡数十合，打到正午，突然尘沙大起，预伏清军万马奔腾，飞矢如雨，直冲而至。看来李自成太大意了，对清军的可能参战，心理准备不足，阵脚被冲动，以致一败而不可收拾。

李自成回到北京，杀了吴骧及其家人三十余口。刚要杀陈圆圆，陈圆

---

① 萧一山：《清代通史》，中华书局，1985年，第273页。

圆忽道："闻吴将军卷甲来归矣，徒以妾故，又复兴兵。杀妾何足惜，恐其为王死敌，不利也。"

李自成又欲携陈圆圆离京，陈圆圆辞道："妾为大王计，宜留妾缓敌，当说彼不追，以报王之恩遇也。"

陈圆圆因而得留于北京。此见陆次云《圆圆传》，钮琇《觚剩》则说陈圆圆"以籍入无恙"。但李自成不杀她，也不带她走，到底不失英雄本色。

顺治元年五月初一，清军抵北京。吴三桂与清军一起追击李自成，尚未知陈圆圆的存亡。在庆都与李自成打了一仗，李自成走山西。正在这时，被吴三桂留在北京寻访陈圆圆的部将，将陈圆圆送到。吴三桂"列旌旗箫鼓三十里，亲往迎迓。虽雾鬓风鬟，不胜掩抑，而翠消红泫，娇态愈增"。吴梅村《圆圆曲》云：

蜡炬迎来在战场，啼妆满面残红印。

指的便是这件事。

吴三桂尝以重酬求吴梅村毁去《圆圆曲》，吴梅村"却其赂遗而不顾"，被陆次云称为"诗史之董狐"。

顺治中，吴三桂为王于云南。昆明五华山有明永历故宫，吴三桂修葺居之。陈圆圆辞王妃之位，独居别院。后闻吴三桂有异谋，"以齿暮请为女道士。霞帔星冠，日以药炉经卷自随"。康熙十二年，吴三桂起兵反清，一时声势很大，最后终于失败。清朝"籍其家，舞衫歌扇，稚蕙娇莺，联舻接轸，俱入禁掖"。而陈圆圆之名，独不见于籍。钮琇于《觚剩》中叹云：

其（鱼）玄机之禅化耶？其红线之仙隐耶？其（关）盼盼之终于燕子楼耶？已不可知。

第三十三章　眉楼有女字眉生

眉楼有眉生，楼芳人亦芳。

"庄研雅靓，风度超群，鬓发如云，桃花满面，弓弯纤小，腰支轻亚。"[1]

这是余怀《板桥杂记》中描述的明末清初江南名妓顾媚。清末叶衍兰《秦淮八艳图咏》一书中，顾媚与当时秦淮河边著名的妓女柳如是、董小宛、陈圆圆、李香君、马守真、卞玉京、寇白门被称为"秦淮八艳"。不过柳、陈二人为吴妓，叶衍兰错得离谱。八艳应为六艳。

顾媚（1619—1664），字眉生，一字智珠，号眉庄，上元（今南京）人。后嫁给尚书龚芝麓为妾，改姓徐，名横波，号善持君。

顾媚生活的时代，正值明清动乱之际。明王朝国事犹如"河决鱼烂"，而被人称为"后庭花"的娼妓业却盛况空前。十里秦淮，是南京最繁华热闹的一条河道。这里有最豪华奢侈的妓院，有南京城里最有声价的一群妓女，"户户皆花，家家是玉"芳名丽色，招引着四面八方的风流豪客，使秦淮河几乎成了娼妓业的代称，成了江南首屈一指的纸醉金迷、酒色征逐的销金窟。每当华灯初上，轻柔靡漫的歌声、琴声、笛声忽隐忽现地随风飘送过来，把过往的行人挑逗得如醉如痴。当时号称"文坛领袖"和"风流教主"的钱谦益在《金陵社集诗》中曾这样描述："海宇承平，陪京

---

① ［清］余怀：《板桥杂记》中卷《丽品·顾媚》，上海中央书店，1936年，第10页。

（南京别称）佳丽，仕宦者夸为仙都，游谈者据为乐土……征歌逐胜，秦淮一曲，烟水竞其风华；桃叶诸姬，梅花漾其研翠。"可见当时南京奢靡浮华之风极盛，文人墨客以诗酒狎妓为时尚。名士以得名妓为风雅，名妓以识名士为知音。像秦淮六艳这些文化修养高，才华出众的名妓，她们所在的妓院，常常是文人名士的寻欢之处。"眉楼"即是当时最热闹的妓馆之一。

　　顾媚成名很早，她与当时的名士交游甚广。她的眉楼地处秦淮河畔最热闹的桃叶渡口，这里商贾云集，娟馆如林。顾媚能在此立足，其才、艺可见一斑。至于她何时何故沦落娼门，已无从考证。但顾媚与其他妓女所不同的是，她虽身为妓女，"眉楼"却是她自己的产业。所以比起那些出身贫寒，卖身为娼的妓女，她的境况就要优越得多。

　　眉楼里"绮窗绣帘，牙签玉轴，堆列几案。瑶琴锦瑟，陈设左右。香烟缭绕，櫊马丁当"。可见眉楼的建筑与陈设完全适应文人的特殊需要。眉楼的主人"通文史，善画兰，追步马守真，而姿容胜之。时人推为南曲第一"。堪称色、才、艺三绝。且眉楼里有几位善烹调的厨师，美味佳肴，令人垂涎欲滴。美人、美食使得一班饱读诗书，而又风流自命的士大夫们趋之若鹜。眉楼门庭如市之盛。虽然明王朝正处于破灭的前夜，而"江南侈靡，文酒之宴。红妆与乌巾紫裘相间，座无媚娘不乐，设筵眉楼者无虚日"。余怀曾戏称"此非眉楼，乃迷楼也"[1]。于是"迷楼"代替"眉楼"远近闻名。

　　顾媚的容貌超群，姿色艳丽。她才华脱俗，举止雍容，集大家少妇的尊贵和妓女的妖冶于一身。以至于那些衣食不愁的富商豪客、风流雅士在这灯红酒绿的"销金窟"里倾尽囊中钱财。

　　顾媚在秦淮河上出尽风头。她不仅貌美，而且善画水墨兰花。她的画独树一帜，不落前人俗套，"萧散落拓，畦径都绝，固当是神情所寄"，算是名妓中的丹青高手。

---

①［清］余怀：《板桥杂记》中卷《丽品·顾媚》，上海中央书店，1936年，第10页。

通晓音律的顾媚，词曲妙绝南中，她的演唱犹如把人带入一个春风和煦、温馨旖旎的世外仙境，余音绕梁，听者无不称绝。

眉楼格调高雅，名声远扬，生意格外兴隆。顾媚又极富同情心和正义感。所以当时同人社的一些成员：冒辟疆、张公亮、陈则梁、刘履丁等人是眉楼的常客，顾媚也很乐意陪伴这些名士饮酒作诗、高谈阔论，常常是通宵达旦还不足以尽兴。泛舟夜游秦淮河，男女杂坐，歌吹喧闹。同人社的成员都是男人，但同人社的活动，顾媚几乎每次都到。他们昵称顾媚"媚兄"，顾媚也就成了同人社的编外成员。

顾媚久居风尘，不过她主要是唱曲献艺、陪客佐酒，很少接客。然而她的美貌、妩媚、风韵使许多寻芳客勾魂摄魄，千方百计想得到她。

当时，科举考试每年两次，应试举子云集金陵，而考场——贡院，就设在秦淮河北岸。一些富豪子弟和风流之徒前来应试。他们不住客店，却整天出入于妓院酒楼。曾有一位叫刘芳的公子，久闻在秦淮河上首屈一指的媚娘，一有闲暇即混迹于眉楼，并提出与其结为夫妇。顾媚久居烟花，以此话是一般嫖客为取悦她而言，随口应允。谁知刘芳信以为真，回家后积极准备迎娶事宜，并三番五次至眉楼催嫁。然而顾媚不同于其他妓女，她有自己的财产，花天酒地，随心所欲地生活，无人老珠黄后的后顾之忧。并且她目睹一些手帕姐妹从良后，或为人妾，或又重新落入娼门。她因此也不是真心想为人妻，对刘芳仅是一般的交往。但是刘芳对她一往情深，顾媚只好对他说出真情。刘芳听后，知自己被愚弄受骗，殉情而死。刘芳亲友对此事并未追究顾媚的过错，只是草草办了丧事。刘芳之死，虽是他一厢情愿所致，但在顾媚心中却引起了震动。她未想到一句戏言会使人为她而死。从这以后，她再没有对人轻易许诺，以免再生事端，然而另有一人，也在步刘芳后尘。这就是被称为"曲中狎客"的张魁。

张魁善吹箫度曲，且"少美姿首"，为了取悦于顾媚，他每天清晨"即到楼馆，插瓶花，爇炉香，洗苔片，拂拭琴几，位置衣桁，不令主人知也。以此什婢皆感之，猫狗亦不厌焉"。连眉楼的鹦鹉见到他都会说："张魁官来，阿弥陀佛。"顾媚对他一直无他意，张魁只不过又是个一厢情愿的单相思男人。

前两人，一以情死，一以窘罢。使得顾媚也想到了要寻夫从良，过上恩爱的夫妻生活。

当时，崇祯皇帝的正宫周皇后与田妃争宠，各找借口在江南选美。所到之处，百姓遭殃，有女之家慌忙择夫而嫁，连一些妓女也难逃厄运。而在这之前，有一次，顾媚遭到一个浙江来的"伧父"的侮辱，多亏余怀"作檄讨罪"，为之解脱。所有这些，使顾媚决心要选择一位如意郎君为夫。

顾媚虽是烟花女子，但她与柳如是一样是"礼贤爱士，侠骨嶙嶒"的妓中侠女。所以她的意中人绝非等闲之辈。这时，被人称作"江左三大家"的钱谦益已娶了柳如是，吴伟业正恋着卞玉京，龚芝麓成了顾媚的意中人。这种名妓嫁名士的情况，可以说是当时社会的一种奇观。

顾媚为什么选定龚芝麓为终身伴侣呢？一因他年轻（稍长于顾媚），二者他身居高官要职，但其中最重要的原因是龚芝麓文才出众并且以"敢于直言"而闻名。

龚芝麓是合肥人，出生于仕宦书香门第。明崇祯进士，当时已官至兵科给事中。从眉楼初识到顾媚捎诗定情，二人以诗相交，感情日深，遂订终身。龚芝麓的朋友曹溶曾有一首诗记述了顾媚从初识龚芝麓直到订婚的过程。《冷庐杂识·顾横波小像》说，此时的顾媚"识尽飘零苦，而今始得家"。

崇祯十六年，顾媚嫁给龚芝麓为妾。这桩婚事成了人们议论的话题。虽然名士狎妓是司空见惯的风流事，但龚芝麓明媒正娶地把顾媚接到北京完婚，不免引起社会舆论的攻击。然而他们两情融洽，全然不顾他人非议。顾媚开始了新的生活，至此她改名徐横波，龚芝麓称她为"善持君"。

是年，李自成攻克北京，龚芝麓率先投降，做过大顺朝的直指使。吴三桂引清兵入关后，他又屈节降清，成为被人耻笑的"三朝元老"。有人指责他的变节，他却把责任推给顾媚："我原欲死，奈小妾不肯何？"郁达夫在《题龚芝麓（芙蓉斋集）》一诗中说的"未必临危难受命，都因无奈顾横波"，就是出于此故。可是《菽园赘谈》却说李自成陷北京，"事急，顾谓龚若能死，己请就缢。龚不能用，有愧此女矣"。方望溪《杂著》并谓顾媚此语"在缙绅间一时以为美谈"。谁的话可信呢？

按陈文述《西泠闺咏》藕花居咏吴岩子、卞篆生所附《吴岩子小传》，记清兵入关后，顾媚曾离开又降于清兵的丈夫龚芝麓，独归南京，与女友吴岩子游金山、焦山、虎丘、明圣湖、孤山、葛岭，可见顾媚有思明之心，并不满于丈夫降顺又降清。龚芝麓说他降顺又降清，原因都在顾媚，纯粹是栽赃。可以这样说，明亡后，顾媚与龚芝麓二人是貌合而神离。明亡，妓女爱国者多矣，顾媚亦其一。惜论顾者未注意及此。

顾媚曾利用清王朝对她丈夫的重用，保护和资助过许多反清爱国义士。如著名的诗人阎尔梅，"易堂九子"之一的曾灿，著名思想家傅山等人。这些人是清廷张榜捉拿的要犯，与他们来往是要冒杀头危险的。据说有一次，官兵突然来搜捕，顾媚急中生智，把阎尔梅藏在侧室的复壁中，化险为夷。由此可见顾媚必有过人的勇气和胆略，否则断不会出此义举。顾媚的个性，并不像朱彝尊在《酷相思·阻风湖口》中所说的"风急也，潇潇雨；风定也，潇潇雨"。

康熙三年七月，顾媚病死于北京，时年四十六岁。灵柩运回合肥后，龚芝麓为她开吊设祭。阎尔梅等人亲赴庐州吊唁。阎尔梅十分感伤，曾说："追忆善持君，每佐余急朋友之难，今不可复见君矣。"顾媚能得到阎尔梅等人的感情，毕竟不同于凡品。

第三十四章 谈清朝禁娼

官妓废止日，董白魂断时。

清朝禁娼，可排一个时序表。略作说明。

据《康熙会典》记载，顺治八年，奉旨停止教坊女乐。这年顺治大婚，即册立皇后。董小宛入宫。但后来似又恢复。

顺治九年，禁良为娼。以丧乱后良家子女被掠，辗转流落乐籍，顺治特有是命。其误落于娼家者，许平价赎归。这项禁令绝了乐户来源。

据《雍正会典》记载，顺治十六年，裁革女乐，改用太监，遂为定制。从此京师教坊司无女子。这一次，教坊女乐是彻底革除了。

据《雍正会典》记载，康熙十二年，礼部进春仪，圣旨批复准许省直府州县拜迎芒神土牛，但"勒令提取伶人、娼妇者，严行禁止"。最迟，至康熙十二年，京师及各地由唐历宋、明的官妓制度，被废除了。

康熙十九年律规定："伙众开窑诱取妇人子女，为首照光棍例斩决，为从发黑龙江等处给披甲人为奴。"这是以重刑严禁开设私窑。禁娼由官妓发展到了私妓。

据《雍正会典》记载，雍正三年，律例馆奏准："令各省俱无在官乐工。"取缔在官乐工，是各省禁娼的进一步发展。

嘉庆十六年，修订《大清律》："京城内外拿获窝娼至开设软棚，日月经久之犯，除本犯照例治罪外，其租给房屋房主，初犯杖八十，徒一月。……知情容留者……邻保杖八十，房屋入官。"这是重申康熙十九年律，并将应用范围扩大到租给房屋的房主、知情容留者与邻保。这次修订对禁私娼更严厉了。故王韬《燕台评春录》云：

> 嘉（庆）道（光）中，六街禁令严，歌郎比户，而平康录事不敢侨居。士大夫亦恐罹不测，少昵妓者。

华胥大夫《金台残泪记》亦云："本朝修明礼义，杜绝苟且，狭妓宿娼，皆垂例禁。"修明礼义，倒不一定。天京禁娼，曾国藩以礼义大师，就曾以恢复秦淮画舫为急务。但清朝厉行禁娼，则是事实。

然而，到慈禧太后掌政之时不同了。

光绪三十一年抽收妓捐，月缴妓捐者为公妓，反是者为私妓。妓女哪有不交花捐的？这项规定，不过承认了私娼的合法性。但《大清律》明令禁止私娼，加上一个"公娼"名义，就能掩耳盗铃，不加禁止么？西太后自己知道也不行。于是不得不另定律令。

光绪三十四年，宪政编查馆考核违警律折第三十条规定："凡犯左列各项者，处十五日以下十日以上之拘留，或十五元以下十元以上之罚金。"左列各项的第五项是："匿娼买奸或代媒合及容留止者。"于是嘉庆所修订的《大清律》本犯斩决，知情容留等犯杖八十，房屋没官之条，从此被十至十五元罚金替代。妓院老板何在乎此区区之数？

清朝在废除官妓制度外，严厉禁止私娼，可事实上私娼一直存在。或者这里禁了，那里又产生；明的禁了，暗的又产生。到最后不得不承认私妓的合法性。这是什么原因呢？根本的原因是经济与教育的落后。刑律禁娼是治标而不是治本。

王书奴在《中国娼妓史》最后一章《废娼问题》中写了一段话，颇有道理。他说：

> 至于彻底解决，现代社会经济组织，须根本变更。必定全国人人

消费，人人操作，人人有受教育的机会及娱乐的场所，当时男女都劳动而有饭吃……生活极其自由，真所谓"家给人足，比户可封"。真所谓"内无怨女，外无旷夫"。这个时候要一个妓女看看，恐怕也没有了。

在一个经济、文化都落后的国家或民族中，禁娼只能是治标，所以清朝禁娼，初叶、中叶虽严，到末年仍然失败。要清廷发展经济事业，提高人民的生活水平；办教育，使人人都有受教育的机会，那是说梦。娼妓如何禁得了？

但不能等到经济文化都发展了再禁娼。因为从女权的角度来说，妓女过着非人的生活，受着非人的待遇，是被压迫与被侮辱的"以哭为笑的人类"。清朝的禁娼应当肯定。

清朝禁娼，始于顺治八年。此年为董白（董小宛）入侍顺治之年。彻底禁绝教坊妓女，在顺治十六年，即董小宛死前一年。后来康熙、雍正禁娼，是顺治禁娼的发展。官妓废止日，董白魂断时，而董白为官妓。人们不明白顺治何以禁娼，我想此中可以透露消息。

第三十五章　私娼红泪录

蜡炬纵成灰，红泪无由干。

　　私妓，相对于官妓而言，即私人经营不落妓籍的娼妓。这种私妓，唐已有之。《北里志》记载，因为"勿系教坊籍"，赎身只需一二百金便可。但这种幸事，在唐极少。私妓增多起来，在两宋，尤其是南宋时，官酒库私妓女直与官妓分庭抗礼，《梦粱录》有详细的记述①。但私妓的真正发展，要等到清初废止乐籍，取消官妓以后。

　　私妓在一个经济落后的国度里，主要由下层平民女子充当。她们或者为生活所迫，或者为歹徒拐卖。一入勾栏，很难跳出火坑。赚的是血泪钱，政府要征花捐，鸨母要得大头。所操主要是皮肉生涯。间或出现一两个名妓，能歌善舞，便被视为奇货可居了。

　　清朝中叶以后的私娼，先在长江大埠南京、扬州等地及珠江口岸的广州发展起来。京沪私妓的兴盛，则要到清末。本章先谈南京、扬州与广州特有的花船，次及北京、上海。

一、秦淮画舫与扬州小秦淮

　　明末秦淮出现过很多名妓。她们住在旧院和南曲中。秦淮河也有灯船，但不是很盛。《板桥杂记》记嘉兴姚壮茗用十二楼船于秦淮河招集四

---

　　① 见第二十一章"宋朝的官营酒巴间"。

方应试知名人士一百多人，每船邀名妓四人侑酒。梨园一部，灯火笙歌，可算一时之盛事。但这种盛事，并不常有。顺治初年，秦淮欢场，毁于兵灾。自官妓废除到乾隆末年私妓兴起，秦淮才又热闹起来。那时，南京帮、扬帮、苏帮妓女，都聚于秦淮。士大夫宴集，皆在画舫中，秦淮画舫遂趋于极盛。

珠泉居士《续板桥杂记·轶事》说：乾隆时秦淮河房"户户皆花，家家是玉"。冶游无虚日，夏天尤甚，尽在秦淮画舫中。珠泉居士云：

> 由南门桥迄东水关，灯火游船，衔尾蟠旋，不睹寸澜。河亭上下，照耀如昼。诸名姬家，广筵长席，日午至百夜，座客常满，樽酒不空。大约一日之间，千金靡费。真风流之薮泽，烟月之作坊也。

> 泛舟者始于初夏，讫于仲秋。当夫序届天中，日逢竹醉，游船数百，震荡波心。清词南曲，十番锣鼓，腾腾如沸，各奏尔能。薄暮须臾，烛龙炫耀，帘幕毕钩，倩妆倚栏，声光历乱。

游船至于衔尾蟠旋，不睹寸澜，可见其多。清词南曲，十番锣鼓，腾腾如沸，可见其闹。一到薄暮，烛龙炫耀，帘幕毕钩，清妆倚栏，声光历乱，可见其美。秦淮画舫比之前明，盛况实有过之而无不及。

建都于南京的太平天国曾经禁娼。据《秦淮感旧事》，失败后，曾国藩竟"以规复秦淮为急务"。但秦淮河水不修，要恢复往日繁盛状况很难了。

扬州的娼妓事业发展较早。

杜牧《遣怀》云："十年一觉扬州梦，赢得青楼薄幸名。"说明扬州的青楼事业，在唐便已兴盛。

张祜《纵游淮南》写扬州"十里长街市井连，月明桥上看神仙"。王建《夜看扬州市》写扬州"夜市千灯照碧云，高楼红袖客纷纷。如今不似时平日，犹自笙歌彻晓闻"。"神仙"者妓女也，"笙歌"者妓乐也。扬州既有如此美妙的仙妓与仙乐，所以，张祜会说"人生只合扬州死"了。

扬州的青楼事业为什么这样早就发达起来呢？原因是：扬州为大运河与长江的交汇点，万商云集。乐户跟着发展，以供官、商需要。

扬州在南北交通上的地位，自唐以来，一直维持不变，娼妓事业也就经久不衰。

清初革除官妓，扬州私妓逐渐抬头，有所谓"私窠子""半开门"之属。到乾隆时期，扬州小秦淮、瘦西湖烟花之盛，直追南京。

小秦淮指虹桥上游瘦西湖的湖水。湖畔有妓馆，称小秦淮妓馆。李斗《扬州画舫录》卷十一《虹桥录下》记小秦淮妓馆买棹湖上邀客云：

> 妆掠与"堂客船"异，大抵梳头多"双飞燕""到枕松"之属。衣服不着长衫，夏多子儿纱，春秋多短衣，如翡翠织绒之属。冬多貂覆额苏州勒子之属。船首无侍者，船尾仅一二仆妇。……湖上市会日，妓舟齐出，罗帷翠幕，稠叠围绕。韦友山诗云"佳话湖山要美人"谓此。

名妓也有不少。如赵大官、赵小官、大金二官、小金二官、陈银官、巧官……"皆色技俱佳，每舟游湖上，遇者皆疑为仙"。

扬妓虽自称"小秦淮"，所占湖山之胜，却是秦淮诸妓望尘莫及的。

二、珠江花船

珠江花舫盛于乾隆以后。据《珠江花史》，珠江花舫环绕海珠分为数处。上乘的在谷埠，拥有大小艇不下三百余艘，有"花舫""紫洞艇""沙艇"之目，各有其用。花舫有上中下三档，中档为"姻缘艇"。花舫艇面，前有前厅，尾有尾厅。头尾厅为宴客之所，陈设华丽。艇肚住妓女，各有房舱，名叫"白鸽笼"。舵尾有房，名叫"柜底房"。花舫分两行一字排列，中离三丈许，可容"沙艇"往来。花舫外泊"紫洞艇"数十只。"排如雁齿，密若鱼鳞，栉比蝉联，几成衢市"[1]。大的紫洞艇有内外厅，隔以锦帐，分别男女内外，陈设与花舫差不多。艇头置睡椅一、圆桌一，以备游客纳凉和赏月之用。紫洞艇头泊沙艇无数，以渡客来往。

次于谷埠的是迎珠街花舫。舫有头厅而无尾厅，局面较小，舫数只有十余只。

逊于迎珠的是合昌与萃贵潭花舫。合昌为水寮名，花舫有二十余只。妓女身份低于谷埠、迎珠。萃贵潭妓女多蜑户，以"住家艇"为花舫。

吴树珠《擘红余话》写到珠江花舫之盛。他说珠江海珠石一带：

> 别有花艇藏娇，靓妆炫服，照临波镜，乃水上平康里也。每当夜静月明，皓腕当窗，绛树之清歌竞奏，丝珠之玉笛横飞。虽竹西歌吹，何以加兹？

珠江水面辽阔，花舫之胜，似又非秦淮与扬州画舫所能及。

光绪三十一年筑长堤，谷埠、迎珠、合昌、萃贵潭一切大小花舫，悉移海珠下游，贴近大沙头，因而有"大沙头"之名出现。光绪三十四年，飓风成灾，大沙头首当其冲，花舫被毁大半，妓女寄居陈塘。风灾后返回大沙头，后来又遭遇一场火灾。谷埠艇从此成为过眼云烟。

代替谷埠兴起的是陈塘与东堤的勾栏酒肆。妓女由艇居变成了陆居，于是出现了所谓"寨"。寨有大小，头等妓曰大寨，中等妓曰细寨，亦名二四寨，下等妓曰炮寨。妓女随着年龄的增长，由大寨降细寨，由二四寨再降炮寨。再老，则佣于盲妹家，夜持白铁手铃，背琵琶，扶师娘出街。妓女的末路如此，哀哉！

五羊风云，变幻不时，妓女后来又由陆居变成艇居。

---

① [清]王韬:《淞滨琐话》卷十一《珠江花舫记》，岳麓书社，1987年，第327页。

三、北京青楼

北京私娼，至咸丰时始趋兴盛。徐珂《清稗类钞·娼妓类·京师之妓》说得较为明白，摘引如下：

> 道光以前，京师最重像姑，绝少妓寮。金鱼池等处，特舆隶涸集之地耳。咸丰时，妓风大炽。胭脂、石头等胡同家悬纱灯，门揭红帖。每过午，香车络绎，游客如云，呼酒送客之声，彻夜震耳。士大夫相习成风，恬不为怪。身败名裂，且有因之褫官者。

这个时期都中胭脂、石头等胡同（在前门外）娼妓，"多皖、齐、燕、代产。莲泾（苏州）竹西（扬州），绝无仅有。至珠江春色，亦于此一见"①而已。妓女多不知歌，像雅仙能唱南曲、弹琵琶，算是庸中的佼佼者。比之秦淮、小秦淮与珠江娼门，逊色多了。

光绪庚子以后，风气一变，南妓勃兴。首先北来的，是苏州名妓赛金花。接着而来最负盛名的是谢珊珊与苏宝宝。北地胭脂不能独占京华春色了。

北妓有名的是"九城五名妓，双凤二姐万人迷"。双凤为大金凤、小金凤。二姐未详。万人迷本是某副都统婢女，与仆私通被逐，遂鬻身于南城勾栏百顺班。未数日而声名大噪，居然被喊作"万人迷"。

据《京华春梦录》，北京烟花女子约可分为四等，上者为"小班"，次为"茶室"，再次为"下处"，最下者为"老妈堂"。光绪中叶，内城口袋底、砖塔胡同等处，均有蓄歌妓者，名曰"小班"，以与外城歌郎剧团某班略示区别。后移外城胭脂、石头等胡同原歌郎居处，又有"清吟小班"之名。清吟为卖艺，以示非专作夜度娘博缠头歌资者。清吟小班远不及茶室热闹。万家灯火时，茶室生涯鼎盛，呼茶唤客之声不绝于耳。

---

① [清]王韬：《淞滨琐话》卷十一《燕台评春录上》，岳麓书社，1987年，第316页。

京妓无论南班、北班，都在韩家潭八大胡同之地。初期，南妓根底未固，僻处李铁拐斜街、胭脂胡同等处曲径小巷。寒葭潭、百顺胡同以东，为北妓根据地。后来南势东侵，北势渐绌。以至于寒葭潭且无北妓立足之地。百顺胡同、陕西巷也变得南占优势。仅王广福斜街短巷数家，犹树北帜。石头胡同本北妓渊薮，也变得绣榻之旁，容人酣睡。

四、海上北里

上海在道光二十二年与外人通商前，本海滨弹丸小邑。后成大埠，工商业发达，娼妓事业也跟着发展。青楼之盛竟甲天下。

上海开港以来，娼妓居处有变化。道光咸丰之交，妓寮皆在城中，于虹桥左侧，鳞次以居。妓女各分门户。咸丰三年以后，妓院渐移城外。环马场既建，阛阓日盛，又得名花点缀其间，于是趋之者若鹜。此处遂成北里胜地。同治、光绪年间，沪妓皆在老北门一带，沉香阁东。最著名的为朱家巷。过小石桥为季家街、昼锦坊，西为薛弄。深街曲巷，别有洞天。光绪初年，租界工商业日益发展，繁华景象日盛一日，娼妓遂群居于租界中。兆贵、兆华、东西昼锦里为妓女渊薮。

沪妓差等可分四等。头等妓院有书寓、长三。书寓妓称为词史，通称先生，初创身价高出长三之上。长三妓呼为校书。凡酒座有校书，则先生离席远坐以示区别。书寓妓擅长弹唱和说书等技艺，门首标某某书寓，以示为艺妓，不卖身。长三以待召侑酒例取银币三元故名。后来二者混而为一，长三都称书寓。既卖艺，又卖身。不卖身的书寓先生不复存在。不过，长三以出局为主，一般不随意接客留宿。

二等妓院有幺二、二三。幺二以夜局、酒局、戏局统收二洋（银币），如茶饭、装干湿则收一洋得名。门前皆以堂名称。二三以出局陪席侑酒或陪客看戏均为二洋，夜厢则收三洋得名。幺二和二三妓女多有色无艺，以卖淫为主，出局为辅。

三等妓院为野鸡妓院。上海商界称营业之不入行者为"野鸡"。久之，娼妓中劣于长三、幺二而不得不外出拉客、彷徨歧路的妓女，也被称作

"野鸡"。她们中也有一种不出外拉客的，夜厢费为一洋半至五六洋不等。

最下等者为"钉棚"，妓女都是贫苦妇女，既无技艺，也无姿色，靠贱价卖淫为生罢了。

有人说，妓女是"以哭为笑的人类"，这话很对。单就收入来说，有"自家身体"的妓女，收入要用大部分去缴纳捐税，即纳花捐与市政等各项杂税，其余则与老板平分，故所得实数甚微。如广州大寨妓女营业，据《大晚报》记者调查，计酒局一台，花捐一元四角，附加公路、教育、工艺等费共八角，军费六角半，连寨租一元（给老板者），妓女一元，合共四元八角半。一番卖笑，妓女所得仅一元。

至于非自家身体的所谓"讨人"，就更惨了。据《北平娼妓调查》：

> 若是妓女是班主（老板）或领家（龟鸨）买来的人（讨人），则以肉体由人蹂躏所换的钱，一文也不能到自己享用。

其实，有自家身体的妓女，营业所得，也只是名义上与班主平分，如上述各得一元。但有班主或领家的，据《北平娼妓调查》，算账时（一般五日一结账），"所有入息多少，妓女应得之分，都由领家或班主直接拿走"。这与"讨人身体"又有何异？

妓女在妓院中，不仅收入被剥夺，而且所受虐待，有令人为之发指者。如《北平娼妓调查》写到领班或班主竟动用烧红的铁条来对付妓女。真是血泪斑斑，每天都挣扎在死亡线上。

第三十六章　同治嫖院

同治何为者，易装游勾栏？

女性最多、最年轻、最美而又最集中的地方，无过于皇帝的后宫了。皇帝视天下美女属于"予一人"，实行采女制度，每当采女时，禁天下嫁娶。后宫除后、妃、嫔御以外，尚有"御妓"与"宫妓"。应当说，皇帝对女性的要求可以满足了。可是，事实又不尽然。

"后宫列女万余人"，是从秦始皇开始的[①]。此后遂成定制。后宫有女多则万人，如晋武帝，至少也有三千。白居易诗"后宫佳丽三千人"是也。后宫女性虽多，但生活很沉闷，怨气"上冲于天"[②]。皇帝除了贪色，也会有爱情。如汉成帝之宠赵飞燕姊妹，齐废帝萧宝卷之宠潘玉儿，陈后主之宠张丽华，唐玄宗之宠杨玉环。但这样一来，女的便被视为妖孽，皇帝也被视为荒主。"三千宠爱在一身"，使得后宫成万女性如坠冰渊。大臣纷纷上书指责皇帝放着正配皇后不爱，却去宠幸"祸水"，必然要亡国。加上太后又在后面摆出一副不悦的面孔，皇帝怎能有爱情生活？

有些皇帝为打破后宫沉闷空气，想了一些办法玩。如萧宝卷与潘玉儿在后宫酤酒屠肉，由潘玉儿表演"步步生莲花"。陈后主在后宫大集宫女选女学士，与宠妃张丽华一起，赋诗饮酒作乐。《玉树后庭花》一直唱到

---

① [汉]司马迁：《史记》卷六《秦始皇本纪六》，中华书局，1959年，第241页。

② [汉]司马迁：《史记》卷六《秦始皇本纪六》，中华书局，1959年，第241页。

了唐朝。唐玄宗在教坊中选择宫妓，成立梨园，以宜春北院为梨园子弟居住地、表演场。但这更会遭到非议。人们不敢骂皇帝，便将齐亡、陈亡、安禄山之乱，归到"祸水"潘玉儿、张丽华、杨玉环身上。

历史上的皇帝爱皇后的，看不到几个。这是由于皇帝娶皇后，也往往凭父母之命，媒妁之言。清朝的顺治皇帝头一个皇后博尔济吉特氏，由皇太后孝庄和多尔衮替他选定，他不爱。自大婚起，到皇后被废止，三年分居。第二个皇后也是博尔济吉特氏，由皇太后替他选定，他又不爱。他爱的是谁呢？董鄂妃（董小宛）。造成一场爱情悲剧，最后连顺治也以皇帝之尊，去五台山当了和尚。也有皇后为皇帝自己选定的，可皇太后却不让他去爱，想种种办法阻挠，最后迫使皇帝走上歧途。同治便是个这样的皇帝。

言归正传。

且说，清宫有四大奇案，哪四大奇案？一、顺治出家；二、雍正夺嫡；三、乾隆休妻；四、同治嫖院。这里单说同治嫖院。话从咸丰说起。

咸丰的皇后姓钮祜禄氏，未生育过。咸丰有个妃子（懿妃）姓叶赫那拉氏，于咸丰六年三月生了一子，取名爱新觉罗载淳。十一年七月咸丰病重，召怡亲王载垣等及军机大臣至榻前，受遗诏立载淳为皇太子。同时给了钮祜禄皇后朱谕一纸。朱谕说：如叶赫那拉氏恃子为帝，骄纵不法，"卿即可按祖宗家法治之"。咸丰死，大概是为了警告叶赫那拉氏，钮祜禄将咸丰朱谕给那拉氏看了。叶赫那拉氏大吃一惊。但她为人机警有权术，从此对钮祜禄氏曲意奉承，几无微而不至。

载淳即位，是为"穆宗"，年号"同治"。人们以"同治帝"或"同治"呼之。钮祜禄皇后被尊为母后皇太后，懿妃叶赫那拉氏援母以子贵之义，也被尊为皇太后，但是称为圣母皇太后，以与钮祜禄氏相区别。此年母后皇太后二十五岁，圣母皇太后二十七岁。

咸丰遗命载垣、肃顺等八大臣赞襄政务，这是清初八旗合议制度的遗迹。咸丰死后不到一个月，棺椁尚在热河行宫，有个御史董元醇，突然不顾遗命，向母后皇太后上疏：

皇上冲龄（时年六岁），未能亲政，天步方艰，军国事重，暂请皇太后垂帘听决，并派近支亲王一二人辅政，以系人心。[①]

董元醇的奏文传开，遭到八大臣的强烈反对，肃顺大言"本朝无太后垂帘故事"，事不可行。钮祜禄氏与恭亲王咸丰六弟奕䜣以迅雷不及掩耳的手段，除掉了八大臣。同治为母后皇太后上徽号称"慈安"，为圣母皇太后上徽号称"慈禧"。奉慈安皇太后和慈禧皇太后乾清宫养心殿垂帘听政。

同治一朝，是慈安主持政务的时代。慈禧为咸丰朱谕所震慑，凡事听命于慈安而已。何况慈安本为咸丰的皇后，而慈禧不过是一个妃子。但今日史家笼统将咸丰死后清朝政务归之于慈禧，非实也。为了解同治嫖院的缘起，兹摘录《清宫遗闻》数则，佐以《清史稿》，以见同治朝政治实握于慈安之手。

然至军国大计所关，东宫（慈安）偶行一事，天下莫不额手称颂。同治初元，鉴曾文正公（曾国藩）之贤，自两江总督简授协揆，以正月朔日下诏。（《清史稿·穆宗纪》同治元年壬戌春正月甲申朔："命麟魁、曾国藩协办大学士。"）凡天下军谋吏治及总督、巡抚之黜陟，事无不咨，言无不用。中兴之业，于是乎肇矣。

以上为起用曾国藩。所谓"同治中兴"，实肇于慈安。

何桂清失陷封疆，厥罪甚重，刑部已论斩矣，阴祈同乡同年及同官京朝者十七人上疏救之，朝廷几为所惑。东宫太后（慈安）独纳太常寺卿李棠阶之奏，命斩桂清以警逃将，天下为之震肃。寻以李棠阶

---

① 小横香室主人：《清朝野史大观》卷一《清宫遗闻》，上海书店，1981年，第72页。

硕望名儒，命为军机大臣。一岁中迁至尚书。其后颇多献替。胜保以骄蹇……，逮下刑部狱，亦用棠阶言赐死。天下颇以为宜。

以上为重用李棠阶，诛大臣何桂清与胜保。

金陵、苏、浙之复也，曾（国藩）、李（鸿章）、左（宗棠）三公锡封侯伯，实出东宫之意。

以上曾、李、左之能成为所谓"中兴名臣"、洋务领袖，实出慈安之赐。

太监安得海稍稍用事，潜出过山东境，巡抚丁公宝桢劾奏之。东宫问军机大臣以祖制，大臣对言当斩，即命就地正法。天下皆服丁公之胆而颂太后（东宫慈安）之明。〔《清史稿·孝贞显皇后（慈安）传》亦记："内监安得海出京，山东巡抚丁宝桢以闻，太后（东宫）立命诛之。"安得海系慈禧派往南方织办龙衣者，被杀，慈禧惶骇莫知所为。〕

以上为杀内监安得海，而安得海为慈禧派出。

同治一朝，慈安后颇能主持政务。慈禧后虽中怀叵测，尚未敢公然纳贿鬻权。又其时文祥、沈桂芬、李棠阶先后当国，众贤道长，亦时时能面折廷争，慈禧后益不能遂其所志。

以上明言慈安主持同治一朝政务，慈禧不能遂其所欲。

够了，已完全可证同治一朝政出慈安而非慈禧了。殊不知慈安以皇后而为皇太后，慈禧则以懿妃而为皇太后，地位上低于慈安，何况慈安手上尚握有足制慈禧于死命的咸丰朱谕。

这就可以了解同治的婚姻了。

皇帝大婚，如果有皇太后在，都由皇太后选定对象，而皇太后如果有两人，则只问是皇后出身抑妃子出身，不问是生母抑非生母。皇后出身的皇太后，在后宫也是最有权的一个。非皇后出身的皇太后，实际上处于庶或妾的位置。皇帝大婚例由皇后出身的皇太后作主。这是真正的母后，故同治称慈安为"母后皇太后"。因为慈安是先皇咸丰的正配、嫡妻。垂帘听政虽有二人，但慈禧只是慈安的附从。大权在慈安的掌握中。同治要立皇后了，这皇后自然而然应由慈安来选。至于征求不征求生母的意见，便因人而定，可征求也可不征求。生母也可提出人选，但却必须征得皇后出身的皇太后的同意。同意了可以，不同意就只能作罢。出面主持，仍由皇后出身的皇太后，而不能是妃子出身的生母。这就是"礼"。谁也不能也不敢逾越这个礼。

同治大婚在十七岁时，即在同治十一年。据《清宫遗闻·穆宗立后之暗潮》记载：

> 穆宗（同治）之将立后也，于同治十一年召满蒙诸大臣女入宫备选。慈禧后独喜侍郎凤秀女，欲以中宫处之。凤女虽艳绝侪辈，然举止轻佻。慈安后及穆宗皆不之喜。侍郎崇绮女，年稍稚于凤女，貌亦较逊，而雍容端雅，望而知为有德量者。慈安后深喜之，密询穆宗于二人中安属？亦以崇女对。册立中宫之议遂定，即孝哲毅皇后也。凤秀女乃封为慧妃。

既然东宫皇后慈安与同治皇帝本人都欢喜并选定侍郎崇绮女，皇后自然非崇绮女莫属。按礼，无须考虑妃子出身的皇太后慈禧的意见，更无须征求。或许是为了安慰慈禧，立后时仍然封了慈禧所爱的凤秀女为慧妃。这是东宫母后皇太后与皇帝本人的决定。慈禧纵有天大的胆子，也不敢反对，可是她却耿耿于怀。

慈禧本名兰儿，因善于唱南方情歌，在圆明园得幸于咸丰。比皇后钮祜禄氏（慈安）大两岁，心计深沉。她的计划是先设法毁掉慈安手中咸丰的朱谕。因为有朱谕在，她如有一丝非法举动，慈安立马可以召集大臣，出示朱谕，宣布她的死刑。朱谕一毁，再设计除掉慈安，天下便是她的天下了。

同治既已成婚，第二年（同治十二年）正月，两宫下诏由同治亲政，不再垂帘。

同治既已亲政，慈安觉得再保留咸丰的朱谕，似乎已无必要。一日，她偶有微恙，太医进方没有什么作用，遂不再服药，自然而然好了。病好那天，忽见慈禧左臂上缠着一条帛布，她诧异地问道："你怎么了，左臂有伤？"

慈禧欲言又止，慈安道："你怎么不说话？"

慈禧呐呐道："没有什么，东宫最后服的那副汤药中，我曾割下一小片臂肉，与药同煎。"

慈安大为感动，立即取出咸丰朱谕，当着慈禧的面点火烧了。这一烧，慈禧心头一块沉重的大石头落了地，心想我再也不怕你了，下一步就是计划把慈安除去。

自从咸丰朱谕被慈安烧去以后，慈禧的态度有了变化，而首先遭殃的竟是她的儿子和儿媳即同治皇帝与皇后崇绮女阿鲁特氏。

同治成婚后，与皇后过着甜蜜的爱情生活。宫中无事，尝举唐诗问皇后，皇后背诵如流。伉俪情笃，这本是好事，可慈禧太后却相反，看到他俩形影不离便生怒气。他俩爱情发展一步，慈禧心头之恨也加深一步。朱谕一烧，她立即给皇后以颜色看。皇后入见，她总是恶声恶语，未尝假以辞色。《清宫遗闻·穆宗立后之暗潮》记其后来竟对同治说：

> 慧妃贤明，宜加眷遇。皇后年少，未娴礼节。皇帝毋辄至宫中，致妨政务。

慈禧要拆散这一对恩爱夫妻了。为了阻止同治去皇后宫中，她竟"阴使内监时时监视"。同治大为不高兴。他不想造成两宫矛盾，也未去向慈安申诉，一气之下，"终岁独宿乾清宫"。

清宫中有一种制度，如皇上宿于某宫中，召某妃某宫人进御，当值内监则往某妃某宫人居处，将皇帝所召某妃某宫人"赤体毡裹，背负而来"。住在乾清宫的同治，思念皇后，要去皇后宫，又有内监监视。一夕，正在诧傺无聊之际，当值太监忽然背来一人放在床上。同治愠道："未召幸，你缘何背来一人？她是谁？"

太监道："慧妃，是慈禧皇太后命我背来的。"

同治二话不说，提脚就离开了乾清宫。慧妃在毡中嘤嘤啜泣，那个太监又只好背了回去。

慈禧越来越恼怒，索性禁止皇帝与皇后见面。

慈禧对慈安的态度也变了。《清宫遗闻》说：自咸丰朱谕烧去后，慈禧"嗣是日渐放肆，语多不逊，事事专权，不与慈安协商。慈安始大悔，然已无及矣。"这时候，即使慈安要为皇帝皇后说话，甚至采取一些措施，也不会有结果。

同治独宿乾清宫，悲伤、愤怒、无聊，几至不能自支。一天，有个小内监低声向同治说："奴才见皇上日夕长吁短叹，何不到紫禁城外面去玩玩？"

同治也不思索，率尔问道："出得去吗？"

小内监道："后宰门可以出去。再说奴才还知道宫中有地道通外方。皇上如果想去街上看看，奴才可以带路。"

从此，同治时常微服出宫，自称"江西拔贡陈某"。

开始还只是抱着散散心的心情，未作"狭邪游"。他去过湖南会馆，为湖南举人某涂改文章。曾国藩告诉这个举人，改你文章的是"今上"，吓得这位举人竟不敢入春闱，即日束装归湖南。去过琉璃厂，购买"玉版宣"，以瓜子金抵值。掌柜辞不受，派店伙随他去取银子。他竟带店伙往午门走。店伙不敢入内，次日，派小内监如数付款。去过僧寺避雨，为一穷愁潦倒人作书给步军统领衙门，代谋粤海关位置。这人竟因此起家。去过酒楼，尝与毛昶熙相遇，微笑向毛昶熙点头。毛昶熙色变，趋告步军统领某人，派出勇士十多个保护皇上。几天后，同治又见到毛昶熙，责怪他多事。……

咸丰、同治年间，北京的私妓已有发展。《清稗类钞》说：

> 咸丰时，妓风大炽，胭脂、石头胡同，家悬纱灯，门揭红帖，每过午，香车络绎，游客如云，呼酒送客之声，彻夜震耳。士大夫相习成风，恬不为怪。

当时，京城三曲，多在城外。城内也有妓寮。内外相较，上等妓女多在城外，下等妓女多在城内。此城指北京内城。

同治到过城外与城内妓女居住的地方。在婚姻不得意的情况下，很自然为那些莺莺燕燕所吸引。初时尚不敢涉足花丛，后来敢了。但城外妓院士大夫进进出出，他怕被人认出，讲出去皇帝入妓院，名声不好听。因此多在一些不太有名的妓院中寻花问柳。关于同治嫖院，有两条记载可证确有其事。

《述庵秘录》云：“清同治帝好冶游，……娼寮酒馆及摊市之有女子者，遍游之。其后得病死，实染毒疮，头发尽脱落。”

《清宫遗闻·皇帝患淫创》写得尤为详细。先写了同治嫖院的原因：

> 孝哲后，崇绮之女，端庄贞静，美而有德，帝甚爱之，以格于慈禧之威，不能相款洽。慈禧又强其爱所不爱之妃。帝遂于家庭无乐趣矣，乃出而纵淫。

继写了纵淫经过及结果：

> 又不敢至外城著名之妓寮，恐为臣下所睹，遂专觅内城之私卖淫者取乐焉。从行者亦惟一二小内监而已。人初不知为帝，后亦知之，

佯为不知耳。久之毒发，始犹不觉，继而见于面，盎于背，传太医院治之，太医院一见大惊，知为淫毒，而不敢言。

同治嫖院，皇家虽为其讳，但当时无人否定，也无须去否定。

淫创，李时珍《本草纲目》记载甚详。卷十八《土茯苓条下集解》说：

土茯苓，楚蜀山菁中甚多蔓生，昔人不知用此。近世弘治、正德间，因杨梅疮盛行，率用轻粉药取效，毒瘤筋骨，溃烂终身。至人用此，遂为要药。

又云：

杨梅疮古方不载，亦无病者。近世起于岭表，传及四方。

可知杨梅疮在我国起于明弘治、正德年间。先时限于岭表，后来传到四方。

梅毒并非不治之疾，《本章纲目》言之甚详。但慈禧有忌讳，明知同治外出嫖院，染上梅毒，却要太医当天花来治。太医不敢讲话，却用了治梅毒之药。同治稍有起色，与皇后商定"以贝勒载澍入承大统"。密召师傅军机大臣侍郎李鸿藻入内，口授诏旨，命李鸿藻于床侧写之，凡一千余言。岂料李鸿藻一出去便跑到慈禧太后宫里，从袖中拿出同治口授诏命，呈给慈禧。慈禧看过，怒不可遏，立将草诏撕得粉碎，掷之于地。下令断绝同治一切医药饮食。同治终于死了，亲政不过一年，结婚不过二年。

同治嫖院与同治之死，慈禧太后要负完全的责任。

同治一死，厄运便降临到了皇后头上。《清宫秘闻·毅皇后之被逼死》载，皇后左右有人看出慈禧将对皇后下手，劝皇后向慈禧表示"亲昵"，皇后凛然道：

敬则可，昵则不可。我乃奉天地祖宗之命，由大清门迎入者，非轻易能动摇也。

有拍马屁的将皇后的话告诉慈禧，慈禧切齿痛恨，加她"以狐媚惑主之罪"，用戴有金戒指、金指甲的手掌打她的脸，肆意咒骂她："尔既害吾子，尚思作皇太后耶？"皇后知道活不下去，也不愿活下去，"以片纸请命于父崇绮，父批一死字"。皇后死时，年仅二十二岁。《清宫遗闻》云："慈禧之残忍淫凶无人理如此。"

光绪帝载湉是慈禧的妹妹所生。光绪立后七年，北京忽传慈禧大病，但死的却是慈安。或云"慈禧命太医院以不对症之药致死之"；或云慈禧命其妹以饼饵数盒进奉，慈安"取一二枚食之，颇觉不适。然亦无大苦。至戌刻，遽逝矣"；或云"宫廷暴变，诸大臣皆大惊，抵宫。见孝贞（慈安）之小殓，慈禧坐矮凳。……曩时后妃薨，即传戚属入内瞻视后小殓，历朝以为常。孝贞薨，椒房无预其事者，众咸叹为创闻"。无论何说，都是讲慈安为慈禧害死。失之一着，烧去咸丰朱谕，卒招千古遗恨，悲夫！

同治有瑜妃，能诗工乐，甚有才智，《清宫遗闻·同治帝三妃》记载："且于泰西各国之掌故俗尚，亦无不了然"。她主张设立学校，"并主张以泰西政治施于中国"。瑜妃站在慈安、皇帝、皇后一边。同治一死，瑜妃也被软禁于紫禁城中。

第三十七章　平康女侠鲁连风

娥眉留冰镜，鸿爪印雪泥。

李鸿章的孙女婿、《孽海花》作者曾朴的表弟杨云史有咏清末名妓赛金花诗云：

京阙生尘万户空，平康女侠鲁连风。宫中宝玉闺中秀，完璧都从皓齿功。

全诗意为八国联军之役，京阙生尘，万户为空，赖赛金花折冲樽俎，作女鲁仲连，与联军交涉，宫中宝玉、闺中秀女始得以保全。他曾为赛金花墓撰写碣文，文中明言：八国联军侵华之役，北京"绅民家室赖以保全贞节者甚伙，此余亲见者也。"但对于所传《辛丑条约》赖赛金花在枕旁吹风而签订，则断然否定。他对赛金花的赞语"平康女侠鲁连风"，应是最为可信的。

赛金花的一生富有传奇性。樊增祥的《彩云曲序》写她原名曹梦兰，又名傅彩云，本苏州名妓。年十三，依姊居沪上，艳名噪一世。清朝的状元、内阁学士洪钧一见而悦之，以重金置为副室，携至北京，宠以专房。未几，洪钧出使英国，居然"万里鲸天，鸳鸯并载"。从此，赛金花跃登历史舞台。

赛金花在英国时，英故女主，年垂八十，在欧洲受到特别的尊敬。赛金花"出入椒庭，独与抗礼。尝偕英皇并坐照相"。消息传回中国，知道赛金花出身的人，无不啧啧称叹。

赛金花尚随洪钧出使过德、俄、奥、荷等国，在柏林觐见过德国皇帝和皇后，也见过德国首相俾斯麦。俾斯麦在与赛金花握手时，当面称赞她"美丽"。

赛金花懂德语，这是人所皆知。樊增祥的《彩云曲》中有一句"投书亦解翻英字"，则她不仅懂德语，而且懂英语。赛金花聪明绝顶，学外国语言，对她来说，并不困难。

一个女人特别是妓女，无法掌握自己的命运。洪钧任满携赛金花回北京，不料一病不起。洪钧为赛金花留了五万元生活费，托本族兄弟洪銮照应她，此人竟将五万元侵吞。赛金花生活无着落，只好回到上海重操旧业。赛金花的名字便是在这个时候打出来的。在沪上五年，艳帜高张，引起了苏州旅沪士绅的不满，群起而攻之，迫使她离沪，转至津门。此光绪戊戌年事也。次年迁至北京，寓居李铁拐斜街。在北京的一些王公贵人吹捧之下，成了北京南班子第一名妓。

庚子国变，八国联军攻陷北京，西太后挈光绪帝等西逃，北京局势极端纷乱，奸淫掳掠时有发生。历史像是在开玩笑，西太后逃了，妓女赛金花被请出来了。《花史·赛金花传》记述说：

> 相传当联军入都时，傅（赛金花原名傅彩云）以能操德语，故有为西兵所侮而欲诉于瓦德帅者，辄浼傅为介。傅甚工词辩，所言瓦帅无弗应，由是所保全甚多。

此即杨云史所谓"宫中宝玉闺中秀，完璧都从皓齿功"。"皓齿"，喻赛金花。她不仅为北京人保全了许多闺阁秀女，而且为西太后保全了宫中宝玉，功绩昭著。

《花史·赛金花传》还说到一件事。《辛丑条约》签订后，八国联军尚迟迟不肯撤出北京，李鸿章与诸大臣惶惶无所为计。这时只好把赛金花再请出来。《花史》记赛金花借与瓦德西并辔北游。

> 佯讶曰："君所部尚淹留于此耶？盍携以俱出。"瓦帅复欣然诺，即日宫禁肃清。无何，清帝还京。

这为西太后与光绪帝从西安回北京扫了道。

杨云史所说"平康女侠鲁连风"，以赛金花比鲁仲连，为纪实之作，实非虚语。

越三年，北京忽然传出赛金花"虐毙假女"一事，对簿南衙。无论赛金花如何辩解，指责诬告者不过是想敲诈她的钱财，但还是判了减死，押回原籍之刑。她为北京人，为西太后办事，"宫中宝玉闺中秀"，因她而无恙；联军因她而撤出北京，竟落得如此结果。

赛金花回到沪上，不一年，又以他事为人奸控，只得回吴门。《花史》的作者曾于光绪三十一年见过她一面，说她"容色映丽，不异少年时"。

赛金花于庚子、辛丑时，曾作男子装，骑怒马出入各处。北京妓院在联军撤出北京、西太后回京后，重新开张。清吟小班各种章程条规都是赛金花手创。故王书奴云："照此看来，赛金花不独为北里之尤物，又为北京娼界之元勋，而且为外交坛坫上之名流。"[1]

赛金花死后，藏一老人为她写了一副挽联：

> 拯朝士出水火中，胜他王母行筹，千秋功罪仪鸾殿。玩世人于股掌上，尚有稗官载笔，一代兴亡《孽海花》。

① 王书奴：《中国娼妓史》，生活·读书·新知三联书店上海分店，1988年，第200页。

第三十八章　小凤仙侠女出风尘

英雄为知己，侠女出风尘。

1926年秋，北伐军所向披靡，声势大振。北京街头秋风瑟瑟，满目苍凉。年轻的梅兰芳匆匆从倒卖古玩的地摊前走过，忽然目光被一幅水墨荷花所吸引，画面上虽着墨不多，却构图新颖，浓淡相宜，别具情趣。画上的题字也娟秀不俗，写的是：

出于污泥而不染，绿叶碧水映红斑。

凤仙书。

摊主是一位三十岁左右的妇女，脸上遮着丝帕，美丽的双眼熠熠有光。她就是民国初年北京的名妓小凤仙。可惜，梅兰芳当时并不知道小凤仙其人其事，竟至于失之交臂。待他的戏曲教练钟某在观赏这幅画时，发现了"凤仙"的署名，向他叙述了蔡锷与小凤仙的故事后，他们很快再去原地寻找，已失踪影！

小凤仙原为清朝杭州一武官之女，其父丢了官职后，生活没有着落，把她卖到上海，遂沦落风尘，后辗转至北京，隶属八大胡同陕西巷云吉班。其真实姓名、年龄、籍贯已不可考。

小凤仙出于官宦之家，幼年受过一定文化教育，因而粗通文墨，能写字作画，自填歌词。妆阁不事华丽，爱好天然，一瓶一榻皆有潇洒出尘之致。每遇文士墨客必请其留下些字画，以致妆阁中卷轴堆积如山。再加上她天生丽质，丰肌玉貌，工皮簧，善应酬，且能够投合那些自命风雅的达官贵人和以风流自视的文人骚客的爱好，所以很快成了名妓。有人称赞她"色艺冠绝一时，足为京津群芳领袖，一般有花柳癖者，咸以一睹颜色为幸。"在她结识了蔡锷，特别是在蔡锷离京赴滇，护国运动爆发之后，小凤仙更加名噪一时，轰动中外了。

蔡锷原名艮寅，字松坡，湖南邵阳人。辛亥革命中被推为云南军政府都督。袁世凯素知他胸怀大志，桀骜不驯，对他手握重兵、任职边远省份很不放心。遂于1913年9月将他调至北京。袁世凯不断加强专制统治，图谋复辟帝制，引起了蔡锷的警觉。为了蒙骗袁世凯，私生活一向极端严肃的蔡锷开始出入于八大胡同，寻花问柳，于是他结识了小凤仙。

蔡锷初识小凤仙时，是装扮成商人的，并闭口不谈国事。但小凤仙慧眼识英雄，她从蔡锷的轩昂气宇和言谈举止中看出他绝非商贾者流，也不同于一般的嫖客，便以真情相待，体贴入微。交往日久，蔡锷也觉得小凤仙颇具侠肝义胆，且爱憎分明，富有正义感，完全值得信赖。于是两人日益亲密，逐渐成为推心置腹的风尘知己。蔡锷赞赏小凤仙的个人品质，两人在反袁问题上也有共同语言。他尝赠小凤仙一联云：

不信美人终薄命，古来侠女出风尘。

这里所寄寓的同情和赞誉使小凤仙五内俱感，刻骨铭心，"士为知己者死，女为悦己者容"，自此小凤仙对蔡锷更是倾心依从，曲意侍奉。

蔡锷整日迷恋小凤仙，流连忘返于八大胡同，甚至经常与小凤仙捉对成双地出入于酒楼、剧院等公共场所，很快博得了"风流将军"的雅号，也一度引起不少非议。杨度曾当面讥笑蔡锷是"假道学难逃美人关"，有人向袁世凯报告说：蔡锷日以征逐花丛为事，沉湎于酒色之中，未免要影响公务，有负总统付托之重，请总统训诫之。袁氏叹道：如果蔡锷果真乐此不倦，我倒是可以高枕无忧了，就怕他是醉翁之意不在酒吧？于是，仍密遣亲信，侦探蔡锷行踪，防范戒备之心不懈。

蔡锷见未能轻易蒙骗袁氏，处世行事也愈加谨慎了。一次，袁氏爪牙拿来一本赞成帝制的"题名录"让蔡锷签字，借以试探他的态度，蔡锷毫不犹豫，当即挥毫大书"赞成"二字。不久，蔡锷干脆发起成立了"讨论国是会"，表示"赞成君主政体"，以迷惑袁氏党徒。

蔡锷千方百计地制造假象，是为了麻痹袁世凯，以便于逃离北京，回云南策动反袁斗争。当时，蔡锷的母亲、妻子、子女都在北京，要领着一家妻儿老小从老奸巨猾的袁世凯的眼皮底下溜走，也确实不容易。为此，蔡锷动了不少脑筋，小凤仙也积极地为他谋划。

为了先送走妻儿老小，蔡锷与其夫人演出了一场"苦肉计"。蔡锷的夫人贤明而识大体，起初，她见丈夫整天与小凤仙厮混在一起，既害怕会损害他的身体健康，又担心他沉湎于声色之中，会日渐颓靡，丧失豪情壮志，便婉言加以规劝。蔡锷稍作解释，她也就不再言语了。这时，蔡氏夫妇经过策划后，忽于某日以蔡锷与小凤仙的关系为借口大闹起来。蔡锷故意打伤了夫人，捣毁一些家具和摆设。事情很快传到了袁世凯那儿，这一回袁世凯到底给蒙住了，他当即让亲信王揖唐、朱启钤二人赶往蔡宅，只见屋里的东西被摔得支离破碎，乱七八糟。蔡夫人倒在地上掩面啜泣；蔡锷指手画脚，斥责不休；蔡锷的母亲也责备儿子。蔡夫人哭诉说蔡锷迷恋小凤仙，坚决要与蔡锷离婚，带着孩子回湖南老家。蔡锷毫不相让，立即要赶她走。王揖唐和朱启钤再三调解，终无效果，劝说蔡锷同意付给其夫人一笔赡养费后，即去向袁世凯汇报了。蔡锷见此，马上打发夫人带着蔡母和孩子离京南下。次日，京城各家报纸都绘声绘色地登载了"风流将军"蔡锷离婚的秘闻和启事。

其时，南方反袁势力多次派人进京与蔡锷联系。这些人经常出入蔡锷之门，引起了袁氏党徒的注意。1915年10月14日，袁氏党徒派了八九名爪牙，闯进蔡锷住处，口称搜查违禁品，翻箱倒柜地穷搜了一通，想找到确凿证据，结果一无所获。

经此事件后，蔡锷感到继续在其住宅里接待反袁势力有很大的危险，于是，便把小凤仙处作为他们的联络点。经秘密筹议，蔡锷决定及早离京赴滇，脱离险境。

1915年11月10日，蔡锷同学哈汉章的祖母八十岁大寿，哈氏在北京钱粮胡同大宴宾客，请京戏名角小叫天、谭鑫培献艺捧场。是日蔡锷很早就到了，说："今天下大雪，没有事，可以在这里打一夜牌。"蔡锷又交代说："给我们找个僻静的地方，待会儿来捧小叫天的必多，听戏开席，不必来叫我们。"蔡锷同刘成禺等三人打了整整一夜麻将，直到上午七点钟，蔡锷才由哈宅马号旁的侧门溜出，然后直接进了新华门。门卫见他来得这么早，虽感诧异，但以为是袁世凯召见的，也未过问。尾随的侦探见蔡进了总统府，以为不会有事，也就放松了警惕。蔡锷来到总统办事处，值班的说："将军今天来得太早了。"蔡锷故意看了一下手表，说："哎哟，我的表快了两个小时。"随即打电话约小凤仙午后12点半到某处一起吃饭。然后故作悠闲地在办事处里溜达了一会儿，再悄悄地由政事堂出西苑门直奔火车站，乘三等车赶往天津。

事后，因蔡锷曾邀小凤仙吃饭，侦探找到她再三盘问，终无收获，竟不知蔡锷到底是怎样离京的，乃谎报是小凤仙坐骡车赴丰台，将蔡锷暗藏车中挟带出京的。哈汉章等为脱干系，也到处宣扬小凤仙是如何如何的侠义。于是，小凤仙挟走蔡将军的美谈不胫而走，很快就传遍了北京城。若干年后，刘成禺曾赋诗专咏此事：

> 当关油壁掩罗裙，女侠谁知小凤云。缇骑九门搜索遍，美人挟走蔡将军。

诗中的"小凤云"即小凤仙。据说小凤仙在上海为妓时，艺名为"凤云"，入北京后才改名小凤仙的。

蔡锷出京后，先至天津，再经日本辗转赴滇。1915年12月25日，经蔡锷协调各方势力，云南宣告独立，正式拉开了护国运动的帷幕。

据说，小凤仙于蔡锷走后，有感于数年相好，一旦离别，情不能抑，乃亲自写了一出传奇剧目，其中的几阕曲调尤为哀婉壮切，情义缠绵，读之使人尤感其对蔡锷爱恋之深，关注之切。

其一，《柳摇会》：

> 骊歌一曲开琼宴，且将之子饯。蔡郎呵！你倡义心坚，不辞冒险，浊酒一杯劝，料着你食难下咽。蔡郎！蔡郎！你莫认做离筵，是我两人大纪念。

其二，《帝子花》：

> 燕婉情你休留恋，我这里百年预约来生券，你切莫一缕情丝两地牵。如果所谋未遂，或他日呵，化作地下并头莲，再了生前愿。

其三，《学士巾》：

> 蔡郎呵！你须计出万全，力把渠魁殄。若推不倒老袁呵，休说你自愧生旋，就是侬也羞见先生面。要相见，到黄泉！

此后，小凤仙闭门谢客，不事铅华，每天命侍儿购来各种报纸，专找有关护国战事的报道阅读。当时，京城各报在袁氏专制淫威之下，对袁军多讳败为胜，对护国军则隐瞒战绩，甚至多所诋毁，颠倒是非。小凤仙每次读到护国军战败的消息，则忧形于色，乃至食不下咽，夜不能寐。经人反复劝说，才稍有所解。一日，忽读到某报刊谣传蔡锷战死于四川的噩耗，小凤仙不禁痛哭失声，至于呕血，一连卧床数日而不能起。后读其他报纸证实蔡锷确仍安然无事，其病乃渐愈。

袁世凯死后，北京政府任命蔡锷为益武将军，督理四川军务。小凤仙曾写信给他，表示要入川与他相聚。蔡锷复信劝止。1916年8月蔡锷请假赴日就医。途经上海时，写信给小凤仙探问消息，表示怀念之情。小凤仙回信时附寄玉照一张，以为纪念。

11月8日，蔡锷不幸病逝于日本，遗体由日本运回国后，北京政府决定为他与黄兴一并举行国葬典礼，北京各界人士曾在中央公园设灵祭奠蔡锷。小凤仙曾白马素车，满身缟素，亲至灵堂哭祭，并悬挽联一副：

> 不幸周郎竟短命，早知李靖是英雄。

后来又传出小凤仙吊唁蔡锷的另一副挽联：

> 万里南天鹏翼，直上扶摇，那堪忧患余生，萍水姻缘成一梦；
> 几年北地胭脂，自悲沦落，赢得英雄知己，桃花颜色亦千秋。

这两副挽联，遣词恰当，对仗工整，寓意不俗，皆堪称佳构。尤其是后一联，各家记载虽文字略有出入，但总的来说，词句典雅，比喻贴切，刚柔相济，文情并茂。寥寥数十字，赞誉蔡锷则恰到好处，描绘小凤仙更堪为写照。一般认为，此联绝非小凤仙的文化素养所能作，必定是当时的名士代为捉刀。至于究竟出自何人之手，亦无人能予证实。

蔡锷下葬以后，小凤仙便隐姓埋名，避世而居了。

编后记

历时四载，经过大家的辛勤努力，《万绳楠全集》今天与大家见面了！

万绳楠（1923—1996），江西南昌人，安徽师范大学教授，著名历史学家。1942年万绳楠先生考入西南联合大学历史系，受教于翦伯赞、陈寅恪、吴晗等。1946年大学毕业后他考取清华大学历史研究所，师从陈寅恪教授。新中国成立后，先生先后任教于安徽大学、合肥师范学院、安徽师范大学，是安徽师范大学历史系创办者之一。

万绳楠先生在其近50年的治学生涯中，始终潜心育人，笔耕不辍，在魏晋南北朝史、宋史、区域经济社会史等诸多领域都作出了重要学术贡献，而于魏晋南北朝史研究用力最勤。先生著述宏富，发表专业论文近百篇，著有《魏晋南北朝史论稿》《魏晋南北朝文化史》《陈寅恪魏晋南北朝史讲演录》《文天祥传》《中国长江流域开发史》等著作。先生治学不因陈说，锐意创新，持之以恒，晚年生病住院期间，仍坚持写作，带病完成《中国长江流域开发史》等著作。除了在史学研究上的成就外，先生在人才培养方面也做出了杰出贡献，他于20世纪80年代即招收研究生，为史学界培养了许多杰出人才。

安徽师范大学历史学院历来注重学术传承，近年来先后整理了诸如胡澱咸、陈正飞、光仁洪、张海鹏、陈怀荃、王廷元、杨国宜等老一辈的文集十余种。2019年学院又组织专门力量，启动汇编《万绳楠全集》工作，通过整理先生著作，继承先生事业，光大师大史学，并为2023年纪念先生百年诞辰做准备。本次整理先生全集，除了汇编先生已经出版的论著外，我们还通过多方努力征集先生手稿，收集先生文稿，将先生发表在各种报刊、文集中的文章和尚未发表的40余万字成果编入全集中。先生治学功力深厚，著述宏富，因整理者学力不逮而导致的错漏在所难免，请读者批评指正，以俟来日修正。

借此机会，向指导和帮助全集整理和出版工作的汪福宝、卜宪群、陈力、马志冰、庄华峰、于志斌等表示诚挚的感谢！万先生文稿收集和全集编纂的具体工作由安徽师范大学历史学院庄华峰、刘萃峰、张庆路、林生海、康健等老师负责，尤其是刘萃峰老师，在协调和统校方面做了大量工作。参与收集、录入、校对工作的有蒋振泽、谭书龙、马晓琼、丁雨晴、白晓纬、姜文浩、李英睿、庞格格、罗世淇、王吉永、刘春晓、蔡家锋、谷汝梦、黄京京、吴倩、武婷婷、姚芳芳、刘瞳玥、张丽雯、高松、张昕妍、宋雨薇、陶雅洁、王宇、郑玖如、冯子曼、程雯裕、包准玮、李静、李金柱、欧阳嘉豪、郭宇琴等师生。在此，对参与全集整理工作的师生们表示衷心感谢！

还要感谢安徽师范大学出版社的张奇才、戴兆国、孙新文、何章艳、蒋璐、李慧芳、翟自成、王贤等同志，他们对文稿的编校至勤至谨，付出很多。安徽师范大学档案馆提供了万先生手迹、照片等珍贵资料，庄华峰为全集书写了题签，在此也一并致以谢忱！

还要特别感谢万先生哲嗣万小青、女儿万小莉的无私授权和大力支持，使我们能够顺利完成全集的整理和出版工作。

2023年是万绳楠先生一百周年华诞，这部《万绳楠全集》的出版，是我们对先生最好的纪念！

安徽师范大学历史学院

2023年10月